PETITS CLASSIQUES

LAROUSSE

Collection fondée par Félix Guirand, Agrégé des Lettres

Lettres de mon moulin

DAUDET

D0328687

Édition présentée,
annotée et commentée
par
Jean-Michel WITTMANN
Ancien élève de l'E.N.S. de Fontenay – Saint-Cloud
Agrégé de Lettres modernes

www.petitsclassiques.com

SOMMAIRE

Avant d'aborder le texte

Lettres de mon moulin
DAUDET

© Larousse-Bordas/HER, Paris, 1999 – ISBN 2-03-871720-6

SOMMAIRE

Comment lire l'œuvre

Avant d'aborder le texte

Lettres de mon moulin

Genre : recueil de nouvelles, chroniques de la vie méditerranéenne.

> **Nouvelle :** récit caractérisé par sa brièveté et présentant un nombre restreint de personnages et de lieux.

> **Chronique :** récits de faits, généralement authentiques, rapportés dans l'ordre où ils se sont déroulés.

Auteur : Alphonse Daudet.

Structure : 24 lettres, précédées d'un avant-propos.

Principaux personnages : artisans et paysans provençaux, marins et douaniers corses, moines et curés, poètes et chroniqueurs.

Sujet : présentation de la vie provençale, corse ou algérienne, à travers leurs vieux métiers, leurs types humains et psychologiques les plus pittoresques. Plus justement, il s'agit d'une évocation destinée à faire rêver grâce à la description d'éléments exotiques ou au récit d'éléments surnaturels.

Première publication : l'édition originale est constituée par le volume *Lettres de mon moulin. Impressions et souvenirs*, par Alphonse Daudet auteur du *Petit Chose*, publié à Paris par Hetzel, en 1869. L'édition définitive est donnée par l'éditeur parisien Charpentier en 1887, sous le titre *Lettres de mon moulin. Impressions et souvenirs*.

Principaux thèmes abordés : le bonheur offert par une vie simple, au contact de la nature ; la passion ; les travers humains, comme la vanité ou la gourmandise ; les modes de vie et les métiers du bassin méditerranéen.

Caractéristiques de l'écriture : réalisme qui n'exclut pas la poésie, grâce à la richesse des descriptions ; utilisation du merveilleux[1].

1. **Merveilleux :** ensemble des faits surnaturels évoqués dans une histoire.

Jeune femme de Provence

ALPHONSE DAUDET
(1840-1897)

1840-1848

Naissance d'Alphonse Daudet, le 13 mai 1840, à Nîmes. Son père, originaire d'une famille paysanne des Cévennes, s'est établi dans le commerce et la fabrication de la soie, après avoir épousé la fille d'un négociant en soierie. Propriétaire de sa propre fabrique, il peut faire vivre sa famille dans une relative aisance. Placé en nourrice de quatre à six ans, en raison de sa santé fragile, Alphonse Daudet y gagne d'apprendre les rudiments de la langue provençale. À son retour, il commence sa scolarité dans divers établissements. Il se dépeindra plus tard comme un enfant sensible et nerveux, aux réactions parfois excessives.

1849-1857

Alors que Daudet est encore un jeune enfant, la fabrique familiale ne tarde pas à subir le contre-coup de la révolution industrielle marquée par l'introduction d'un nombre croissant de machines. Deux incendies, une grève, un procès rendent la situation du père de plus en plus délicate et le conduisent finalement à la faillite. Après la fermeture de la fabrique, le père d'Alphonse Daudet part chercher du travail à Lyon, où l'industrie de la soie reste prospère. Le reste de la famille l'y rejoint un peu plus tard, en 1849. L'aisance matérielle des premières années n'est plus qu'un souvenir, dont témoignera le début du *Petit Chose*.

Alphonse et son frère Ernest continuent leur scolarité à la manécanterie Saint-Pierre, puis au lycée, grâce à la bourse dont ils peuvent bénéficier. Alphonse Daudet mène la vie difficile et parfois humiliante d'un élève pauvre à cette époque. S'il préfère assez souvent l'école buissonnière à l'enfermement dans les murs tristes du collège, il est, dans l'ensemble, un bon élève. Son goût pour la rêverie et sa sensibilité trouvent rapidement un exutoire dans la création littéraire : dès l'âge de quinze ans, il commence à rédiger un roman et des poèmes.

La ruine de son père, en 1857, le contraint à abandonner ses études secondaires et à renoncer au baccalauréat. Forcé de gagner sa vie, il doit accepter un poste de surveillant au collège d'Alès qu'il occupe de mai à novembre 1857. Les difficultés qu'il rencontre avec certains élèves et un amour malheureux font de ces quelques mois une période noire dans la vie d'Alphonse Daudet. Renvoyé en novembre 1857, il quitte alors le Midi pour rejoindre Paris, où s'est installé son frère Ernest qui, lui aussi, nourrit des ambitions littéraires.

1858-1865

Ernest et Alphonse Daudet s'emploient à rentrer dans les milieux littéraires parisiens et fréquentent les cafés, foyers de la vie artistique d'alors, tout en continuant à écrire. La publication d'un recueil de poésies, *Les Amoureuses*, en 1858, marque le véritable début de la carrière littéraire de Daudet. Ce recueil, qui reçoit un accueil favorable, lui vaut, sinon la célébrité, du moins une certaine notoriété. Il se voit alors dans la possibilité de collaborer à divers journaux, comme *Le Figaro* ou *L'Illustration*, dans lesquels il commence à publier des contes et des chroniques. En 1859, il fait la connaissance de Frédéric Mistral, auteur d'un poème publié en provençal, *Mireille*, et qui a créé cinq ans plus tôt le mouvement du félibrige, voué à faire renaître la culture occitane et la tradition des troubadours.

Nommé, en 1860, secrétaire du duc de Morny, haut dignitaire du Second Empire, il peut, grâce à cette place, observer les milieux politiques et mondains, qui lui offriront la matière de ses romans majeurs, quelques années plus tard.

Cet emploi lui laisse le temps de voyager, dans le Midi d'abord, au cours de l'été 1860, puis en Algérie, de décembre 1861 à février 1862, où il va tenter de soigner un début de tuberculose. Sa notoriété va croissant, grâce au succès remporté durant cette période par la représentation de sa première pièce, *La Dernière Idole*. Il passe l'hiver suivant en Corse et l'été 1863 dans la région de Fontvieille, où il retrouve des parents et le poète Mistral. Dans l'intervalle, il continue à mener à Paris la vie mondaine et brillante d'un auteur dramatique et fait donner *Les Absents* et *L'Œillet blanc*.

1865-1873

La mort du duc de Morny le conduit à décider de se consacrer entièrement à la littérature. Cette année 1865 est doublement décisive dans la vie d'Alphonse Daudet, car c'est à ce moment qu'il rencontre Julie Allard, épousée deux ans plus tard. Ce tournant dans la vie et dans la carrière de Daudet ouvre une période d'une exceptionnelle fécondité pour l'écrivain, même si, en dépit de la collaboration à divers journaux, sa situation matérielle reste un temps relativement misérable.

Dès 1866, il commence à rédiger les premières *Lettres de mon moulin*, qui commenceront à paraître en feuilleton. C'est *L'Événement* qui publie les douze premières lettres, en 1866. L'année suivante, marquée sur un plan personnel par son mariage, en janvier, puis la naissance, en novembre, de son fils aîné, le futur écrivain Léon Daudet, il confie au *Figaro* le soin de publier la deuxième série de lettres. L'ensemble est édité en recueil en 1869, après que Daudet a publié *Le Petit Chose*.

Marqué par la guerre de 1870, engagé volontaire comme garde national au moment du siège de Paris, il commence à écrire *Les Contes du lundi*, ensemble de contes et chroniques donnés dans un journal chaque lundi, avant d'être rassemblés en recueil en 1873. En 1872, il fait paraître *Tartarin de Tarascon*, mais l'œuvre ne rencontre à ce moment qu'un succès d'estime. Le sort réservé à *L'Arlésienne*, sur une musique de Bizet, est moins favorable encore. Daudet n'en

Mme Alphonse Daudet. *Tableau de 1876 d'Auguste Renoir (1841-1919). Musée d'Orsay, Paris.*

assoit pas moins sa position et sa réputation dans le milieu littéraire : en 1872, il commence à fréquenter Zola et Flaubert, en 1873, il rencontre Edmond de Goncourt, avec qui il lie une amitié durable.

1874-1884

La publication de *Fromont Jeune et Risler l'aîné* apporte à Daudet son premier grand succès. Suivront, dans les années suivantes, d'autres romans qui apporteront la célébrité à Daudet. Il devient l'un des auteurs les plus lus de cette période, et ses tirages peuvent rivaliser avec ceux des romans de Zola, grâce à des œuvres comme *Jack* (1876), *Le Nabab* (1877), *Les Rois en exil* (1879), *Numa Roumestan* (1881) et surtout *Sapho* (1884), qui remporte un véritable triomphe. Il apparaît alors comme un écrivain de premier plan parmi les romanciers réalistes qui tiennent à ce moment le haut du pavé, célébré pour ces romans jugés majeurs, admiré par un artiste aussi exigeant que le poète Stéphane Mallarmé, selon qui la prose de Daudet était « la plus proche qui fût du frisson ».

1885-1897

À la suite d'une maladie de la moelle épinière dont il subit les premières attaques dès 1880, la santé de Daudet se dégrade fortement à partir de 1885. S'il poursuit son activité littéraire, on tient généralement pour inférieures les œuvres qu'il donne à partir de ce moment, même si *Tartarin sur les Alpes* (1885) et *Trente Ans de Paris* (1888), volume de souvenirs littéraires, ne sont pas négligeables.

Durant cette période, il est plus que jamais une figure phare de la vie littéraire française. Tous les dimanches, dans le grenier de sa maison d'Auteuil, aménagé à cet effet, il tient un salon littéraire que fréquentent les plus grands auteurs de cette période, à côté de jeunes écrivains venus demander conseil au maître. L'amitié qui le liait à Edmond de Goncourt depuis le début des années 1870 s'est resserrée en une intimité plus étroite encore. Goncourt fait ainsi de Daudet son exécuteur testamentaire, chargé à ce titre de fonder l'académie qui portera son nom. Admiré par les uns, autant pour ses qualités humaines et le courage dont il fait montre dans l'épreuve de la maladie que pour son talent littéraire, il est aussi décrié par les autres. Dans son entourage même, Goncourt n'est pas loin de considérer qu'il gâche son talent en écrivant *Tartarin dans les Alpes* et *Port-Tarascon*, pour exploiter le succès, venu avec quelque retard, de son œuvre de jeunesse *Tartarin de Tarascon*. Les sommes extravagantes qui lui seraient promises par l'éditeur sont propres à détourner l'auteur d'œuvres sans doute supérieures sur le plan artistique, comme elles sont de nature à attiser l'envie de ses confrères. L'ambiguïté du rôle qu'il a pu jouer à l'égard de Zola – on murmure qu'il n'est pas étranger au « manifeste des cinq », dirigé contre le grand écrivain naturaliste – contribue également à faire de Daudet une figure controversée.

Ses opinions politiques vont lui valoir des haines, dans un contexte politique où les écrivains sont forcés de prendre parti. L'année de sa mort coïncide avec les premiers mouvements en faveur de la révision du procès du capitaine Dreyfus. En effet, l'affaire Dreyfus déchire l'opinion publique française et creuse un fossé entre deux groupes d'écrivains et d'intellectuels, les « dreyfusards » qui, comme Zola, prennent la défense du capitaine Dreyfus, condamné, injustement, pour espionnage au service de l'Allemagne, dégradé et déporté, et les « antidreyfusards », comme Maurice Barrès. S'il ne connaîtra pas l'issue de cette affaire et la réhabilitation de Dreyfus, Daudet n'en a pas moins choisi son camp, celui des adversaires du capitaine. Il s'éteint à la fin de cette année 1897, le 16 décembre, à l'âge de 57 ans.

Le monde des *Lettres de mon moulin* :
la Provence sous le Second Empire

Une province en mutation

Comme le reste de la France, la Provence est amenée à vivre, dans les années 1840, une mutation économique qui n'est pas loin de s'apparenter à un véritable bouleversement. Les progrès touchent aussi bien le domaine de la production que celui des transports publics. La production traditionnelle est modifiée par l'apparition de nouvelles machines, qui peut entraîner la fermeture de certaines fabriques, mais permet, dans le même temps, une hausse significative de la productivité et un enrichissement général. Ainsi, durant cette période, les magnaneries ont tendance à se multiplier, notamment dans le département du Gard, d'où est originaire Daudet. Le chemin de fer, qui fait son apparition en Provence à cette époque, révolutionne les transports de personnes et de marchandises : la ligne Alès-Nîmes-Beaucaire est ouverte en 1840, et la construction de la grande ligne destinée à relier Paris à la Méditerranée sera achevée une dizaine d'années plus tard, sous le Second Empire. L'évolution économique entraîne et accompagne à la fois une évolution politique marquée, d'une manière générale, par le renforcement de l'autorité exercée par le pouvoir central.

Une terre d'histoire et de traditions

De manière significative, les textes de Daudet évoquent cette mutation sur un mode négatif ou au moins nostalgique. Par-delà *Le Petit Chose*, roman autobiographique dans lequel Daudet évoque de manière romancée la faillite de la fabrique paternelle, les *Lettres de mon moulin* choisissent de décrire un monde qui meurt plutôt que de célébrer l'avénement d'un nouveau monde. « Le Secret de maître Cornille », pour ne citer qu'un exemple fameux, illustre parfaitement le choix de ce point de vue. Lorsqu'il évoque l'arrivée des minoteries à vapeur, susceptibles d'entraîner un accroissement de la production de froment, Daudet peint la situation pathétique d'un meunier, représentant d'une Provence traditionnelle qui souhaiterait ne pas mourir. La raison en est que cette Provence surannée est riche d'une tradition exceptionnelle, d'une culture régionale très vivante, assise sur la pratique du provençal, et d'une histoire prestigieuse.

Moulin d'Alphonse Daudet à Fontvieille, alors qu'il servait encore aux meuniers.
Photo prise vers 1880.

Le souvenir des papes est encore vivace en Avignon, capitale historique du Comtat venaissin, qui s'enorgueillit de posséder, avec son palais des Papes, l'un des plus beaux édifices français de la Renaissance. Durant près de 60 ans, de 1309 à 1377, sept papes se succèdent en Avignon, devenue la capitale de la chrétienté. La cité pontificale est alors particulièrement florissante, organisée autour d'une cour pontificale qui mène grand train et forte d'une vie intellectuelle favorisée par une université qui compte quelques milliers d'étudiants. Les innombrables édifices religieux qui embellissent Avignon à cette époque, comme ses remparts, fixent les traits majeurs de la physionomie de la ville telle qu'elle apparaît encore à l'époque de Daudet. La cité des papes dégage ainsi le charme d'une vieille capitale au passé glorieux, comme le font les villes de la région avec leurs prestigieux monuments romains, arènes d'Arles ou de Nîmes, ou théâtre antique d'Orange.

C'est au demeurant une vieille civilisation méditerranéenne qui se survit à elle-même dans cette région où la forme des ruines antiques se découpe sur un fond d'oliveraies. La richesse des costumes régionaux, la permanence de traditions festives souvent très anciennes, comme les «ferrades» de Camargue, la vivacité d'une langue régionale, qui commence cependant à être combattue dans les écoles, ajoutent le charme au prestige du passé. Nul ne pouvait y être davantage sensible qu'un Méridional exilé à Paris, comme Daudet. Ce monde, d'autant plus séduisant, peut-être, qu'il apparaît menacé, et que l'écrivain, lui-même, a été amené à renoncer à en jouir tout au long de l'année, cette terre d'histoire, de traditions et de légendes constitue une source d'inspiration naturelle pour l'auteur des *Lettres*.

De la Provence à l'Algérie, le charme de l'exotisme

En raison de tous ces particularismes, il n'est pas exagéré de dire que la Provence, au même titre que d'autres régions françaises, comme la Bretagne ou l'Alsace, apparaît comme une contrée exotique aux yeux d'un Parisien. En dépit de l'évolution qui tend à estomper ces particularismes et à établir un lien plus étroit entre le pouvoir central et les différentes régions, l'identité individuelle et collective reste régionale plutôt que nationale : on est provençal avant d'être français. Même si le chemin de fer facilite les déplacements, il n'est pas entré dans les mœurs d'aller séjourner dans le Midi sans y être appelé par ses affaires ou par d'éventuels liens de parenté. C'est seulement un peu plus tard, sous la IIIe République, que la douceur du climat va attirer un nombre croissant de riches aristocrates sur le littoral, durant l'hiver. C'est à cette même époque que les peintres, à commencer par Van Gogh, vont fixer l'image des cieux couleur d'azur et la beauté des paysages, contribuant ainsi à populariser une province encore bien « étrangère », au milieu du XIXe siècle.

Ces remarques valent également, sinon davantage encore, pour la Corse. Évoquée dans certaines des lettres, comme « *Les Douaniers* », son insularité protège son identité culturelle d'une évolution trop rapide des modes de vie et de production. Quant à l'Algérie, évoquée par exemple dans « À Milianah », à une époque où la présence française reste à conforter, elle possède l'attrait d'une civilisation encore fort mal connue. Il n'est pas indifférent que Daudet ait pu consacrer certaines des lettres à la Corse ou à l'Algérie. Par-delà son désir de transcrire certaines impressions ou certains souvenirs laissés par des séjours dans ces régions méditerranéennes, l'unité du recueil est d'autant moins compromise par ces excursions littéraires hors de la Provence que ces trois lieux, pour le lecteur d'alors, sont comparables, dans une certaine mesure, par leur exotisme et le soleil de la Méditerranée dont elles bénéficient.

Au carrefour de différentes traditions littéraires

Fabliaux, contes et légendes

Qu'il regroupe deux lettres sous le titre de « Ballades en prose » ou qu'il intitule l'une d'entre elles « Légende de l'homme à la cervelle d'or », qu'il fasse accompagner le titre « Les Trois Messes basses » de l'indication « conte de Noël » ou qu'il se contente de présenter son récit comme la réécriture moderne d'un conte provençal, dans la présentation de « La Mule du pape », Alphonse Daudet ne cesse de se référer à une tradition littéraire, aussi bien provençale que française. Si les *Lettres* remettent au goût du jour des genres anciens comme le fabliau ou la ballade, elles tiennent à la fois de la légende, parce qu'elles puisent aux sources d'une culture populaire ancestrale et qu'elles font une place au merveilleux, et du conte, dont elles reprennent souvent la structure traditionnelle, propre à leur conférer une parfaite efficacité narrative.

En faisant référence aux genres du conte et du fabliau, Alphonse Daudet met indirectement en évidence ce qu'il doit à un univers littéraire déjà existant, qui ne saurait être particulièrement provençal. C'est tout un matériau qu'il emprunte, des thèmes ou des archétypes qu'il fond dans son propre moule : ainsi des animaux doués de parole ou des personnages d'ecclésiastiques gourmands ; ainsi du thème de l'adultère et de l'inconstance féminine.

Rendue nécessaire par le besoin d'assurer l'unité de récits parus en feuilleton, la fiction du moulin et des lettres complète avec bonheur ce dispositif d'écriture. Alphonse Daudet se sert du procédé pour donner une consistance à son personnage de conteur, témoin parfois ironique, toujours sensible et humain. Mieux encore, il instaure un rapport privilégié, complice, entre le conteur et son lecteur, auquel le plaisir pris à la lecture doit beaucoup.

Les potentialités du récit bref

La nouvelle est un genre difficile à définir, tant il s'est prêté aux évolutions les plus diverses, au fil des siècles et sous la plume d'auteurs différents. À l'époque où Daudet écrit, ce genre n'est pas loin d'avoir trouvé une forme canonique, avec, notamment, les nouvelles de Prosper Mérimée. Dans les *Lettres de mon moulin*, Alphonse Daudet respecte les contraintes propres au récit bref et sait en tirer le meilleur parti.

La nouvelle impose une économie de moyens et suppose une construction narrative où tout vise à l'efficacité, qu'il s'agisse d'entretenir l'intérêt anecdotique ou d'amener rapidement un paroxysme dramatique, jusqu'à la chute, aussi saisissante, surprenante ou émouvante que possible. Sa capacité à créer une atmosphère, à peindre un décor ou à camper un personnage en quelques mots seulement, par son art de la caractérisation et son aptitude à tirer vers le type ses créatures romanesques et ses situations, en utilisant tel mot provençal ou en jouant d'un champ lexical évocateur, font ainsi de Daudet un maître dans cet exercice d'efficacité littéraire qu'est le récit bref.

Littérature exotique, littérature régionaliste

Dans *Tartarin de Tarascon*, Alphonse Daudet emprunte à deux genres qui exercent sur lui une forme de fascination, le roman d'aventures et le roman exotique, dont il propose une parodie. Si l'évocation de l'Arabie découverte par Tartarin tourne en dérision l'image romanesque et mythique de l'Orient élaborée par le roman exotique, les *Lettres de mon moulin* ne conservent de cette veine que la volonté de dépayser, de faire rêver, mais aussi de témoigner, attestée par le souci de mettre en évidence le détail pittoresque.

Celles qui prennent l'Algérie pour cadre sont des chroniques dynamisées par le sens de la dramatisation caractéristique de Daudet. L'organisation de la ville ou de la ferme algériennes suscite les remarques d'un observateur, apparemment impartial, capable de rendre compte avec distance d'un événement ou d'un système juridique ou politique, tout en impliquant son lecteur dans la scène.

Quant aux *Lettres* sur la Provence, les plus nombreuses et les plus connues, elles se situent au carrefour de deux traditions, celle de la littérature régionaliste, florissante un peu plus tard, marquée par le souci de redécouvrir et d'affirmer une identité provençale, mais aussi celle de la littérature exotique, caractérisée par la volonté de peindre un monde singulier… d'autant que Daudet, même si ses liens affectifs avec la Provence sont indéniables, écrit pour Paris et, en réalité, depuis Paris !

Les *Lettres de mon moulin*, marginales et centrales dans l'œuvre de Daudet

Les deux facettes d'un même talent dans un seul livre

Aujourd'hui, si le succès des *Lettres de mon moulin* et de

Tartarin de Tarascon ne se dément pas, si *Le Petit Chose* conserve les faveurs d'un certain public de jeunes lecteurs, ses grands romans sortent difficilement du relatif oubli où ils sont tombés un temps. Les contemporains d'Alphonse Daudet seraient surpris de voir le sort réservé à son œuvre. Ne doutons pas que l'écrivain lui-même en serait mortifié, car il tenait pour acquise la supériorité du genre sérieux sur la littérature fantaisiste ou parodique.

Si des romans ambitieux comme *Le Nabab* ou *Sapho* pouvaient prévaloir d'autant plus aisément dans l'esprit de Daudet qu'ils lui valaient la reconnaissance de ses pairs, l'exploitation d'une veine parodique, avec la série des *Tartarin*, ne peut s'expliquer par le seul souci de rechercher un succès commercial. La dimension ludique d'une œuvre fondée sur la référence ironique à d'autres livres et délibérément fantaisiste est révélatrice d'une tendance profonde de la personnalité de Daudet écrivain, que l'on trouve également quelquefois dans les *Lettres de mon moulin*.

Ces dernières, qui peuvent tout d'abord passer pour mineures, constituent une œuvre majeure dans la mesure où elles permettent précisément aux diverses facettes du talent de Daudet de s'exprimer. Son goût pour le pastiche ou l'emprunt, sa verve malicieuse, mais aussi son sens de l'observation minutieuse sont sollicités au fil des différentes lettres, tour à tour et, parfois, simultanément. De ce point de vue, il n'est pas totalement injustifié de considérer les *Lettres de mon moulin* comme son chef-d'œuvre, car elles correspondent aux deux tendances fondamentales de son œuvre, définie par l'écrivain comme « un singulier mélange de réalité et de poésie ».

Du romancier au conteur, un seul écrivain pour des thèmes identiques

Daudet conteur n'est pas si différent de Daudet romancier qu'une lecture hâtive pourrait le laisser penser. L'écriture d'Alphonse Daudet se caractérise dans les deux types d'œuvres par le mélange singulier du réalisme et d'une forme d'impressionnisme littéraire. De même, la capacité à instaurer un lien étroit, voire une forme de complicité entre le narrateur et son lecteur, constitue une constante dans toute son œuvre. Ainsi, la mise en scène du narrateur à l'intérieur de son texte laisse aisément deviner la présence de l'auteur, dont l'imaginaire est dominé par quelques thèmes récurrents, d'un livre à l'autre, par-delà les genres utilisés.

Ainsi, l'expérience douloureuse de la vocation littéraire est évoquée aussi bien dans dans «La Légende de l'homme à la cervelle d'or» que dans *Le Petit Chose*. La force destructrice de la passion, capable de vaincre le mépris de l'être aimé et d'humilier l'amour-propre, est le thème central de *Sapho* comme celui de «L'Arlésienne» ou de «La Diligence de Beaucaire». Quant au thème du moulin lui-même, havre de paix et de poésie inventé par le conteur, il renouvelle le thème, éternel chez Daudet, de l'île bienheureuse et d'un paradis perdu qui évoque le monde de l'enfance, comme celui de *Robinson Crusoë*, l'une des lectures favorites du jeune Daudet.

Vie	Œuvres
1840 Naissance d'Alphonse Daudet.	
1849 La famille Daudet part s'installer à Lyon. **1850** Début des études secondaires au lycée Ampère.	
1857 Maître d'étude au collège d'Alès. Novembre : arrivée à Paris.	**1858** *Les Amoureuses*, recueil de vers.
1859 Première rencontre avec Mistral. **1860** Secrétaire du duc de Morny. **1861** Voyage en Algérie et rencontre des félibres. **1862** Voyage en Corse. **1864** Séjours à Fontvieille.	

ÉVÉNEMENTS CULTURELS ET ARTISTIQUES	ÉVÉNEMENTS HISTORIQUES ET POLITIQUES
1840 Mérimée : *Colomba*. Hugo : *Les Rayons et les Ombres*. **1845** Mérimée : *Carmen*. **1846** Georges Sand : *La Mare au diable*. **1847** Roumanille : *Les Pâquerettes*.	
	1848 Révolution
1850 Courbet : *L'Enterrement à Ornans*.	
	1851 Décembre : coup d'état de Louis Napoléon Bonaparte.
1852 Gautier : *Émaux et Camées*. **1853** Hugo : *Les Châtiments*. Verdi : *La Traviata*. **1854** Création du félibrige. **1856** Flaubert : *Madame Bovary*. Wagner : *La Walkyrie*. **1857** Baudelaire : *Les Fleurs du mal*.	
1859 Wagner : *Tristan et Isolde*.	
1864 Gounod : *Mireille*.	

VIE	ŒUVRES
1865 Mort du duc de Morny.	
	1866 Début de la publication des *Lettres de mon moulin* dans *L'Événement*.
1867 Janvier : mariage avec Julia Allard. Nov. : naissance de Léon, son fils aîné.	
1868 Installation à Champrosay, dans l'atelier de Delacroix.	**1868** *Le Petit Chose.* **1869** *Lettres de mon moulin.*
1870 Garde national pendant le siège de Paris.	
1872 Nouvelles fréquentations : Zola, Flaubert. **1873** Rencontre avec Edmond de Goncourt.	**1872** *Tartarin de Tarascon. L'Arlésienne*, sur une musique de Bizet. **1873** *Contes du lundi.*
	1874 *Fromont jeune et Risler aîné.*
	1876 *Jack.* **1877** *Le Nabab.*
1878 Naissance de Lucien, son deuxième fils. **1879** Débuts de la maladie. Cure à Allevard. **1880** Cure à Royat.	**1879** *Les Rois en exil.*
1881 Voyage en Suisse.	**1881** *Numa Roumestan.*

ÉVÉNEMENTS CULTURELS ET ARTISTIQUES	ÉVÉNEMENTS HISTORIQUES ET POLITIQUES
1865 Manet : *Olympia*. 1866 *Le Parnasse contemporain*.	
	1866 Victoire prussienne sur l'Autriche à Sadowa.
1867 Verlaine : *Poèmes saturniens*.	1867 Rapatriement du corps expéditionnaire français du Mexique.
1869 Flaubert : *L'Éducation sentimentale*.	
	1870 Juillet-sept. : guerre contre la Prusse.
1871 Zola, début du cycle des *Rougon-Macquart*.	1871 18 mars-27 mai : la Commune.
1873 Rimbaud : *Une saison en enfer*.	1873 Mac-Mahon président. «L'Ordre Moral».
1875 Bizet : *Carmen*. 1876 Renoir : *Le Moulin de la Galette*. 1877 Zola : *L'Assommoir*. E. de Goncourt : *La Fille Élisa*.	
1880 Rodin : *Le Penseur*. Cézanne : *Moulin sur la Couleuvre*. 1881 Loti : *Le Roman d'un spahi*.	1881 Loi sur la gratuité de l'enseignement primaire.

Vie	Œuvres
1882 Cure à Néris.	
	1883 *L'Évangéliste.*
1884 Séjour à Chamonix. Deuxième séjour en Suisse.	**1884** *Sapho.*
1885 Début de la paralysie nerveuse. Cure à Lamalou, recommandée par Charcot.	**1885** *Tartarin sur les Alpes.*
1886 Naissance de sa fille Edmée. Acquisition d'une propriété à Champrosay.	
	1889 *L'Immortel.*
	1890 *Port-Tarascon.*
	1892 *Rose et Ninette.*
1895 Voyage à Londres.	**1895** *La Petite Paroisse.*
1896 Voyage à Venise. Mort d'Edmond de Goncourt, à Champrosay.	
1897 Décembre : arrêt cardiaque et mort de Daudet.	**1897** *Le Trésor d'Arlatan.*

ÉVÉNEMENTS CULTURELS ET ARTISTIQUES	ÉVÉNEMENTS HISTORIQUES ET POLITIQUES
1882 Degas : *Chez la modiste.*	**1882** Loi sur l'obligation et la laïcité de l'enseignement primaire.
1883 Monet : *La Mer à Étretat.* **1884** Zola : *Germinal.* Huysmans : *À Rebours.*	**1884** Loi sur le divorce.
	1887 Affaire Schnaebelé, incident diplomatique à la frontière entre la Lorraine française et la Lorraine annexée.
1888 Barrès : *Sous l'œil des barbares.* **1889** Maupassant : *Fort comme la mort.* Exposition universelle.	**1888** Guillaume II devient empereur d'Allemagne.
1892 Monet : série des *Cathédrales.*	**1890** Chute de Bismarck. **1892** Scandale de Panama, poussée antiparlementariste. **1894** Condamnation de Dreyfus.
1895 Gide : *Paludes.*	
1897 Barrès : *Les Déracinés.* Gide : *Les Nourritures terrestres.*	

GENÈSE
DE L'ŒUVRE

Aux origines du projet : les voyages et les séjours de Daudet
Les lettres sur l'Algérie et sur la Corse trouvent leur source dans deux voyages effectués par Daudet. Le premier est un séjour forcé de l'autre côté de la Méditerranée, durant l'hiver 1861-1862 : parti soigner un début de tuberculose, Daudet en profite pour consigner des observations qui nourriront quelques récits, rattachés ensuite aux *Lettres de mon moulin*. L'hiver suivant, il se contente d'aller en Corse, où il effectue une tournée de surveillance des côtes : ce séjour lui inspirera des lettres comme « Le Phare des Sanguinaires » et « Les Douaniers ».

Ce sont, bien évidemment, les séjours en Provence qui jouent un rôle déterminant dans le projet des *Lettres de mon moulin*. Alphonse Daudet, qui profite de la relative liberté laissée par son emploi de secrétaire du duc de Morny, retourne en Provence durant l'été 1860, sur les terres du poète provençal Frédéric Mistral, rencontré à Paris. Le séjour de 1863, à Fontvieille encore, aux côtés de Mistral, joue un rôle décisif. Durant cette période et, davantage encore, durant le séjour hivernal de 1864, Daudet multiplie les excursions, dans l'espace et dans le temps, dans la Provence d'hier et de toujours, accompagné de poètes – Mistral en tête – voués à la défense et à l'illustration de la culture et de la littérature provençales.

Le meunier, son aide et son entourage littéraire
Le félibrige
Alors que Daudet est encore un enfant, un groupe de poètes provençaux va s'assigner pour tâche de faire revivre le provençal comme langue écrite, pour faire renaître la tradition littéraire des troubadours. Ils sont sept, en 1854, à décider de créer le félibrige, fondé dans ce but. Les deux poètes les plus connus sont Joseph Roumanille – évoqué à la fin du « *Curé de Cucugnan* » –, auteur de *Lou Margaritedo* (*Les Pâquerettes*), publiées en 1847, et surtout Frédéric Mistral,

Alphonse Daudet et sa femme en 1883, par Montegut.
Musée Carnavalet, Paris.

devenu célèbre après la parution de *Mireille* (1859) et de *Calendal* (1867).

Même si Daudet ne partage pas l'ambition des félibres, la fréquentation de ces poètes ne peut que l'encourager à faire de sa Provence le décor, sinon le sujet principal, de ses *Lettres de mon moulin*. Auprès de ces poètes épris de culture et de tradition provençales, il peut surtout redécouvrir cette richesse culturelle, mieux en jouir et, s'il était besoin, souhaiter davantage encore l'illustrer par ses lettres.

La collaboration de Paul Arène

Au moment où Alphonse Daudet compose les premières *Lettres de mon moulin*, il travaille en collaboration avec un jeune écrivain d'origine provençale, Paul Arène, célèbre un peu plus tard pour ses volumes de contes. Il est délicat de se prononcer sur la part exacte qu'a pu prendre Paul Arène dans cette collaboration qui, du vivant de Daudet, a nourri une polémique visant à diminuer les mérites de l'écrivain. Mis en cause par le romancier Octave Mirbeau, Paul Arène décide de faire publier dans le *Gil Blas* une lettre adressée à Daudet, dans laquelle il fait la part des choses :

« Établissons une fois pour toutes qu'en effet, sur les vingt-trois nouvelles conservées dans ton édition définitive, la moitié à peu près fut écrite par nous deux, assis à la même table, autour d'un unique écritoire, joyeusement et fraternellement, en essayant chacun sa phrase avant de la coucher sur le papier. Les autres ne me regardent en rien, et encore dans celles qui me regardent un peu, ta part reste-t-elle la plus grande, car si j'ai pu y apporter – du diable si je m'en souviens – quelques détails de couleur, toi seul, toujours, en trouva le jet et les grandes lignes. »

Paul Arène, *Gil Blas*, le 16 décembre 1883.

Si la question n'est pas définitivement close, en l'absence des manuscrits qui permettraient d'établir la vérité de manière incontestable, il est généralement admis que, comme le suggère Paul Arène, l'apport de l'aide-meunier – comme Daudet désigne son collaborateur dans sa propre mise au point sur l'affaire, publiée dans *Histoire de mes livres* – consiste en un travail essentiellement formel. La conception d'ensemble des nouvelles et le choix des sujets viendraient bien du seul Daudet, comme tendent à le prouver, au demeurant, les convergences thématiques entre les lettres incriminées et le reste de son œuvre.

L'histoire du livre, présentée par Daudet lui-même

Alphonse Daudet a lui-même évoqué le rôle que pouvaient jouer les séjours en Provence dans sa vie. Rappelant le souvenir de la famille provençale qui occupait la vieille bâtisse élevée au pied du moulin, toujours prête à l'accueillir, il montre bien en quoi la création des *Lettres de mon moulin* correspond à une nécessité d'ordre intime :

« Braves gens, maison bénie !… Que de fois, l'hiver, je suis venu là me reprendre à la nature, me guérir de Paris et de ses fièvres, aux saines émanations de nos petites collines provençales. J'arrivais sans prévenir, sûr de l'accueil, annoncé par la fanfare des paons, des chiens de chasse, Miracle, Miraclet, Tambour, qui gambadaient autour de la voiture, pendant que s'agitait la coiffe arlésienne de la servante effarée, courant avertir ses maîtres, et que la "chère maman" me serrait sur son petit châle à carreaux gris, comme si j'avais été un de ses garçons. Cinq minutes de tumulte, puis les embrassades finies, ma malle dans la chambre, toute la maison redevenait silencieuse et calme. Moi je sifflais le vieux Miracle – un épagneul trouvé à la mer, sur une épave, par des pêcheurs de Faraman –, et je montais à mon moulin. Une ruine, ce moulin ; un débris croulant de pierre, de fer et de vieilles planches, qu'on n'avait pas mis au vent depuis des années et qui gisait, les membres rompus, inutile comme un poète, tandis que tout autour, sur la côte, la meunerie prospérait et virait à toutes ailes. D'étranges affinités existent de nous aux choses. Dès le premier jour, ce déclassé m'avait été cher ; je l'aimais pour sa détresse, son chemin perdu sous les herbes, ses petites herbes de montagne grisâtres et parfumées avec lesquelles le père Gaucher composait son élixir, pour sa plate-forme effritée où il faisait bon s'acagnardir à l'abri du vent, pendant qu'un lapin détalait ou qu'une longue couleuvre aux détours froissants et sournois venait chasser les mulots dont la masure fourmillait. Avec son craquement de vieille bâtisse froissée par la tramontane, le bruit d'agrès de ses ailes en loques, le moulin remuait dans ma pauvre tête inquiète et voyageuse des souvenirs de courses en mer, de haltes dans les phares, les îles lointaines, et la houle frémissante tout autour complétait cette illusion. Je ne sais d'où m'est venu ce goût de désert et de sauvagerie, en moi depuis l'enfance, et qui semble aller si peu à l'exubérance de ma nature, à moins qu'il ne soit en même temps le besoin physique de réparer dans un jeûne de paroles, dans une abstinence de cris et de gestes, l'effroyable dépense que fait le Méridional de tout son être. En tout cas, je dois beaucoup à ces retraites spirituelles ; et nulle ne me fut plus salutaire que ce vieux moulin de Provence. J'eus même un moment l'envie de l'acheter ; et l'on pourrait trouver chez le notaire de Fontvieille un acte de vente resté à l'état de projet, mais dont je me suis servi pour faire l'avant-propos de mon livre. »

Alphonse Daudet, *Histoire de mes livres*.

La plupart des *Lettres* trouvent leur origine dans les séjours de Daudet en Provence et dans ses excursions joyeuses avec ses amis du félibrige, qui lui permettent de redécouvrir les décors et les atmosphères qui vont directement nourrir son livre :

« Souvent aussi ma fantaisie rayonnait en petits voyages autour de mon moulin. C'était une partie de chasse ou de pêche en Camargue, vers l'étang du Vaccarès, parmi les bœufs et les chevaux sauvages librement lâchés dans ce coin de pampas. Un autre jour, j'allais rejoindre mes amis les poètes provençaux, les félibres. À cette époque, le félibrige n'était pas encore érigé en institution académique. Nous étions aux premiers jours de l'*Église*, aux heures ferventes et naïves, sans schismes ni rivalités. À cinq ou six bons compagnons, rires d'enfants, dans des barbes d'apôtres, on avait rendez-vous tantôt à Maillane, dans le petit village de Frédéric Mistral, dont me séparait la dentelle rocheuse des Alpilles ; tantôt à Arles, sur le forum, au milieu d'un grouillement de bouviers et de pâtres venus pour se louer aux gens des *mas*. On allait aux Aliscamps écouter, couchés dans l'herbe parmi les sarcophages de pierre grise, quelque beau drame de Théodore Aubanel, tandis que l'air vibrait de cigales et que sonnaient ironiquement derrière un rideau d'arbres pâles les coups de marteau des ateliers du P.L.M. Après la lecture, un tour sur la Lice pour voir passer sous ses guimpes blanches et sa coiffe en petit casque la fière et coquette Arlésienne pour qui le pauvre Jan s'est tué par amour. D'autres fois, nos rendez-vous se donnaient à la ville des Baux, cet amas poudreux de ruines, de roches sauvages, de vieux palais écussonnés, s'effritant, branlant au vent come un nid d'aigles sur la hauteur d'où l'on découvre après des plaines et des plaines, une ligne d'un bleu plus pur, étincelant, qui est la mer. On soupait à l'auberge de Cornille ; et tout le soir, on errait en chantant des vers au milieu des petites ruelles découpées, de murs croulants, de restes d'escaliers, de chapiteaux découronnés, dans une lumière fantômale qui frisait les herbes et les pierres comme d'une neige légère. "Des poètes, *anèn !...*" disait maître Cornille…"De ces personnes qui z'aiment à voir les ruines au clair de lune."

Le félibrige s'assemblait encore dans les roseaux de l'île de la Barthelasse, en face des remparts d'Avignon et du palais papal, témoin des intrigues, des aventures du petit Vedène. Puis, après une déjeuner dans quelque cabaret de marine, on montait chez le poète Anselme Mathieu à Châteauneuf-des-Papes, fameux par ses vignes qui furent longtemps les plus renommées de Provence. [...]

Et comme c'était bon, après une de ces escapades lyriques, de revenir au moulin se reposer sur l'herbe de la plate-forme, songer au livre que j'écrirais plus tard avec tout cela, un livre où je mettrais le bourdonnement qui me restait aux oreilles de ces chants, de ces rires clairs, de ces féeriques légendes, un reflet aussi de ce soleil vibrant, le parfum de ces collines brûlées, et que je daterais de ma ruine aux ailes mortes. »

Alphonse Daudet, *Histoire de mes livres.*

Premières parutions, première édition

Contrairement à ce qui se passe pour la plupart des romans, il n'est pas possible d'indiquer une seule date qui correspondrait à la parution des *Lettres de mon moulin*. La raison en est que les *Lettres* ont fait l'objet d'une publication en feuilleton, dans deux journaux différents, avant d'être réunies une première fois en recueil, quelques années plus tard, puis une seconde fois, pour ce que l'on considère comme l'édition définitive.

Au XIXᵉ siècle, les journaux publient fréquemment des nouvelles ou des chroniques, voire des romans entiers, sous forme de feuilleton. Les auteurs y gagnent de trouver une audience plus large que celle qu'un livre peut alors espérer toucher, cependant que les journaux y voient un moyen de fidéliser leurs lecteurs. Ce système offre un débouché lucratif pour les romanciers à succès, comme Alexandre Dumas ou Eugène Sue, l'auteur des *Mystères de Paris*. C'est aussi le gagne-pain privilégié de nombre d'écrivains plus ou moins débutants. Ainsi, dans les années 1860, Alphonse Daudet publie plusieurs textes dans divers journaux, sous différents pseudonymes. Sous le nom de Jehan de L'Isle, il publie en 1865 des *Lettres de Paris* dans *Le Petit Moniteur*. Avant même qu'il conçoive la série des *Lettres de mon moulin*, en 1866, il a fait paraître certains des textes qui, remaniés ou non, entreront plus tard dans le recueil. La première version de « La Légende de l'homme à la cervelle d'or », par exemple, a été publiée en 1860, dans *Le Monde illustré*. « À Milianah » a paru sous un autre titre, dès février 1864, dans *La Revue nouvelle*. En 1865, Daudet a donné au *Moniteur universel du soir* un récit, « L'Honneur du moulin », qui préfigure « Le Secret de maître Cornille ».

Les douze premières *Lettres de mon moulin* proprement dites sont publiées d'août à novembre 1866, dans *L'Événement*. Si les six premières, publiées sous le titre général *Chroniques provençales*, sont signées d'un double pseudonyme qui témoigne, indirectement, d'une collaboration entre Daudet et Paul Arène, les six dernières sont signées du seul Daudet. Celui-ci fait ensuite paraître quatre nouvelles lettres dans *Le Figaro*, d'octobre à novembre 1868, puis trois autres, dans le même journal, dans la seconde moitié de l'année 1869.

C'est en 1869 que paraît la première édition des *Lettres de mon moulin*, chez le célèbre éditeur Hetzel, qui publie notamment l'œuvre très populaire de Jules Verne. N'y figurent pas quelques pièces maîtresses de l'édition définitive, de 1879, comme « Les Douaniers » ou « Les Étoiles », parues dans le journal *Le Bien public* en 1873, ou « Les Trois

Messes basses », « conte de Noël » originellement inclus dans le recueil *Les Contes du lundi.* Durant la période qui sépare la publication de la première série de lettres de cette édition définitive, la renommée de Daudet n'a cessé de croître et les *Lettres de mon moulin,* dont le succès est relativement limité en 1866, trouvent progressivement un public plus large, pour devenir, dès le début du XXe siècle, l'œuvre la plus populaire de leur auteur.

Alphonse Daudet

Lettres de mon moulin

DAUDET

nouvelles et chroniques

Éditées pour la première fois
en 1869

Couverture d'une édition des Lettres de mon moulin
de la fin du XIXᵉ siècle.

AVANT-PROPOS

P AR-DEVANT maître Honorat Grapazi, notaire à la résidence de Pampérigouste[1],

« A comparu[2] :

Le sieur Gaspard Mitifio, époux de Vivette Cornille, *ména-*
ger[3] au lieudit des Cigalières et y demeurant ;

Lequel par ces présentes[4] a vendu et transporté sous les
garanties de droit et de fait, et en franchise de toutes dettes[5],
privilèges et hypothèques,

Au sieur Alphonse Daudet, poète, demeurant à Paris, à ce
présent et ce acceptant[6],

Un moulin à vent et à farine, sis[7] dans la vallée du Rhône,
au plein cœur de Provence, sur une côte boisée de pins et de
chênes verts ; étant ledit moulin abandonné depuis plus de
vingt années et hors d'état de moudre, comme il appert[8] des
vignes sauvages, mousses, romarins, et autres verdures parasites[9] qui lui grimpent jusqu'au bout des ailes ;

Ce nonobstant[10], tel qu'il est et se comporte[11], avec sa

---

1. **Pampérigouste** : ville ou village imaginaire.
2. **A comparu** : s'est présenté.
3. **Ménager** : en Provence, désigne un petit propriétaire qui cultive sa propre
terre.
4. **Par ces présentes** : par ces actes (document juridique).
5. **En franchise de toutes dettes** : libre de toutes dettes.
6. **Ce présent et ce acceptant** : présent aujourd'hui et acceptant ce contrat.
7. **Sis** : situé (terme juridique).
8. **Comme il appert** : comme il apparaît avec évidence.
9. **Verdures parasites** : verdures qui ont poussé par dessus celles qui avaient
été plantées là.
10. **Ce nonobstant** : en dépit de cela.
11. **Tel qu'il est et se comporte** : dans l'état où il se trouve et avec ce qu'il
contient.

grande roue cassée, sa plate-forme où l'herbe pousse dans les briques, déclare le sieur Daudet trouver ledit moulin à sa
20 convenance et pouvant servir à ses travaux de poésie, l'accepte à ses risques et périls, et sans aucun recours contre le vendeur, pour cause de réparations qui pourraient y être faites.

Cette vente a lieu en bloc moyennant le prix convenu, que
25 le sieur Daudet, poète, a mis et déposé sur le bureau en espèces de cours[1], lequel prix a été de suite touché et retiré par le sieur Mitifio, le tout à la vue des notaires et des témoins soussignés, dont quittance sous réserve[2].

Acte fait à Pampérigouste, en l'étude Honorat, en présence
30 de Francet Mamaï, joueur de fifre[3], et de Louiset dit le Quique, porte-croix des pénitents blancs[4] ;

Qui ont signé avec les parties et le notaire après lecture... »

Texte écrit pour la première édition collective
des *Lettres* de 1869.

---

1. **En espèces de cours :** avec la monnaie en circulation.
2. **Dont quittance sous réserve :** une quittance (attestation de paiement) ayant été établie.
3. **Joueur de fifre :** joueur de flûte.
4. **Pénitents blancs :** membres d'une confrérie laïque qui effectuent diverses tâches en signe de pénitence.

REPÈRES

• À quel type de texte le lecteur a-t-il affaire, au moins en apparence, dans cet avant-propos ?
• Le thème du moulin abandonné annonce le sujet développé dans une des lettres postérieures : de quelle lettre s'agit-il ?
• Certains éléments sont appelés à revenir dans des lettres postérieures : c'est le cas de Vivette Cornille, de Francet Mamaï, des pénitents blancs ; c'est également le cas de la ville imaginaire de Pampérigouste. Êtes-vous capable d'identifier les lettres où ils réapparaissent ?

OBSERVATION

• Repérez les termes qui appartiennent en propre à la langue juridique. Quel est l'intérêt de ces termes ?
• Quelles sont les deux caractéristiques qui suffisent à présenter le narrateur des lettres à venir ? Quelle est l'importance de chacune d'entre elles ?
• En quoi la situation géographique du moulin est-elle intéressante pour le lecteur ? Vous commenterez la manière dont elle est présentée.
• Pourquoi le moulin n'est-il plus utilisable par un meunier ? Pourquoi est-il au contraire particulièrement adapté au travail d'un poète ?

INTERPRÉTATIONS

• Vous réfléchirez, méthodiquement, sur la nature et la fonction de cet avant-propos, en montrant, d'abord, en quoi il ressemble à un acte de vente et en quoi il en diffère, puis en indiquant dans quelle mesure il peut jouer un rôle d'introduction dans l'œuvre.

INSTALLATION

CE SONT les lapins qui ont été étonnés !... Depuis si long-temps qu'ils voyaient la porte du moulin fermée, les murs et la plate-forme envahis par les herbes, ils avaient fini par croire que la race des meuniers était éteinte[1], et, trouvant la
5 place bonne, ils en avaient fait quelque chose comme un quartier général, un centre d'opérations stratégiques : le mou-lin de Jemmapes[2] des lapins... La nuit de mon arrivée, il y en avait bien, sans mentir, une vingtaine assis en rond sur la plate-forme, en train de se chauffer les pattes à un rayon de
10 lune... Le temps d'entrouvrir une lucarne, frrt ! voilà le bivouac[3] en déroute, et tous ces petits derrières blancs qui détalent, la queue en l'air, dans le fourré. J'espère bien qu'ils reviendront.

Quelqu'un de très étonné aussi, en me voyant, c'est le loca-
15 taire du premier, un vieux hibou sinistre, à la tête de penseur, qui habite le moulin depuis plus de vingt ans. Je l'ai trouvé dans la chambre du haut, immobile et droit sur l'arbre de couche[4], au milieu des plâtras[5], des tuiles tombées. Il m'a regardé un moment avec son œil rond ; puis, tout effaré de
20 ne pas me reconnaître, il s'est mis à faire : « Hou ! Hou ! » et à secouer péniblement ses ailes grises de poussière ; — ces diables de penseurs ! ça ne se brosse jamais... N'importe ! tel qu'il est, avec ses yeux clignotants et sa mine renfrognée, ce locataire silencieux me plaît encore mieux qu'un autre, et je

---

1. **Était éteinte :** ici, avait disparu, était morte.
2. **Jemmapes :** victoire remportée par les troupes françaises en 1792.
3. **Bivouac :** campement militaire en plein air.
4. **Arbre de couche :** axe horizontal propulsé par les ailes.
5. **Plâtras :** débris de maçonnerie.

25 me suis empressé de lui renouveler son bail[1]. Il garde comme
dans le passé tout le haut du moulin avec une entrée par le
toit ; moi je me réserve la pièce du bas, une petite pièce blan-
chie à la chaux[2], basse et voûtée comme un réfectoire de
couvent.

30   C'est de là que je vous écris, ma porte grande ouverte, au
bon soleil.

   Un joli bois de pins tout étincelant de lumière dégringole
devant moi jusqu'au bas de la côte. À l'horizon, les Alpilles
découpent leurs crêtes fines... Pas de bruit... À peine, de loin
35 en loin, un son de fifre[3], un courlis[4] dans les lavandes, un
grelot de mules sur la route... Tout ce beau paysage provençal
ne vit que par la lumière.

   Et maintenant, comment voulez-vous que je le regrette,
votre Paris bruyant et noir ? Je suis si bien dans mon moulin !
40 C'est si bien le coin que je cherchais, un petit coin parfumé
et chaud, à mille lieues[5] des journaux, des fiacres[6], du
brouillard !... Et que de jolies choses autour de moi ! Il y a à
peine huit jours que je suis installé, j'ai déjà la tête bourrée
d'impressions et de souvenirs... Tenez ! pas plus tard qu'hier
45 soir, j'ai assisté à la rentrée des troupeaux dans un *mas* (une
ferme) qui est au bas de la côte, et je vous jure que je ne
donnerais pas ce spectacle pour toutes les *premières*[7] que
vous avez eues à Paris cette semaine. Jugez plutôt.

   Il faut vous dire qu'en Provence, c'est l'usage, quand
50 viennent les chaleurs, d'envoyer le bétail dans les Alpes. Bêtes
et gens passent cinq ou six mois là-haut, logés à la belle étoile,

---

1. **Bail** : contrat de location.
2. **Chaux** : enduit blanc, fabriqué avec du calcaire.
3. **Fifre** : petite flûte.
4. **Courlis** : oiseau à long bec.
5. **À mille lieues** : expression courante pour dire « extrêmement loin de ».
6. **Fiacres** : voitures à cheval.
7. **Premières** : la première est le terme employé pour désigner la première
représentation d'un spectacle.

dans l'herbe jusqu'au ventre ; puis, au premier frisson de l'automne, on redescend au *mas*, et l'on revient brouter bourgeoisement les petites collines grises que parfume le romarin...

55 Donc hier soir les troupeaux rentraient. Depuis le matin, le portail attendait, ouvert à deux battants ; les bergeries étaient pleines de paille fraîche. D'heure en heure on se disait : « Maintenant ils sont à Eyguières, maintenant au Paradou[1]. » Puis, tout à coup, vers le soir, un grand cri : « Les

60 voilà ! » et là-bas, au lointain, nous voyons le troupeau s'avancer dans une gloire de poussière[2]. Toute la route semble marcher avec lui... Les vieux béliers viennent d'abord, la corne en avant, l'air sauvage ; derrière eux le gros des moutons, les mères un peu lasses, leurs nourrissons dans les

65 pattes ; — les mules à pompons rouges portant dans des paniers les agnelets d'un jour qu'elles bercent en marchant ; puis les chiens tout suants, avec des langues jusqu'à terre, et deux grands coquins de bergers drapés dans des manteaux de cadis[3] roux qui leur tombent sur les talons comme des

70 chapes.

Tout cela défile devant nous joyeusement et s'engouffre sous le portail, en piétinant avec un bruit d'averse... Il faut voir quel émoi dans la maison. Du haut de leur perchoir, les gros paons vert et or, à crête de tulle[4], ont reconnu les arri-

75 vants et les accueillent par un formidable coup de trompette. Le poulailler, qui s'endormait, se réveille en sursaut. Tout le monde est sur pied : pigeons, canards, dindons, pintades. La basse-cour est comme folle ; les poules parlent de passer la nuit !... On dirait que chaque mouton a rapporté dans sa

80 laine, avec un parfum d'Alpe sauvage, un peu de cet air vif des montagnes qui grise et qui fait danser.

---

1. **Paradou** : nom d'un petit village proche du moulin, comme Eyguières, qui est une petite ville.
2. **Dans une gloire de poussière** : dans une auréole de poussière.
3. **Cadis** : étoffe grossière de laine.
4. **Tulle** : tissu très fin, proche de la dentelle.

C'est au milieu de tout ce train[1] que le troupeau gagne son gîte[2]. Rien de charmant comme cette installation. Les vieux béliers s'attendrissent en revoyant leur crèche[3]. Les
85 agneaux, les tout petits, ceux qui sont nés dans le voyage et n'ont jamais vu la ferme, regardent autour d'eux avec étonnement.

Mais le plus touchant encore, ce sont les chiens, ces braves chiens de berger, tout affairés après leurs bêtes et ne voyant
90 qu'elles dans le *mas*. Le chien de garde a beau les appeler du fond de sa niche ; le seau du puits, tout plein d'eau fraîche, a beau leur faire signe : ils ne veulent rien voir, rien entendre, avant que le bétail soit rentré, le gros loquet poussé sur la petite porte à claire-voie[4], et les bergers attablés dans la salle
95 basse. Alors seulement ils consentent à gagner le chenil[5], et là, tout en lapant leur écuellée de soupe, ils racontent à leurs camarades de la ferme ce qu'ils ont fait là-haut dans la montagne, un pays noir où il y a des loups et de grandes digitales de pourpre[6] pleines de rosée jusqu'au bord.

Lettre parue pour la première fois
dans *Le Figaro* du 16 octobre 1868.

---

1. **Train** : ici, vacarme.
2. **Gîte** : abri.
3. **Crèche** : mangeoire, dans une étable.
4. **Porte à claire-voie** : composée de planches légèrement espacées pour laisser passer la lumière.
5. **Chenil** : abri réservé aux chiens.
6. **Digitales de pourpre** : fleurs en forme de doigt qui ont ici la couleur du pourpre, c'est-à-dire rouge violacé.

REPÈRES

• En quoi la description du moulin correspond-elle à celle qui était faite très brièvement dans l'acte de vente de l'avant-propos ?
• Le mot « installation » est utilisé dans le texte : que désigne-t-il alors ? Que désigne-t-il plus généralement dans le titre ?
• Les lapins avaient « fini par croire » disparue la « race des meuniers » (ligne 4) : quelle lettre prendra précisément pour thème cette disparition des meuniers traditionnels ?
• Quelle autre lettre est annoncée par l'image finale de « la montagne, un pays noir où il y a des loups » (ligne 98) ?

OBSERVATION

• Comment sont présentés les lapins, au début du texte (lignes 1 à 13) et les chiens, à la fin (lignes 88-99) ? Dans quel type de texte les animaux sont-ils présentés de cette manière ? Quelles sont les *Lettres de mon moulin* où l'on va retrouver un procédé analogue ?
• Relevez les allusions qui sont faites aux destinataires de cette première lettre. À quels lecteurs s'adresse l'auteur ?
• Repérez, dans les lignes 38-48, les éléments associés à Paris. Quelle vision de Paris nous propose-t-il ? Quels sont les éléments de ce petit monde provençal qui s'opposent à cette vision de Paris ?
• Relevez les phrases dans lesquelles l'auteur évoque ses réactions et ses sentiments face au monde qu'il est en train de découvrir. Quelle est la nature de ses sentiments ? Vous vous efforcerez de les caractériser brièvement.

INTERPRÉTATIONS

• Quels buts l'auteur se propose-t-il en adressant à son lecteur des lettres depuis un moulin en Provence ? Quel est l'intérêt de cette situation particulière ?

Mise en place d'une thématique

L'avant-propos et « Installation » conduisent le lecteur au seuil du moulin. Il s'agit de l'aider à faire connaissance avec un lieu, et surtout avec le guide qui doit le promener dans le pittoresque petit monde provençal décrit dans « Installation ». Sans s'en rendre compte, le lecteur a fait un pas à l'intérieur du recueil, introduit au cœur d'une thématique par ces deux textes qui contiennent en germe les sujets développés dans les lettres postérieures. La montagne féerique et dangereuse, où périra la chèvre de monsieur Seguin, la faune et la flore magiques, qui captiveront le sous-préfet, les traditions immuables et pourtant menacées de disparaître, comme les moulins traditionnels, les animaux pleins de bons sens, comme la mule du pape, les odeurs et les couleurs de cette Provence poétique, tout le contenu du recueil tient déjà dans ces deux textes qui remplissent une fonction d'information et d'annonce comparable à celle que peut remplir la première page dans un roman.

Présentation du narrateur

Le narrateur met à profit ces deux textes liminaires pour se présenter. Il s'agit pour l'auteur, en installant son narrateur dans un cadre évocateur, plein d'odeurs et de vie, de lui donner une épaisseur humaine et de le rendre vivant aux yeux du lecteur. Tout l'art de Daudet consiste ici à présenter son projet, tout en dressant du narrateur un portrait qui fait de lui une figure immédiatement familière. Ce narrateur est un poète, suivant une dénomination qui revient à différentes reprises : l'auteur suggère par là que ces textes laisseront la part belle à l'imagination et à la rêverie, mais il campe aussi un personnage sympathique. Le personnage du sous-préfet, amené à céder malgré lui à la beauté et au charme de la nature provençale, offre, à la fin de la nouvelle, l'image de ce que peut représenter le poète pour le lecteur. Bohème, c'est-à-dire débraillé, en marge des convenances sociales et d'une société guindée, mais parfaitement inoffensif, il est le rêveur sympathique qui sait goûter la saveur de la vie et la faire partager.

La Chèvre de M. Seguin

À M. Pierre Gringoire[1], poète lyrique à Paris

Tu seras bien toujours le même, mon pauvre Gringoire !
Comment ! on t'offre une place de chroniqueur[2] dans un bon journal de Paris, et tu as l'aplomb[3] de refuser... Mais regarde-toi, malheureux garçon ! Regarde ce pourpoint
5 troué, ces chausses en déroute[4], cette face maigre qui crie la faim. Voilà pourtant où t'a conduit la passion des belles rimes ! Voilà ce que t'ont valu dix ans de loyaux services dans les pages du sire Apollo[5]... Est-ce que tu n'as pas honte, à la fin ?
10 Fais-toi donc chroniqueur, imbécile ! fais-toi chroniqueur ! Tu gagneras de beaux écus à la rose[6], tu auras ton couvert chez Brébant[7], et tu pourras te montrer les jours de première[8] avec une plume neuve à ta barrette[9]...

---

1. **Gringoire :** poète français du Moyen Âge dont Victor Hugo a fait ensuite un personnage de *Notre-Dame de Paris* ; amoureux de la bohémienne Esmeralda, dont la compagne est une petite chèvre, il représente le type de l'écrivain misérable et cependant insouciant.
2. **Chroniqueur :** à l'époque de Gringoire, historien ; à l'époque de Daudet, journaliste.
3. **Tu as l'aplomb :** tu as le culot.
4. **Ces chausses en déroute :** ces culottes qui sont tellement usées qu'elles n'ont plus aucune allure (comme une armée en déroute, c'est-à-dire en fuite).
5. **Les pages du sire Apollo :** les poètes (Apollon étant le dieu de la poésie).
6. **Écus à la rose :** pièces de monnaie de l'époque, dont le motif en relief est en forme de rose.
7. **Brébant :** célèbre restaurateur du XIXᵉ siècle.
8. **Les jours de première :** les jours où il y a une première, c'est-à-dire la première représentation d'un spectacle.
9. **Barrette :** chapeaux à bords carrés des ecclésiastiques.

Non ? Tu ne veux pas ? Tu prétends rester libre à ta guise[1]
15 jusqu'au bout... Eh bien, écoute un peu l'histoire de *la Chèvre
de M. Seguin*. Tu verras ce que l'on gagne à vouloir vivre
libre.

M. Seguin n'avait jamais eu de bonheur avec ses chèvres.

Il les perdait toutes de la même façon ; un beau matin, elles
20 cassaient leur corde, s'en allaient dans la montagne, et là-
haut le loup les mangeait. Ni les caresses de leur maître, ni
la peur du loup, rien ne les retenait. C'étaient, paraît-il, des
chèvres indépendantes, voulant à tout prix le grand air et la
liberté.

25 Le brave M. Seguin, qui ne comprenait rien au caractère
de ses bêtes, était consterné. Il disait :

« C'est fini ; les chèvres s'ennuient chez moi, je n'en gar-
derai pas une. »

Cependant, il ne se découragea pas, et, après avoir perdu
30 six chèvres de la même manière, il en acheta une septième ;
seulement, cette fois, il eut soin de la prendre toute jeune,
pour qu'elle s'habituât mieux à demeurer chez lui.

Ah ! Gringoire, qu'elle était jolie la petite chèvre de
M. Seguin ! qu'elle était jolie avec ses yeux doux, sa barbiche
35 de sous-officier, ses sabots noirs et luisants, ses cornes zébrées
et ses longs poils blancs qui lui faisaient une houppelande[2] !
C'était presque aussi charmant que le cabri d'Esméralda —
tu te rappelles, Gringoire ? — et puis, docile, caressante, se
laissant traire sans bouger, sans mettre son pied dans
40 l'écuelle. Un amour de petite chèvre...

M. Seguin avait derrière sa maison un clos[3] entouré
d'aubépines. C'est là qu'il mit la nouvelle pensionnaire. Il
l'attacha à un pieu au plus bel endroit du pré, en ayant soin
de lui laisser beaucoup de corde, et de temps en temps il

---

1. **À ta guise** : suivant ta volonté, en toute liberté.
2. **Houppelande** : sorte de grande cape.
3. **Clos** : prairie entourée d'une clôture.

45 venait voir si elle était bien. La chèvre se trouvait très heureuse et broutait l'herbe de si bon cœur que M. Seguin était ravi.

« Enfin, pensait le pauvre homme, en voilà une qui ne s'ennuiera pas chez moi ! »

50 M. Seguin se trompait, sa chèvre s'ennuya.

Un jour, elle se dit en regardant la montagne :

« Comme on doit être bien là-haut ! Quel plaisir de gambader dans la bruyère, sans cette maudite longe[1] qui vous écorche le cou !... C'est bon pour l'âne ou le bœuf de brouter

55 dans un clos !... Les chèvres, il leur faut du large. »

À partir de ce moment, l'herbe du clos lui parut fade. L'ennui lui vint. Elle maigrit, son lait se fit rare. C'était pitié de la voir tirer tout le jour sur sa longe, la tête tournée du côté de la montagne, la narine ouverte, en faisant *Mé !...*

60 tristement.

M. Seguin s'apercevait bien que sa chèvre avait quelque chose, mais il ne savait pas ce que c'était... Un matin, comme il achevait de la traire, la chèvre se retourna et lui dit dans son patois[2] :

65 « Écoutez, monsieur Seguin, je me languis[3] chez vous, laissez-moi aller dans la montagne.

— Ah ! mon Dieu !... Elle aussi ! » cria M. Seguin stupéfait, et du coup il laissa tomber son écuelle ; puis, s'asseyant dans l'herbe à côté de sa chèvre :

70 « Comment, Blanquette, tu veux me quitter ! »

Et Blanquette répondit :

« Oui, monsieur Seguin.

— Est-ce que l'herbe te manque ici ?

— Oh ! non, monsieur Seguin.

---

1. **Longe** : corde qui sert à attacher les animaux.
2. **Patois** : langue populaire propre à une région.
3. **Je me languis** : je m'ennuie.

75 — Tu es peut-être attachée de trop court[1]. Veux-tu que j'allonge la corde ?

— Ce n'est pas la peine, monsieur Seguin.

— Alors, qu'est-ce qu'il te faut ? qu'est-ce que tu veux ?

— Je veux aller dans la montagne, monsieur Seguin.

80 — Mais, malheureuse, tu ne sais pas qu'il y a le loup dans la montagne... Que feras-tu quand il viendra ?...

— Je lui donnerai des coups de corne, monsieur Seguin.

— Le loup se moque bien de tes cornes. Il m'a mangé des biques autrement encornées[2] que toi... Tu sais bien, la 85 pauvre vieille Renaude qui était ici l'an dernier ? une maîtresse chèvre, forte et méchante comme un bouc. Elle s'est battue avec le loup toute la nuit... puis, le matin, le loup l'a mangée.

— Pécaïre[3] ! Pauvre Renaude !... Ça ne fait rien, monsieur 90 Seguin, laissez-moi aller dans la montagne.

— Bonté divine !... dit M. Seguin ; mais qu'est-ce qu'on leur fait donc à mes chèvres ? Encore une que le loup va me manger... Eh bien, non... je te sauverai malgré toi, coquine ! et de peur que tu ne rompes ta corde, je vais t'enfermer dans 95 l'étable, et tu y resteras toujours. »

Là-dessus, M. Seguin emporte la chèvre dans une étable toute noire, dont il ferma la porte à double tour. Malheureusement, il avait oublié la fenêtre, et à peine eut-il le dos tourné, que la petite s'en alla...

100 Tu ris, Gringoire ? Parbleu ! je crois bien ; tu es du parti des chèvres, toi, contre ce bon M. Seguin... Nous allons voir si tu riras tout à l'heure.

Quand la chèvre blanche arriva dans la montagne, ce fut un ravissement général. Jamais les vieux sapins n'avaient rien 105 vu d'aussi joli. On la reçut comme une petite reine. Les châ-

---

1. **De trop court** : trop court, de manière trop étroite.
2. **Autrement encornées** : avec des cornes plus grandes.
3. **Pécaïre** : déformation de « peuchère », exclamation provençale qui exprime ici le regret et la plainte.

taigniers se baissaient jusqu'à terre pour la caresser du bout de leurs branches. Les genêts d'or[1] s'ouvraient sur son passage, et sentaient bon tant qu'ils pouvaient. Toute la montagne lui fit fête.

110   Tu penses, Gringoire, si notre chèvre était heureuse ! Plus de corde, plus de pieu... rien qui l'empêchât de gambader, de brouter à sa guise... C'est là qu'il y en avait de l'herbe ! jusque par-dessus les cornes, mon cher !... Et quelle herbe ! Savoureuse, fine, dentelée, faite de mille plantes... C'était bien autre
115 chose que le gazon du clos. Et les fleurs donc !... De grandes campanules bleues, des digitales de pourpre[2] à longs calices[3], toute une forêt de fleurs sauvages débordant de sucs capiteux[4] !...

     La chèvre blanche, à moitié saoule, se vautrait là-dedans
120 les jambes en l'air et roulait le long des talus, pêle-mêle avec les feuilles tombées et les châtaignes... Puis, tout à coup, elle se redressait d'un bond sur ses pattes. Hop ! la voilà partie, la tête en avant, à travers les maquis[5] et les buissières[6], tantôt sur un pic, tantôt au fond d'un ravin, là-haut, en bas,
125 partout... On aurait dit qu'il y avait dix chèvres de M. Seguin dans la montagne.

     C'est qu'elle n'avait peur de rien, la Blanquette.

     Elle franchissait d'un saut de grands torrents qui l'éclaboussaient au passage de poussière humide et d'écume. Alors,
130 toute ruisselante, elle allait s'étendre sur quelque roche plate et se faisait sécher par le soleil... Une fois, s'avançant au bord d'un plateau, une fleur de cytise aux dents, elle aperçut en

---

1. **Genêts d'or** : petits arbres épineux dont la couleur est ici comparée à celle de l'or.
2. **Digitales de pourpre** : fleurs en forme de doigt, qui ont ici une couleur pourpre, c'est-à-dire rouge violacé.
3. **Calices** : le calice désigne la partie de la fleur qui entoure la corolle.
4. **Capiteux** : qui montent à la tête, qui enivrent.
5. **Maquis** : terrain broussailleux, typique du paysage méditerranéen.
6. **Buissières** : terrains plantés de buis.

bas, tout en bas dans la plaine, la maison de M. Seguin avec le clos derrière. Cela la fit rire aux larmes.

135   « Que c'est petit ! dit-elle ; comment ai-je pu tenir là-dedans ? »

Pauvrette ! de se voir si haut perchée, elle se croyait au moins aussi grande que le monde...

En somme, ce fut une bonne journée pour la chèvre de
140 M. Seguin. Vers le milieu du jour, en courant de droite et de gauche, elle tomba dans une troupe de chamois en train de croquer une lambrusque[1] à belles dents[2]. Notre petite coureuse en robe blanche fit sensation. On lui donna la meilleure place à la lambrusque, et tous ces messieurs furent très
145 galants... Il paraît même — ceci doit rester entre nous, Gringoire — qu'un jeune chamois à pelage noir eut la bonne fortune[3] de plaire à Blanquette. Les deux amoureux s'égarèrent parmi le bois une heure ou deux, et si tu veux savoir ce qu'ils dirent, va le demander aux sources bavardes qui courent invi-
150 sibles dans la mousse.

Tout à coup le vent fraîchit. La montagne devint violette ; c'était le soir...

« Déjà ! » dit la petite chèvre, et elle s'arrêta fort étonnée.

En bas, les champs étaient noyés de brume. Le clos de
155 M. Seguin disparaissait dans le brouillard, et de la maison-nette on ne voyait plus que le toit avec un peu de fumée. Elle écouta les clochettes d'un troupeau qu'on ramenait, et se sen-tit l'âme toute triste... Un gerfaut[4], qui rentrait, la frôla de ses ailes en passant. Elle tressaillit... puis ce fut un hurlement
160 dans la montagne :

« Hou ! hou ! »

Elle pensa au loup, de tout le jour la folle n'y avait pas

---

1. **Lambrusque :** vigne sauvage.
2. **À belles dents :** de bon appétit.
3. **Eut la bonne fortune de :** eut la chance de.
4. **Gerfaut :** oiseau rapace.

pensé... Au même moment une trompe sonna bien loin dans la vallée. C'était ce bon M. Seguin qui tentait un dernier
165 effort.

« Hou ! hou !... faisait le loup.

— Reviens ! reviens !... » criait la trompe.

Blanquette eut envie de revenir ; mais en se rappelant le pieu, la corde, la haie du clos, elle pensa que maintenant elle
170 ne pouvait plus se faire à cette vie, et qu'il valait mieux rester.

La trompe ne sonnait plus...

La chèvre entendit derrière elle un bruit de feuilles. Elle se retourna et vit dans l'ombre deux oreilles courtes, toutes droites, avec deux yeux qui reluisaient... C'était le loup.
175 Énorme, immobile, assis sur son train de derrière, il était là regardant la petite chèvre blanche et la dégustant par avance. Comme il savait bien qu'il la mangerait, le loup ne se pressait pas ; seulement, quand elle se retourna, il se mit à rire méchamment.
180 « Ha ! ha ! la petite chèvre de M. Seguin » ; et il passa sa grosse langue rouge sur ses babines d'amadou[1].

Blanquette se sentit perdue... Un moment, en se rappelant l'histoire de la vieille Renaude, qui s'était battue toute la nuit pour être mangée le matin, elle se dit qu'il vaudrait peut-être
185 mieux se laisser manger tout de suite ; puis, s'étant ravisée[2], elle tomba en garde[3], la tête basse et la corne en avant, comme une brave chèvre de M. Seguin qu'elle était... Non pas qu'elle eût l'espoir de tuer le loup — les chèvres ne tuent pas le loup — mais seulement pour voir si elle pourrait tenir
190 aussi longtemps que la Renaude...

Alors le monstre s'avança, et les petites cornes entrèrent en danse.

Ah ! la brave petite chevrette, comme elle y allait de bon

---

1. **Amadou :** matière d'un brun rougeâtre, très inflammable, qu'on utilise pour démarrer un feu.
2. **S'étant ravisée :** étant revenue sur sa décision, ayant changé d'avis.
3. **Elle tomba en garde :** elle se mit en garde, en position de défense.

cœur ! Plus de dix fois, je ne mens pas, Gringoire, elle força
195 le loup à reculer pour reprendre haleine. Pendant ces trêves[1]
d'une minute, la gourmande cueillait en hâte encore un brin
de sa chère herbe ; puis elle retournait au combat, la bouche
pleine... Cela dura toute la nuit. De temps en temps la chèvre
de M. Seguin regardait les étoiles danser dans le ciel clair, et
200 elle se disait :

« Oh ! pourvu que je tienne jusqu'à l'aube... »

L'une après l'autre, les étoiles s'éteignirent. Blanquette
redoubla de coups de cornes, le loup de coups de dents... Une
lueur pâle parut dans l'horizon... Le chant du coq enroué
205 monta d'une métairie[2].

« Enfin ! » dit la pauvre bête, qui n'attendait plus que le
jour pour mourir ; et elle s'allongea par terre dans sa belle
fourrure blanche toute tachée de sang...

Alors le loup se jeta sur la petite chèvre et la mangea.

210 Adieu, Gringoire !

L'histoire que tu as entendue n'est pas un conte de mon
invention. Si jamais tu viens en Provence, nos ménagers te
parleront souvent de la *cabro de moussu Seguin, que se bat-*
tégue touto la neui emé lou loup, e piei lou matin lou loup
215 *la mangé*[3].

Tu m'entends bien, Gringoire :
E piei lou matin lou loup la mangé.

Lettre parue pour la première fois
dans *Le Figaro* du 16 octobre 1868.

---

1. **Trêves** : périodes durant lesquelles un combat est interrompu.
2. **Métairie** : ferme exploitée par un métayer.
3. **Provençal** : la chèvre de monsieur Seguin, qui se battit toute la nuit avec le
loup, et puis le matin le loup la mangea (traduction de Daudet).

Repères

• La leçon proposée par ce conte peut rappeler celle de La Fontaine dans « Le Loup et le Chien » : auquel de ces deux personnages ressemble la chèvre et pourquoi ? Auquel de ces deux personnages ressemble monsieur Seguin et pourquoi ?

• Le narrateur a décomposé sa lettre en différentes parties, séparées typographiquement par un blanc : quel est le contenu de chacune de ces parties ?

Observation

• Que sait-on du destinataire de la lettre, le poète Gringoire ? Énumérez, en faisant référence à chaque fois à un passage précis, à une expression du texte, les adjectifs qui pourraient s'appliquer à ce personnage.

• À différentes reprises, au cours du récit, le narrateur apostrophe Gringoire : quel peut-être l'intérêt de ces apostrophes ? Le narrateur est-il neutre ou prend-il parti ? De quelle manière ?

• Repérez toutes les caractéristiques de la chèvre, pour en dresser un portrait physique et moral, d'après la description qui en est faite et d'après son attitude. Laquelle des caractéristiques que vous avez repérées se révèle-t-elle la plus importante ?

• Dans les lignes 103-109, quels sont les éléments qui contribuent à faire de la montagne un lieu féerique ? Pourquoi la construction des phrases peut-elle renforcer cette impression ?

Interprétations

• Expliquez pourquoi la situation de Gringoire est comparable à celle de la chèvre. Quel est le risque encouru par le poète Gringoire ?

• Après avoir défini brièvement la leçon du texte, imaginez un autre personnage que ce poète Gringoire, auquel vous pourriez vous-même dédier ce récit, afin de le mettre en garde.

Le Château des Papes en Avignon.
Lithographie de 1845 d'après André Chapuy.
Bibliothèque nationale, Paris.

LA MULE DU PAPE

D<small>E TOUS</small> les jolis dictons, proverbes ou adages[1], dont nos paysans de Provence passementent[2] leurs discours, je n'en sais pas un plus pittoresque ni plus singulier que celui-ci. À quinze lieues[3] autour de mon moulin, quand on parle d'un
5 homme rancunier, vindicatif[4], on dit : « Cet homme-là ! Méfiez-vous !... il est comme la mule du pape, qui garde sept ans son coup de pied. »

J'ai cherché bien longtemps d'où ce proverbe pouvait venir, ce que c'était que cette mule papale et ce coup de pied gardé
10 pendant sept ans. Personne ici n'a pu me renseigner à ce sujet, pas même Francet Mamaï, mon joueur de fifre[5], qui connaît pourtant son légendaire[6] provençal sur le bout du doigt. Francet pense comme moi qu'il y a là-dessous quelque ancienne chronique[7] du pays d'Avignon ; mais il n'en a
15 jamais entendu parler autrement que par le proverbe.

« Vous ne trouverez cela qu'à la bibliothèque des Cigales », m'a dit le vieux fifre en riant.

L'idée m'a paru bonne, et comme la bibliothèque des Cigales est à ma porte, je suis allé m'y enfermer huit jours.
20 C'est une bibliothèque merveilleuse, admirablement montée[8], ouverte aux poètes jour et nuit, et desservie par de petits bibliothécaires à cymbales[9] qui vous font de la musique tout

---

1. **Adages :** maximes, formules exprimant une vérité générale.
2. **Passementent :** ornent, comme des habits peuvent être ornés de passements.
3. **Quinze lieues :** environ soixante kilomètres.
4. **Vindicatif :** qui garde en tête l'idée de se venger.
5. **Joueur de fifre :** joueur de flûte.
6. **Légendaire :** ici, recueil de légendes.
7. **Chronique :** récit, inspiré par des faits vrais.
8. **Montée :** fournie, riche (en livres).
9. **Cymbales :** petits instruments de percussion.

le temps. J'ai passé là quelques journées délicieuses, et, après une semaine de recherches, — sur le dos, — j'ai fini par
25 découvrir ce que je voulais, c'est-à-dire l'histoire de ma mule et de ce fameux coup de pied gardé pendant sept ans. Le conte en est joli quoique un peu naïf, et je vais essayer de vous le dire tel que je l'ai lu hier matin dans un manuscrit couleur du temps, qui sentait bon la lavande sèche et avait
30 de grands fils de la Vierge[1] pour signets[2].

Qui n'a pas vu Avignon du temps des papes[3], n'a rien vu. Pour la gaieté, la vie, l'animation, le train des fêtes[4], jamais une ville pareille. C'étaient, du matin au soir, des processions, des pèlerinages, les rues jonchées[5] de fleurs, tapissées de
35 hautes lices[6], des arrivages de cardinaux par le Rhône, bannières au vent, galères pavoisées[7], les soldats du pape qui chantaient du latin sur des places, les crécelles[8] des frères quêteurs[9] ; puis, du haut en bas des maisons qui se pressaient en bourdonnant autour du grand palais papal comme des
40 abeilles autour de leur ruche, c'étaient encore le tic-tac des métiers à dentelles[10], le va-et-vient des navettes[11] tissant l'or des chasubles[12], les petits marteaux des ciseleurs[13] de

---

1. **Fils de la Vierge** : fils tissés par les araignées lorsqu'elles construisent une toile.
2. **Signets** : rubans qui servent à repérer la page d'un livre.
3. **Avignon du temps des papes** : les papes ont résidé en Avignon de 1309 à 1378.
4. **Le train des fêtes** : l'agitation et le mouvement produits par les fêtes.
5. **Jonchées** : recouvertes.
6. **Tapissées de haute lice** : dont la tapisserie est tissée dans le sens de la hauteur (la lice étant le fil utilisé pour les tapisseries).
7. **Pavoisées** : décorées de drapeaux.
8. **Crécelles** : petits moulins de bois qui produisent en tournant un bruit aigu.
9. **Frères quêteurs** : moines chargés de récolter les dons.
10. **Métiers à dentelles** : métiers à tisser avec lesquels on fabrique de la dentelle.
11. **Navettes** : instrument qui fait courir le fil de trame entre les fils de la chaîne.
12. **Chasubles** : vêtement porté pour dire la messe, enfilé par-dessus l'aube.
13. **Ciseleurs** : sculpteurs.

burettes[1], les tables d'harmonie[2] qu'on ajustait chez les luthiers[3], les cantiques des ourdisseuses[4] ; par là-dessus le
45 bruit des cloches, et toujours quelques tambourins qu'on entendait ronfler, là-bas, du côté du pont. Car chez nous, quand le peuple est content, il faut qu'il danse, il faut qu'il danse ; et comme en ce temps-là les rues de la ville étaient trop étroites pour la farandole, fifres et tambourins se pos-
50 taient sur le pont d'Avignon, au vent frais du Rhône, et jour et nuit l'on y dansait, l'on y dansait... Ah ! l'heureux temps ! l'heureuse ville ! Des hallebardes[5] qui ne coupaient pas ; des prisons d'État où l'on mettait le vin à rafraîchir. Jamais de disette[6] ; jamais de guerre... Voilà comment les papes du
55 Comtat savaient gouverner leur peuple ; voilà pourquoi leur peuple les a tant regrettés !...

Il y en a un surtout, un bon vieux, qu'on appelait Boniface... Oh ! celui-là, que de larmes on a versées en Avignon, quand il est mort ! C'était un prince si aimable, si avenant !
60 Il vous riait si bien du haut de sa mule ! Et quand vous passiez près de lui, — fussiez-vous un pauvre petit tireur de garance[7] ou le grand viguier[8] de la ville, — il vous donnait sa bénédiction si poliment ! Un vrai pape d'Yvetot[9], mais d'un Yvetot de Provence, avec quelque chose de fin dans le
65 rire, un brin de marjolaine à sa barrette[10], et pas la moindre Jeanneton... La seule Jeanneton qu'on lui ait jamais connue,

---

1. **Burettes** : petits flacons dans lesquels est placé le vin de messe.
2. **Tables d'harmonie** : parties d'un instrument de musique recouvertes par les cordes.
3. **Luthiers** : fabricants de luths et, plus généralement, d'instruments à cordes divers.
4. **Ourdisseuses** : ouvrières chargées de mettre en place les fils dans le métier.
5. **Hallebardes** : lances dont l'extrémité est à la fois tranchante et pointue.
6. **Disette** : période où l'on a faim, précède directement, en intensité, la famine.
7. **Garance** : plante dont l'on tire une teinture d'un rouge profond.
8. **Viguiers** : magistrats chargés de rendre la justice.
9. **Yvetot** : ville de Normandie ; allusion au roi d'Yvetot, personnage d'une chanson, populaire à l'époque, sur un roi menant une vie simple et paresseuse.
10. **Barrette** : ici, chapeaux à bords carrés des ecclésiastiques.

à ce bon père, c'était sa vigne, — une petite vigne qu'il avait plantée lui-même, à trois lieues d'Avignon, dans les myrtes[1] de Châteauneuf.

70 Tous les dimanches, en sortant de vêpres[2], le digne homme allait lui faire sa cour, et quand il était là-haut, assis au bon soleil, sa mule près de lui, ses cardinaux tout autour étendus aux pieds des souches[3], alors il faisait déboucher un flacon de vin du cru, — ce beau vin, couleur de rubis, qui s'est
75 appelé depuis le châteauneuf des papes, — et il dégustait par petits coups, en regardant sa vigne d'un air attendri. Puis, le flacon vidé, le jour tombant, il rentrait joyeusement à la ville, suivi de tout son chapitre ; et, lorsqu'il passait sur le pont d'Avignon, au milieu des tambours et des farandoles, sa
80 mule, mise en train par la musique, prenait un petit amble[4] sautillant, tandis que lui-même il marquait le pas de la danse avec sa barrette, ce qui scandalisait fort ses cardinaux, mais faisait dire à tout le peuple : « Ah ! le bon prince ! Ah ! le brave pape ! »

85 Après sa vigne de Châteauneuf, ce que le pape aimait le plus au monde, c'était sa mule. Le bonhomme en raffolait de cette bête-là. Tous les soirs avant de se coucher, il allait voir si son écurie était bien fermée, si rien ne manquait dans sa mangeoire, et jamais il ne se serait levé de table sans faire
90 préparer sous ses yeux un grand bol de vin à la française, avec beaucoup de sucre et d'aromates[5], qu'il allait lui porter lui-même, malgré les observations de ses cardinaux... Il faut dire aussi que la bête en valait la peine. C'était une belle mule noire, mouchetée de rouge[6], le pied sûr, le poil luisant, la

---

1. **Myrtes :** petits arbres méditerranéens.
2. **Vêpres :** office célébré le soir, à cette époque.
3. **Souches :** la souche est la base d'un arbre coupé ; ici, le mot désigne un pied de vigne taillé.
4. **Un petit amble :** un petit trot.
5. **Aromates :** plantes odorantes et goûteuses.
6. **Mouchetée de rouge :** dont le pelage est parsemé de taches rouges.

95 croupe large et pleine, portant fièrement sa petite tête sèche toute harnachée de pompons, de nœuds, de grelots d'argent, de bouffettes[1] ; avec cela douce comme un ange, l'œil naïf, et deux longues oreilles, toujours en branle[2], qui lui donnaient l'air bon enfant. Tout Avignon la respectait, et, quand
100 elle allait dans les rues, il n'y avait pas de bonnes manières qu'on ne lui fît ; car chacun savait que c'était le meilleur moyen d'être bien en cour[3], et qu'avec son air innocent, la mule du pape en avait mené plus d'un à la fortune, à preuve[4] Tistet Védène et sa prodigieuse aventure.
105   Ce Tistet Védène était, dans le principe, un effronté galopin, que son père, Guy Védène, le sculpteur d'or, avait été obligé de chasser de chez lui, parce qu'il ne voulait rien faire et débauchait[5] les apprentis. Pendant six mois, on le vit traîner sa jaquette[6] dans tous les ruisseaux d'Avignon, mais
110 principalement du côté de la maison papale ; car le drôle avait depuis longtemps son idée sur la mule du pape, et vous allez voir que c'était quelque chose de malin... Un jour que Sa Sainteté se promenait toute seule sous les remparts avec sa bête, voilà mon Tistet qui l'aborde, et lui dit en joignant
115 les mains d'un air d'admiration :

« Ah ! mon Dieu ! grand Saint-Père, quelle brave mule vous avez là !... Laissez un peu que je la regarde... Ah ! mon pape, la belle mule !... L'empereur d'Allemagne n'en a pas une pareille. »
120   Et il la caressait, et il lui parlait doucement comme à une demoiselle.

« Venez çà, mon bijou, mon trésor, ma perle fine... »

Et le bon pape, tout ému, se disait dans lui-même :

---

1. **Bouffettes** : nœuds de ruban, bouffants et décoratifs.
2. **En branle** : en mouvement.
3. **Bien en cour** : bien considéré par le seigneur.
4. **À preuve** : ici, « comme le montre l'exemple de ».
5. **Débauchait** : détournait de leur travail.
6. **Jaquette** : longue veste.

« Quel bon petit garçonnet !... Comme il est gentil avec
125 ma mule ! »

Et puis le lendemain savez-vous ce qui arriva ? Tistet
Védène troqua sa vieille jaquette jaune contre une belle
aube[1] en dentelles, un camail[2] de soie violette, des souliers
à boucles, et il entra dans la maîtrise[3] du pape, où jamais
130 avant lui on n'avait reçu que des fils de nobles et des neveux
de cardinaux... Voilà ce que c'est que l'intrigue !... Mais Tistet ne s'en tint pas là.

Une fois au service du pape, le drôle continua le jeu qui
lui avait si bien réussi. Insolent avec tout le monde, il n'avait
135 d'attentions ni de prévenances[4] que pour la mule, et toujours
on le rencontrait par les cours du palais avec une poignée
d'avoine ou une bottelée de sainfoin[5], dont il secouait gen-
timent les grappes roses en regardant le balcon du Saint-Père,
d'un air de dire : « Hein !... pour qui ça ?... » Tant et tant
140 qu'à la fin le bon pape, qui se sentait devenir vieux, en arriva
à lui laisser le soin de veiller sur l'écurie et de porter à la
mule son bol de vin à la française ; ce qui ne faisait pas rire
les cardinaux.

Ni la mule non plus, cela ne la faisait pas rire...
145 Maintenant, à l'heure de son vin, elle voyait toujours arriver
chez elle cinq ou six petits clercs de maîtrise qui se fourraient
vite dans la paille avec leur camail et leurs dentelles ; puis,
au bout d'un moment, une bonne odeur chaude de caramel
et d'aromates emplissait l'écurie, et Tistet Védène apparaissait
150 portant avec précaution le bol de vin à la française. Alors le
martyre de la pauvre bête commençait.

---

1. **Aube** : longue tunique du prêtre, de couleur blanche.
2. **Camail** : pèlerine dotée d'un capuchon qui fait partie du costume
ecclésiastique.
3. **Maîtrise** : ensemble des chanteurs d'une église.
4. **Prévenances** : gestes prévenants par lesquels on réalise les vœux de
quelqu'un avant même qu'ils soient formulés.
5. **Bottelée de sainfoin** : une gerbe de sainfoin, herbe donnée en pâture.

Ce vin parfumé qu'elle aimait tant, qui lui tenait chaud, qui lui mettait des ailes, on avait la cruauté de le lui apporter, là, dans sa mangeoire, de le lui faire respirer ; puis, quand elle en avait les narines pleines, passe, je t'ai vu ! la belle liqueur de flamme rose[1] s'en allait toute dans le gosier de ces garnements... Et encore, s'ils n'avaient fait que lui voler son vin ; mais c'étaient comme des diables, tous ces petits clercs, quand ils avaient bu !... l'un lui tirait les oreilles, l'autre la queue ; Quiquet lui montait sur le dos, Béluguet lui essayait sa barrette, et pas un de ces galopins ne songeait que d'un coup de reins ou d'une ruade la brave bête aurait pu les envoyer tous dans l'étoile polaire, et même plus loin... Mais non ! On n'est pas pour rien la mule du pape, la mule des bénédictions et des indulgences[2]... Les enfants avaient beau faire, elle ne se fâchait pas ; et ce n'était qu'à Tistet Védène qu'elle en voulait... Celui-là, par exemple, quand elle le sentait derrière elle, son sabot lui démangeait, et vraiment il y avait bien de quoi. Ce vaurien de Tistet lui jouait de si vilains tours ! Il avait de si cruelles inventions après boire !...

Est-ce qu'un jour il ne s'avisa pas de la faire monter avec lui au clocheton de la maîtrise, là-haut, tout là-haut, à la pointe du palais !... Et ce que je vous dis là n'est pas un conte, deux cent mille Provençaux l'ont vu. Vous figurez-vous la terreur de cette malheureuse mule, lorsque, après avoir tourné pendant une heure à l'aveuglette dans un escalier en colimaçon et grimpé je ne sais combien de marches, elle se trouva tout à coup sur une plate-forme éblouissante de lumière, et qu'à mille pieds au-dessous d'elle elle aperçut tout un Avignon fantastique, les baraques du marché pas plus grosses que des noisettes, les soldats du pape devant leur caserne comme des fourmis rouges, et là-bas, sur un fil d'argent, un petit pont microscopique où l'on dansait, où l'on

---

1. **De flamme rose** : de couleur rose et semblable à une flamme.
2. **Indulgences** : pardons d'un certain type de péché, en dehors de la confession.

dansait... Ah ! pauvre bête ! quelle panique ! Du cri qu'elle
185 en poussa, toutes les vitres du palais tremblèrent.

« Qu'est-ce qu'il y a ? qu'est-ce qu'on lui fait ? » s'écria le
bon pape en se précipitant sur son balcon.

Tistet Védène était déjà dans la cour, faisant mine de pleurer et de s'arracher les cheveux :

190 « Ah ! grand Saint-Père, ce qu'il y a ! Il y a que votre
mule... mon Dieu ! qu'allons-nous devenir ? Il y a que votre
mule est montée dans le clocheton...

— Toute seule ?

— Oui, grand Saint-Père, toute seule... Tenez ! regardez-la,
195 là-haut... Voyez-vous le bout de ses oreilles qui passe ?... On
dirait deux hirondelles...

— Miséricorde ! fit le pauvre pape en levant les yeux... Mais
elle est donc devenue folle ! Mais elle va se tuer... Veux-tu
bien descendre, malheureuse !... »

200 Pécaïre ! elle n'aurait pas mieux demandé, elle, que de descendre... mais par où ? L'escalier, il n'y fallait pas songer : ça
se monte encore ces choses-là ; mais, à la descente, il y aurait
de quoi se rompre cent fois les jambes... Et la pauvre mule
se désolait, et, tout en rôdant sur la plate-forme avec ses gros
205 yeux pleins de vertige, elle pensait à Tistet Védène :

« Ah ! bandit, si j'en réchappe... quel coup de sabot
demain matin ! »

Cette idée de coup de sabot lui redonnait un peu de cœur
au ventre[1] ; sans cela elle n'aurait pas pu se tenir... Enfin on
210 parvint à la tirer de là-haut ; mais ce fut toute une affaire. Il
fallut la descendre avec un cric, des cordes, une civière. Et
vous pensez quelle humiliation pour la mule d'un pape de se
voir pendue à cette hauteur, nageant des pattes dans le vide
comme un hanneton au bout d'un fil. Et tout Avignon qui la
215 regardait !

La malheureuse bête n'en dormit pas de la nuit. Il lui sem-

---

1. **Cœur au ventre :** courage.

blait toujours qu'elle tournait sur cette maudite plate-forme, avec les rires de la ville au-dessous, puis elle pensait à cet infâme Tistet Védène et au joli coup de sabot qu'elle allait
220 lui détacher le lendemain matin. Ah ! mes amis, quel coup de sabot ! De Pampérigouste[1] on en verrait la fumée... Or, pendant qu'on lui préparait cette belle réception à l'écurie, savez-vous ce que faisait Tistet Védène ? Il descendait le Rhône en chantant sur une galère papale et s'en allait à la
225 cour de Naples avec la troupe de jeunes nobles que la ville envoyait tous les ans près de la reine Jeanne pour s'exercer à la diplomatie et aux belles manières. Tistet n'était pas noble ; mais le pape tenait à le récompenser des soins qu'il avait donnés à sa bête, et principalement de l'activité qu'il
230 venait de déployer pendant la journée du sauvetage.

C'est la mule qui fut désappointée[2] le lendemain !

« Ah ! le bandit ! il s'est douté de quelque chose !... pensait-elle en secouant ses grelots avec fureur... Mais c'est égal[3], va, mauvais ; tu le retrouveras au retour, ton coup de
235 sabot... je te le garde ! »

Et elle le lui garda.

Après le départ de Tistet, la mule du pape retrouva son train de vie tranquille et ses allures d'autrefois. Plus de Quiquet, plus de Béluguet à l'écurie. Les beaux jours du vin à la
240 française étaient revenus, et avec eux la bonne humeur, les longues siestes, et le petit pas de gavotte[4] quand elle passait sur le pont d'Avignon. Pourtant, depuis son aventure, on lui marquait toujours un peu de froideur dans la ville. Il y avait des chuchotements sur sa route : les vieilles gens hochaient la
245 tête, les enfants riaient en se montrant le clocheton. Le bon pape lui-même n'avait plus autant de confiance en son amie, et, lorsqu'il se laissait aller à faire un petit somme sur son

---

1. **Pampérigouste** : petite ville imaginaire évoquée dans l'*Avant-propos*.
2. **Désappointée** : surprise et déçue.
3. **C'est égal** : ça ne fait rien.
4. **Gavotte** : danse de l'époque.

dos, le dimanche en revenant de la vigne, il gardait toujours cette arrière-pensée : « Si j'allais me réveiller là-haut, sur la
250 plate-forme ! » La mule voyait cela et elle en souffrait, sans rien dire ; seulement, quand on prononçait le nom de Tistet Védène devant elle, ses longues oreilles frémissaient, et elle aiguisait avec un petit rire le fer de ses sabots sur le pavé.

Sept ans passèrent ainsi ; puis, au bout de ces sept années,
255 Tistet Védène revint de la cour de Naples. Son temps n'était pas encore fini là-bas ; mais il avait appris que le premier moutardier[1] du pape venait de mourir subitement en Avignon, et, comme la place lui semblait bonne, il était arrivé en grande hâte pour se mettre sur les rangs.

260 Quand cet intrigant de Védène entra dans la salle du palais, le Saint-Père eut peine à le reconnaître, tant il avait grandi et pris du corps. Il faut dire aussi que le bon pape s'était fait vieux de son côté, et qu'il n'y voyait pas bien sans besicles[2].

Tistet ne s'intimida pas.

265 « Comment ! grand Saint-Père, vous ne me reconnaissez plus ?... C'est moi, Tistet Védène !...

— Védène ?...

— Mais oui, vous savez bien... celui qui portait le vin français à votre mule.

270 — Ah ! oui... oui... je me rappelle... Un bon petit garçonnet, ce Tistet Védène !... Et maintenant, qu'est-ce qu'il veut de nous ?

— Oh ! peu de chose, grand Saint-Père... Je venais vous demander... À propos, est-ce que vous l'avez toujours votre
275 mule ? Et elle va bien ?... Ah ! tant mieux !... Je venais vous demander la place du premier moutardier qui vient de mourir.

— Premier moutardier, toi !... Mais tu es trop jeune. Quel âge as-tu donc ?

280 — Vingt ans deux mois, illustre pontife, juste cinq ans de

---

1. **Moutardier** : responsable de l'approvisionnement en moutarde.
2. **Bésicles** : anciennes lunettes rondes.

plus que votre mule... Ah ! palme de Dieu, la brave bête ! Si vous saviez comme je l'aimais cette mule-là !... comme je me suis langui d'elle en Italie !... Est-ce que vous ne me la laisserez pas voir ?

285 — Si, mon enfant, tu la verras, fit le bon pape tout ému... Et puisque tu l'aimes tant, cette brave bête, je ne veux plus que tu vives loin d'elle. Dès ce jour, je t'attache à ma personne en qualité de premier moutardier... Mes cardinaux crieront, mais tant pis ! j'y suis habitué... Viens nous trouver

290 demain, à la sortie des vêpres, nous te remettrons les insignes de ton grade[1] en présence de notre chapitre[2], et puis... je te mènerai voir la mule, et tu viendras à la vigne avec nous deux... hé ! hé ! Allons va... »

Si Tistet Védène était content en sortant de la grande salle,
295 avec quelle impatience il attendit la cérémonie du lendemain, je n'ai pas besoin de vous le dire. Pourtant il y avait dans le palais quelqu'un de plus heureux encore et de plus impatient que lui : c'était la mule. Depuis le retour de Védène jusqu'aux vêpres du jour suivant, la terrible bête ne cessa de se bourrer
300 d'avoine et de tirer au mur[3] avec ses sabots de derrière. Elle aussi se préparait pour la cérémonie...

Et donc, le lendemain, lorsque vêpres furent dites, Tistet Védène fit son entrée dans la cour du palais papal. Tout le haut clergé était là, les cardinaux en robes rouges, l'avocat
305 du diable[4] en velours noir, les abbés du couvent avec leurs petites mitres[5], les marguilliers[6] de Saint-Agrico, les camails

---

1. **Les insignes de ton grade** : les marques distinctives, portées sur le vêtement, correspondant à ton grade.
2. **Chapitre** : assemblée des religieux.
3. **Tirer au mur** : donner des coups dans le mur.
4. **L'avocat du diable** : celui qui, au moment où l'on entreprend de canoniser quelqu'un, plaide contre celui-ci en dénonçant ses travers et ses péchés.
5. **Mitres** : coiffures ecclésiastiques, allongées, de cérémonie.
6. **Marguilliers** : membres d'un conseil de l'époque dont la fonction est d'administrer les biens d'une paroisse.

violets de la maîtrise, le bas clergé[1] aussi, les soldats du pape
en grand uniforme, les trois confréries de pénitents[2], les
ermites[3] du mont Ventoux avec leurs mines farouches et le
310 petit clerc qui va derrière en portant la clochette, les frères
flagellants[4] nus jusqu'à la ceinture, les sacristains fleuris en
robes de juges, tous, tous, jusqu'aux donneurs d'eau bénite,
et celui qui allume, et celui qui éteint... Il n'y en avait pas un
qui manquât... Ah ! c'était une belle ordination[5] ! Des
315 cloches, des pétards, du soleil, de la musique, et toujours ces
enragés de tambourins qui menaient la danse, là-bas, sur le
pont d'Avignon.

Quand Védène parut au milieu de l'assemblée, sa prestance
et sa belle mine y firent courir un murmure d'admiration.
320 C'était un magnifique Provençal, mais des blonds, avec de
grands cheveux frisés au bout et une petite barbe follette qui
semblait prise aux copeaux de fin métal tombés du burin de
son père, le sculpteur d'or. Le bruit courait que dans cette
barbe blonde les doigts de la reine Jeanne avaient quelquefois
325 joué ; et le sire de Védène avait bien, en effet, l'air glorieux
et le regard distrait des hommes que les reines ont aimés...
Ce jour-là, pour faire honneur à sa nation, il avait remplacé
ses vêtements napolitains par une jaquette bordée de rose à
la provençale, et sur son chaperon tremblait une grande
330 plume d'ibis[6] de Camargue.

Sitôt entré, le premier moutardier salua d'un air galant et
se dirigea vers le haut du perron, où le pape l'attendait pour
lui remettre les insignes de son grade : la cuiller de buis jaune

---

1. **Le bas clergé** : les membres du clergé de rang inférieur, situés en bas dans
la hiérarchie ecclésiastique.
2. **Pénitents** : membres d'une confrérie laïque qui effectuent diverses tâches en
signe de pénitence.
3. **Ermites** : personnes qui ont décidé de vivre à l'écart du monde pour se
recueillir.
4. **Frères flagellants** : moines qui se fouettaient (se flagellaient) en public.
5. **Ordination** : acte par lequel on permet à quelqu'un d'entrer dans les ordres,
c'est-à-dire de devenir religieux.
6. **Ibis** : oiseau de la famille des échassiers.

et l'habit de safran[1]. La mule était au bas de l'escalier, toute
335 harnachée et prête à partir pour la vigne... Quand il passa
près d'elle, Tistet Védène eut un bon sourire et s'arrêta pour
lui donner deux ou trois petites tapes amicales sur le dos, en
regardant du coin de l'œil si le pape le voyait. La position
était bonne... La mule prit son élan :

340   « Tiens ! attrape, bandit ! Voilà sept ans que je te le
garde ! »

Et elle vous lui détacha un coup de sabot si terrible, si
terrible, que de Pampérigouste même on en vit la fumée, un
tourbillon de fumée blonde où voltigeait une plume d'ibis ;
345 tout ce qui restait de l'infortuné Tistet Védène !...

Les coups de pied de mule ne sont pas aussi foudroyants
d'ordinaire ; mais celle-ci était une mule papale ; et puis, pensez donc ! elle le lui gardait depuis sept ans... Il n'y a pas de
plus bel exemple de rancune ecclésiastique[2].

Lettre parue pour la première fois
dans *Le Figaro* du 30 octobre 1868.

---

1. **De safran** : d'une couleur jaune.
2. **Ecclésiastique** : caractéristique d'un homme d'Église ou plus exactement,
ici, d'une « bête d'Église ».

REPÈRES

• Quels sont les deux personnages principaux de ce conte ? Quel est le troisième personnage important de ce conte ? Essayez de préciser, en résumant leur rôle dans l'action, quelle est la fonction de chacun d'entre eux, afin de pouvoir justifier la distinction entre personnages principaux et personnages secondaires.

OBSERVATION

• La « bibliothèque des Cigales » (lignes 16-17). Pourquoi le vieux joueur de fifre lui conseille-t-il, « en riant », d'y aller faire un tour et pourquoi cette bibliothèque est-elle « ouverte aux poètes jour et nuit » ? Qui sont les « petits bibliothécaires à cymbales » ? Que signifie l'allusion au fait que le narrateur a fait ses recherches « sur le dos » ? Pourquoi le manuscrit sent-il bon « la lavande sèche » ?
• Par quels aspects la description d'Avignon (lignes 31-52) nous renvoie-t-elle implicitement à la chanson populaire « Sur le pont d'Avignon » ? Trouvez d'autres échos de ce type dans la suite du texte.
• Qu'est-ce qui caractérise l'attitude du personnage de Tistet Védène, dans la vie courante d'une part, en présence du pape et de sa mule d'autre part ?
• Quels sont les éléments caractéristiques du personnage du pape Boniface : sur quels aspects du personnage le conteur insiste-t-il et dans quel but ?
• Comment la mule nous est-elle présentée ? Quels sont ses qualités et ses défauts ? Comment le conteur s'y prend-il pour nous rendre ce personnage sympathique ?

INTERPRÉTATIONS

• Vous vous demanderez dans quelle mesure chacun des éléments suivants contribue à faire de ce récit une histoire moins vraisemblable que fantaisiste, conformément à l'annonce par le narrateur d'un conte « joli quoique un peu naïf » :
– le traitement des personnages,
– la référence à la « bibliothèque des Cigales » et à la chanson « Sur le pont d'Avignon ».

La Légende de l'homme
à la cervelle d'or

À la dame qui demande des histoires gaies

En lisant votre lettre, madame, j'ai eu comme un remords. Je m'en suis voulu de la couleur un peu trop demi-deuil[1] de mes historiettes, et je m'étais promis de vous offrir aujourd'hui quelque chose de joyeux, de follement joyeux.

5 Pourquoi serais-je triste, après tout ? Je vis à mille lieues[2] des brouillards parisiens, sur une colline lumineuse, dans le pays des tambourins et du vin muscat[3]. Autour de chez moi tout n'est que soleil et musique ; j'ai des orchestres de culs-blancs[4], des orphéons[5] de mésanges ; le matin, les courlis[6]
10 qui font : « Coureli ! coureli ! », à midi, les cigales ; puis les pâtres[7] qui jouent du fifre[8], et les belles filles brunes qu'on entend rire dans les vignes... En vérité, l'endroit est mal choisi pour broyer du noir[9] ; je devrais plutôt expédier aux dames des poèmes couleur de rose et des pleins paniers de contes
15 galants[10].

---

1. **Demi-deuil :** période transitoire durant laquelle on quittait les vêtements uniformément noirs portés en signe de deuil (pour manifester sa douleur à la mort d'un proche), sans reprendre encore des vêtements ordinaires.
2. **À mille lieues :** expression courante pour dire « extrêmement loin ».
3. **Vin muscat :** vin très fruité, issu du cépage muscat.
4. **Culs-blancs :** oiseaux dont les plumes sont blanches au croupion.
5. **Orphéons :** chœurs.
6. **Courlis :** oiseau dont le nom est censé imiter le cri qu'il pousse.
7. **Pâtres :** bergers.
8. **Fifre :** petite flûte.
9. **Broyer du noir :** remuer des idées noires, être d'humeur triste et maussade.
10. **Galants :** ici, qui parlent d'amour.

Eh bien, non ! je suis encore trop près de Paris. Tous les jours, jusque dans mes pins, il m'envoie les éclaboussures de ses tristesses... À l'heure même où j'écris ces lignes, je viens d'apprendre la mort misérable du pauvre Charles Barbara ;
20 et mon moulin en est tout en deuil. Adieu les courlis et les cigales ! Je n'ai plus le cœur à rien de gai... Voilà pourquoi, madame, au lieu du joli conte badin[1] que je m'étais promis de vous faire, vous n'aurez encore aujourd'hui qu'une légende mélancolique.

25 Il était une fois un homme qui avait une cervelle d'or ; oui, madame, une cervelle toute en or. Lorsqu'il vint au monde, les médecins pensaient que cet enfant ne vivrait pas, tant sa tête était lourde et son crâne démesuré. Il vécut cependant et grandit au soleil comme un beau plant d'olivier ; seulement
30 sa grosse tête l'entraînait toujours, et c'était pitié de le voir se cogner à tous les meubles en marchant... Il tombait souvent. Un jour, il roula du haut d'un perron et vint donner du front contre un degré[2] de marbre, où son crâne sonna comme un lingot. On le crut mort, mais en le relevant, on ne
35 lui trouva qu'une légère blessure, avec deux ou trois gouttelettes d'or caillées dans ses cheveux blonds. C'est ainsi que les parents apprirent que l'enfant avait une cervelle en or.
La chose fut tenue secrète ; le pauvre petit lui-même ne se douta de rien. De temps en temps, il demandait pourquoi on
40 ne le laissait plus courir devant la porte avec les garçonnets de la rue.
« On vous volerait, mon beau trésor ! » lui répondait sa mère...
Alors le petit avait grand-peur d'être volé ; il retournait
45 jouer tout seul, sans rien dire, et se trimbalait lourdement d'une salle à l'autre...
À dix-huit ans seulement, ses parents lui révélèrent le don

---

1. **Badin :** gai et léger.
2. **Degré :** marche.

monstrueux qu'il tenait du destin ; et, comme ils l'avaient élevé et nourri jusque-là, ils lui demandèrent en retour un
50 peu de son or. L'enfant n'hésita pas ; sur l'heure même — comment ? par quels moyens ? la légende ne l'a pas dit —, il s'arracha du crâne un morceau d'or massif, un morceau gros comme une noix, qu'il jeta fièrement sur les genoux de sa mère... Puis, tout ébloui des richesses qu'il portait dans la
55 tête, fou de désirs, ivre de sa puissance, il quitta la maison paternelle et s'en alla par le monde en gaspillant son trésor.

Du train[1] dont il menait sa vie, royalement, et semant l'or sans compter, on aurait dit que sa cervelle était inépuisable... Elle s'épuisait cependant, et à mesure on pouvait voir les yeux
60 s'éteindre, la joue devenir plus creuse. Un jour enfin, au matin d'une débauche folle, le malheureux, resté seul parmi les débris du festin et les lustres qui pâlissaient, s'épouvanta de l'énorme brèche qu'il avait déjà faite à son lingot : il était temps de s'arrêter.

65 Dès lors, ce fut une existence nouvelle. L'homme à la cervelle d'or s'en alla vivre à l'écart, du travail de ses mains, soupçonneux et craintif comme un avare, fuyant les tentations, tâchant d'oublier lui-même ces fatales richesses auxquelles il ne voulait plus toucher... Par malheur, un ami
70 l'avait suivi dans sa solitude, et cet ami connaissait son secret.

Une nuit, le pauvre homme fut réveillé en sursaut par une douleur à la tête, une effroyable douleur ; il se dressa éperdu, et vit, dans un rayon de lune, l'ami qui fuyait en cachant quelque chose sous son manteau...

75 Encore un peu de cervelle qu'on lui emportait !...

À quelque temps de là, l'homme à la cervelle d'or devint amoureux, et cette fois tout fut fini... Il aimait du meilleur de son âme une petite femme blonde, qui l'aimait bien aussi,

---

1. **Du train dont :** au rythme où.

mais qui préférait encore les pompons, les plumes blanches
80 et les jolis glands mordorés[1] battant le long des bottines.

Entre les mains de cette mignonne créature — moitié
oiseau, moitié poupée —, les piécettes d'or fondaient que
c'était un plaisir. Elle avait tous les caprices ; et lui ne savait
jamais dire non ; même, de peur de la peiner, il lui cacha
85 jusqu'au bout le triste secret de sa fortune.

« Nous sommes donc bien riches ? » disait-elle.

Le pauvre homme lui répondait :

« Oh ! oui... bien riches ! »

Et il souriait avec amour au petit oiseau bleu qui lui man-
90 geait le crâne innocemment. Quelquefois cependant la peur
le prenait, il avait des envies d'être avare ; mais alors la petite
femme venait vers lui en sautillant, et lui disait :

« Mon mari, qui êtes si riche ! achetez-moi quelque chose
de bien cher... »

95 Et il lui achetait quelque chose de bien cher.

Cela dura ainsi pendant deux ans ; puis, un matin, la petite
femme mourut, sans qu'on sût pourquoi, comme un oiseau...
Le trésor touchait à sa fin ; avec ce qui lui restait, le veuf fit
faire à sa chère morte un bel enterrement. Cloches à toute
100 volée, lourds carrosses tendus de noir[2], chevaux empanachés[3], larmes d'argent dans le velours, rien ne lui parut
trop beau. Que lui importait son or maintenant ?... Il en
donna pour l'église, pour les porteurs, pour les revendeuses
d'immortelles[4] : il en donna partout.

105 Aussi, en sortant du cimetière, il ne lui restait presque plus
rien de cette cervelle merveilleuse, à peine quelques parcelles
aux parois du crâne.

Alors on le vit s'en aller dans les rues, l'air égaré, les mains
en avant, trébuchant comme un homme ivre. Le soir, à

---

1. **Mordorés** : aux reflets dorés.
2. **Tendus de noir** : recouverts de draps de couleur noire.
3. **Empanachés** : ornés de panaches (aigrettes, plumets).
4. **Immortelles** : fleurs séchées destinées principalement à orner les tombes.

l'heure où les bazars[1] s'illuminent, il s'arrêta devant une large vitrine dans laquelle tout un fouillis d'étoffes et de parures reluisait aux lumières, et resta là longtemps à regarder deux bottines de satin bleu bordées de duvet de cygne. « Je sais quelqu'un à qui ces bottines feraient bien plaisir », se disait-il en souriant ; et, ne se souvenant déjà plus que la petite femme était morte, il entra pour les acheter.

Du fond de son arrière-boutique, la marchande entendit un grand cri ; elle accourut et recula de peur en voyant un homme debout, qui s'accotait[2] au comptoir et la regardait douloureusement d'un air hébété[3]. Il tenait d'une main les bottines bleues à bordure de cygne, et présentait l'autre main toute sanglante, avec des raclures d'or au bout des ongles.

Telle est, madame, la légende de l'homme à la cervelle d'or.

Malgré ses airs de conte fantastique, cette légende est vraie d'un bout à l'autre... Il y a par le monde de pauvres gens qui sont condamnés à vivre avec leur cerveau, et paient en bel or fin, avec leur moelle[4] et leur substance, les moindres choses de la vie. C'est pour eux une douleur de chaque jour ; et puis, quand ils sont las de souffrir...

Lettre parue pour la première fois
dans L'Événement du 29 septembre 1866.

---

1. **Bazars :** boutiques où l'on vend diverses sortes d'objets et d'ustensiles.
2. **S'accotait :** s'appuyait sur, s'accoudait à.
3. **Hébété :** sans expression, avec l'air de ne rien comprendre.
4. **Moelle :** substance contenue à l'intérieur des os ; payer avec sa moelle signifie ici « payer avec sa chair et son cœur ».

REPÈRES

• Quel genre de personne pourrait représenter l'équivalent de l'homme à la cervelle d'or, dans la réalité ?
• Quelles sont les deux attitudes possibles pour l'homme à la cervelle d'or, à partir du moment où il a découvert son don ? Quelles étaient les deux possibilités qui s'offraient à Gringoire, le dédicataire de « La Chèvre de monsieur Seguin » ?

OBSERVATION

• Vous relèverez les passages qui, dans le préambule (lignes 1-24), présentent ce conte comme une lettre de Paris plutôt que comme une véritable lettre écrite du moulin. En quoi l'inspiration et le contenu de cette lettre nous renvoient-ils à la situation de l'écrivain parisien plutôt qu'à celle du poète provençal ?
• Quels sont les sentiments suscités par l'homme à la cervelle d'or, à partir du moment où son don est découvert ? Vous étudierez successivement l'attitude des parents, celle de l'ami et celle de sa « petite femme ». Quel est le point commun entre ces différentes personnes ?
• La « mignonne créature » dont l'homme à la cervelle d'or est amoureux n'est pas présentée comme une personne réelle, mais comme un être « moitié oiseau, moitié poupée ». Quelles sont les caractéristiques qui précisent ce statut du personnage ?
• Vous relèverez les éléments où est évoqué l'acte de prendre la cervelle de la tête. Est-il évoqué de manière à faire frissonner ? Y a-t-il une évolution, de ce point de vue, au cours du conte ?

INTERPRÉTATIONS

• Dans quelle mesure la situation de l'homme à la cervelle d'or pourrait-elle être comparée à celle du poète Gringoire, à qui s'adresse « La Chèvre de monsieur Seguin » ?
• Dans quelle mesure le ton de cette « légende mélancolique » est-il celui du « demi-deuil » évoqué dans les premières lignes ? Vous répondrez en distinguant les éléments tristes ou macabres, d'un côté, et les éléments fantaisistes, voire les traits d'humour, de l'autre.

BALLADES EN PROSE

En ouvrant ma porte ce matin, il y avait autour de mon moulin un grand tapis de gelée blanche. L'herbe luisait et craquait comme du verre ; toute la colline grelottait... Pour un jour ma chère Provence s'était déguisée en pays du Nord ;
5 et c'est parmi les pins frangés de givre[1], les touffes de lavandes épanouies en bouquets de cristal, que j'ai écrit ces deux ballades d'une fantaisie un peu germanique, pendant que la gelée m'envoyait ses étincelles blanches, et que là-haut, dans le ciel, de grands triangles de cigognes venues du pays
10 de Henri Heine[2] descendaient vers la Camargue en criant : « Il fait froid... froid... »

1. La Mort du Dauphin[3]

Le petit Dauphin est malade, le petit Dauphin va mourir... Dans toutes les églises du royaume, le Saint-Sacrement[4] demeure exposé nuit et jour et de grands cierges brûlent pour
15 la guérison de l'enfant royal. Les rues de la vieille résidence sont tristes et silencieuses, les cloches ne sonnent plus, les voitures vont au pas... Aux abords du palais, les bourgeois

---

1. **Frangés de givre** : qui laissent pendre des fils de givre comparables aux franges qui peuvent orner un tissu.
2. **Henri Heine** : poète allemand du XIXᵉ siècle, il est, entre autres, l'auteur de ballades.
3. **Dauphin** : ici, héritier du roi.
4. **Saint-Sacrement** : pain et vin consacrés qui deviennent ainsi pour les fidèles le corps et le sang du Christ.

curieux regardent, à travers les grilles, des suisses à bedaines[1]
dorées qui causent dans les cours d'un air important.

20   Tout le château est en émoi... Des chambellans[2], des
majordomes[3], montent et descendent en courant les escaliers
de marbre... Les galeries sont pleines de pages et de courtisans
en habits de soie qui vont d'un groupe à l'autre quêter des
nouvelles à voix basse. Sur les larges perrons, les dames
25 d'honneur éplorées[4] se font de grandes révérences en
essuyant leurs yeux avec de jolis mouchoirs brodés.

    Dans l'Orangerie[5], il y a nombreuse assemblée de méde-
cins en robe[6]. On les voit, à travers les vitres, agiter leurs
longues manches noires et incliner doctoralement[7] leurs per-
30 ruques à marteaux[8]... Le gouverneur et l'écuyer du petit
Dauphin se promènent devant la porte, attendant les déci-
sions de la Faculté[9]. Des marmitons[10] passent à côté d'eux
sans les saluer. M. l'écuyer jure comme un païen[11], M. le
gouverneur récite des vers d'Horace[12]... Et pendant ce temps-
35 là, là-bas, du côté des écuries, on entend un long hennisse-
ment plaintif. C'est l'alezan[13] du petit Dauphin que les pale-

---

1. **Bedaines :** ventres.
2. **Chambellans :** officiers de cour dont la fonction était de garder la chambre
du roi.
3. **Majordomes :** domestiques de rang supérieur qui commandent à d'autres.
4. **Éplorées :** très tristes, en larmes.
5. **L'Orangerie :** serre où l'on pouvait faire pousser des plantes exotiques,
notamment des orangers.
6. **En robe :** la robe, de couleur noire, est l'habit des médecins à cette époque.
7. **Doctoralement :** d'un air solennel qui exprime leur capacité à tout
comprendre grâce à leur savoir.
8. **À marteaux :** comprenant deux nœuds de ruban noir.
9. **La Faculté :** terme qui désigne les médecins qui sont membres de la faculté
de médecine.
10. **Marmitons :** apprentis cuisiniers.
11. **Païen :** infidèle, toute personne non chrétienne.
12. **Horace :** poète latin.
13. **Alezan :** cheval d'une certaine race très appréciée.

freniers[1] oublient et qui appelle tristement devant sa mangeoire vide.

Et le roi ! Où est monseigneur le roi ?... Le roi s'est enfermé
40 tout seul dans une chambre, au bout du château... Les Majestés n'aiment pas qu'on les voie pleurer... Pour la reine, c'est autre chose... Assise au chevet du petit Dauphin, elle a son beau visage baigné de larmes, et sanglote bien haut devant tous, comme ferait une drapière[2].

45 Dans sa couchette de dentelle, le petit Dauphin, plus blanc que les coussins sur lesquels il est étendu, repose, les yeux fermés. On croit qu'il dort ; mais non. Le petit Dauphin ne dort pas... Il se retourne vers sa mère, et voyant qu'elle pleure, il lui dit :

50 « Madame la Reine, pourquoi pleurez ? Est-ce que vous croyez bonnement que je m'en vais mourir ? »

La reine veut répondre. Les sanglots l'empêchent de parler.

« Ne pleurez donc pas, madame la Reine ; vous oubliez que je suis le Dauphin, et que les Dauphins ne peuvent pas
55 mourir ainsi... »

La reine sanglote encore plus fort, et le petit Dauphin commence à s'effrayer.

« Holà, dit-il, je ne veux pas que la mort vienne me prendre, et je saurai bien l'empêcher d'arriver jusqu'ici...
60 Qu'on fasse venir sur l'heure quarante lansquenets[3] très forts pour monter la garde autour de notre lit !... Que cent gros canons veillent nuit et jour, mèche allumée, sous nos fenêtres ! Et malheur à la mort, si elle ose s'approcher de nous !... »

65 Pour complaire[4] à l'enfant royal, la reine fait un signe. Sur l'heure, on entend les gros canons qui roulent dans la cour ;

---

1. **Palefreniers** : domestiques chargés de s'occuper des chevaux.
2. **Drapière** : marchande de draps.
3. **Lansquenets** : soldats allemands employés par les Français.
4. **Pour complaire à** : pour faire plaisir à, en respectant ses volontés.

et quarante grands lansquenets, la pertuisane[1] au poing, viennent se ranger autour de la chambre. Ce sont de vieux soudards[2] à moustaches grises. Le petit Dauphin bat des
70 mains en les voyant. Il en reconnaît un et l'appelle :

« Lorrain ! Lorrain ! »

Le soudard fait un pas vers le lit :

« Je t'aime bien, mon vieux Lorrain... Fais voir un peu ton grand sabre... Si la mort veut me prendre, il faut la tuer, n'est-
75 ce pas ? »

Lorrain répond :

« Oui, monseigneur. »

Et il a deux grosses larmes qui coulent sur ses joues tannées[3].

80 À ce moment, l'aumônier s'approche du petit Dauphin et lui parle longtemps à voix basse en lui montrant un crucifix. Le petit Dauphin l'écoute d'un air fort étonné, puis tout à coup l'interrompant :

« Je comprends bien ce que vous me dites, monsieur
85 l'abbé : mais enfin est-ce que mon petit ami Beppo ne pourrait pas mourir à ma place, en lui donnant beaucoup d'argent ?... »

L'aumônier continue à lui parler à voix basse, et le petit Dauphin a l'air de plus en plus étonné.

90 Quand l'aumônier a fini, le petit Dauphin reprend avec un gros soupir :

« Tout ce que vous me dites là est bien triste, monsieur l'abbé ; mais une chose me console, c'est que là-haut, dans le paradis des étoiles, je vais être encore le Dauphin... Je sais
95 que le bon Dieu est mon cousin et ne peut pas manquer de me traiter selon mon rang. »

Puis il ajoute, en se tournant vers sa mère :

« Qu'on m'apporte mes plus beaux habits, mon pour-

---

1. **Pertuisane :** sorte de lance.
2. **Soudards :** soldats qui ont de l'expérience.
3. **Tannées :** qui a l'aspect du cuir en raison de l'âge.

point[1] d'hermine[2] blanche et mes escarpins de velours ! Je
100 veux me faire brave pour les anges et entrer au paradis en
costume de Dauphin. »

Une troisième fois, l'aumônier se penche vers le petit Dauphin et lui parle longuement à voix basse... Au milieu de son
discours, l'enfant royal l'interrompt avec colère :

105 « Mais alors, crie-t-il, d'être Dauphin, ce n'est rien du
tout ! »

Et, sans vouloir plus rien entendre, le petit Dauphin se
tourne vers la muraille, et il pleure amèrement.

2. Le Sous-préfet aux champs

M. le sous-préfet est en tournée. Cocher devant, laquais
110 derrière, la calèche[3] de la sous-préfecture l'emporte majes-
tueusement au concours régional de la Combe-aux-Fées. Pour
cette journée mémorable, M. le sous-préfet a mis son bel
habit brodé, son petit claque[4], sa culotte collante à bandes
d'argent et son épée de gala à poignée de nacre... Sur ses
115 genoux repose une grande serviette en chagrin gaufré[5] qu'il
regarde tristement.

M. le sous-préfet regarde tristement sa serviette en chagrin
gaufré : il songe au fameux discours qu'il va falloir prononcer
tout à l'heure devant les habitants de la Combe-aux-Fées :
120 « Messieurs et chers administrés[6]... »

---

1. **Pourpoint :** vêtement court, destiné à couvrir le torse.
2. **Hermine :** fourrure d'hermine, petit mammifère dont la fourrure très douce est recherchée.
3. **Calèche :** voiture à cheval.
4. **Claque :** chapeau qui présente la particularité de pouvoir être aplati pour être porté sous le bras.
5. **Chagrin gaufré :** cuir à gros grain, de mouton, de chèvre ou d'âne ; gaufré signifie comportant un motif en relief.
6. **Administrés :** manière de désigner les habitants de la préfecture qu'il a la charge d'administrer.

Mais il a beau tortiller la soie blonde de ses favoris[1] et répéter vingt fois de suite :

« Messieurs et chers administrés... », la suite du discours ne vient pas.

125 La suite du discours ne vient pas... Il fait si chaud dans cette calèche ! À perte de vue, la route de la Combe-aux-Fées poudroie sous le soleil du Midi... L'air est embrasé[2]... et sur les ormeaux du bord du chemin, tout couverts de poussière blanche, des milliers de cigales se répondent d'un arbre à 130 l'autre... Tout à coup M. le sous-préfet tressaille. Là-bas, au pied d'un coteau, il vient d'apercevoir un petit bois de chênes verts qui semble lui faire signe.

Le petit bois de chênes verts semble lui faire signe :

« Venez donc par ici, monsieur le sous-préfet ; pour 135 composer votre discours, vous serez beaucoup mieux sous mes arbres... »

M. le sous-préfet est séduit ; il saute à bas de sa calèche et dit à ses gens de l'attendre, qu'il va composer son discours dans le petit bois de chênes verts.

140 Dans le petit bois de chênes verts il y a des oiseaux, des violettes, et des sources sous l'herbe fine... Quand ils ont aperçu M. le sous-préfet avec sa belle culotte et sa serviette en chagrin gaufré, les oiseaux ont eu peur et se sont arrêtés de chanter, les sources n'ont plus osé faire de bruit, et les 145 violettes se sont cachées dans le gazon... Tout ce petit monde-là n'a jamais vu de sous-préfet, et se demande à voix basse quel est ce beau seigneur qui se promène en culotte d'argent.

À voix basse, sous la feuillée, on se demande quel est ce beau seigneur en culotte d'argent... Pendant ce temps-là, 150 M. le sous-préfet, ravi du silence et de la fraîcheur du bois, relève les pans[3] de son habit, pose son claque sur l'herbe et s'assied dans la mousse au pied d'un jeune chêne ; puis il

---

1. **Favoris** : touffes de barbe portées sur chaque côté du visage.
2. **Embrasé** : littéralement, en feu, c'est-à-dire brûlant.
3. **Pans** : parties de l'habit qui pendent en dessous de la ceinture.

ouvre sur ses genoux sa grande serviette de chagrin gaufré et
en tire une large feuille de papier ministre.

155 « C'est un artiste ! dit la fauvette.

— Non, dit le bouvreuil, ce n'est pas un artiste, puisqu'il a
une culotte en argent ; c'est plutôt un prince.

— C'est plutôt un prince, dit le bouvreuil.

— Ni un artiste, ni un prince, interrompt un vieux rossignol,
160 qui a chanté toute une saison dans les jardins de la sous-
préfecture... Je sais ce que c'est : c'est un sous-préfet ! »

Et tout le petit bois va chuchotant :

« C'est un sous-préfet ! c'est un sous-préfet !

— Comme il est chauve ! » remarque une alouette à grande
165 huppe[1].

Les violettes demandent :

« Est-ce que c'est méchant ?

— Est-ce que c'est méchant ? » demandent les violettes.

Le vieux rossignol répond :
170 « Pas du tout ! »

Et sur cette assurance, les oiseaux se remettent à chanter,
les sources à courir, les violettes à embaumer, comme si le
monsieur n'était pas là... Impassible au milieu de tout ce joli
tapage, M. le sous-préfet invoque dans son cœur la Muse[2]
175 des comices agricoles[3], et, le crayon levé, commence à décla-
mer de sa voix de cérémonie :

« Messieurs et chers administrés...

— Messieurs et chers administrés », dit le sous-préfet de sa
voix de cérémonie...
180 Un éclat de rire l'interrompt ; il se retourne et ne voit rien
qu'un gros pivert qui le regarde en riant, perché sur son
claque. Le sous-préfet hausse les épaules et veut continuer son

---

1. **Huppe** : petite touffe de plumes sur le sommet de la tête.
2. **Muse** : les Muses sont les divinités qui inspirent les poètes, dans la
mythologie antique ; le mot désigne ensuite, plus généralement, toute
inspiratrice.
3. **Comices agricoles** : réunions de cultivateurs organisées dans le but de
favoriser le progrès de l'agriculture.

discours ; mais le pivert l'interrompt encore et lui crie de loin :

185 « À quoi bon ?

— Comment ! à quoi bon ? » dit le sous-préfet, qui devient tout rouge ; et, chassant d'un geste cette bête effrontée, il reprend de plus belle :

« Messieurs et chers administrés...

190 — Messieurs et chers administrés... » a repris le sous-préfet de plus belle.

Mais alors, voilà les petites violettes qui se haussent vers lui sur le bout de leurs tiges et qui lui disent doucement :

« Monsieur le sous-préfet, sentez-vous comme nous sen-
195 tons bon ? »

Et les sources lui font sous la mousse une musique divine ; et dans les branches, au-dessus de sa tête, des tas de fauvettes viennent lui chanter leurs plus jolis airs : et tout le petit bois conspire pour l'empêcher de composer son discours.

200 Tout le petit bois conspire[1] pour l'empêcher de composer son discours... M. le sous-préfet, grisé de parfums, ivre de musique, essaie vainement de résister au nouveau charme qui l'envahit. Il s'accoude sur l'herbe, dégrafe son bel habit, bal-butie encore deux ou trois fois :

205 « Messieurs et chers administrés... Messieurs et chers admi... Messieurs et chers... »

Puis il envoie les administrés au diable ; et la Muse des comices agricoles n'a plus qu'à se voiler la face.

Voile-toi la face, ô Muse des comices agricoles !...

210 Lorsque, au bout d'une heure, les gens de la sous-préfec-ture, inquiets de leur maître, sont entrés dans le petit bois, ils ont vu un spectacle qui les a fait reculer d'horreur... M. le sous-préfet était couché sur le ventre, dans l'herbe, débraillé[2]

---

1. **Conspire** : complote.
2. **Débraillé** : dont les habits sont en désordre.

comme un bohème[1]. Il avait mis son habit bas... et, tout en
215 mâchonnant des violettes, M. le sous-préfet faisait des vers.

Lettre parue pour la première fois
dans *L'Événement* du 13 octobre 1866.

---

1. **Un bohème** : un artiste qui mène une vie en dehors des usages et des
conventions.

REPÈRES

• Quel est le point commun entre l'attitude du Dauphin et celle du sous-préfet, au début de chacun des deux textes ?
• Quel est le point commun entre l'attitude du Dauphin et celle du sous-préfet, à la fin de chacune de ces histoires ?

OBSERVATION

• Dans la description du château (lignes 21-39), quels sont les éléments qui mettent en valeur la puissance du royaume et donc l'importance du Dauphin ? Quel est l'intérêt pour le narrateur de finir cette description par l'évocation du cheval qui se plaint de n'avoir pas mangé : que nous suggère cette image ?
• Quels sont les éléments ou les attitudes qui montrent que la reine réagit en mère plus qu'en reine ?
• Pourquoi le narrateur choisit-il d'évoquer les larmes d'un vieux soudard ?
• Que peut dire l'aumônier au petit Dauphin ?
• Quelle image du sous-préfet nous est donnée par sa description initiale (lignes 109-116) ? Pourquoi est-il précisé qu'il regarde sa serviette tristement ?
• Quelle est la réaction initiale de la nature face au sous-préfet (lignes 140-170) ? À partir de quel moment la nature change-t-elle d'attitude par rapport au personnage ? Que nous suggère ce changement d'attitude ?
• Quels sont les termes et les images qui, à la fin du texte, montrent le sous-préfet vaincu par une force qui le dépasse ? Cette défaite est-elle douloureuse ?

INTERPRÉTATIONS

• Vous réfléchirez sur ce qui a pu pousser l'auteur à réunir ces deux récits, en vous aidant des questions suivantes :
– quel est le thème commun traité dans ces deux histoires ?
– dans quelle mesure le déroulement du récit est-il globalement comparable dans l'un et l'autre texte ?

La place du merveilleux

Les lettres qui s'inscrivent dans la tradition des contes et des fabliaux font une large place au merveilleux. Dans ces lettres, les animaux parlent et raisonnent, le coup de pied d'une mule peut propulser un homme plusieurs kilomètres plus loin, un individu peut puiser dans son crâne l'or de sa cervelle ! Le merveilleux participe de l'atmosphère fantaisiste de nombreux contes, d'autant que Daudet le combine avec un art qui souligne la familiarité du décor et des personnages. Enfant, l'homme à la cervelle d'or rêve par exemple de jouer devant le perron avec d'autres enfants de son âge. La mule évolue dans un Avignon somptueux et imaginaire, où le vin, qu'il soit de Châteauneuf pour le pape ou cuit pour la mule, est une préoccupation majeure, comme la moutarde du pape !

La gravité

L'impression de légéreté laissée par certains contes ne doit pas masquer la gravité générale de ces lettres, où l'on meurt, où l'on paye de sa personne et où l'on est humilié. Certes, la mort du Dauphin est équilibrée par le ton badin du « Sous-préfet aux champs », le malheur de la mule compensé par sa spectaculaire vengeance, et la mort de la chèvre est rendue acceptable par la journée passée dans une montagne qui ressemble fort au paradis. Il n'en reste pas moins que Daudet, en dépit de l'apparente légéreté de son propos, ou plutôt grâce à cette légéreté, réussit à aborder la question de la place de l'homme, ce « mort en permission », dans l'univers et dans la nature.

Le jeu d'emprunts

Le plaisir de la lecture repose dans ces contes sur le jeu de références et d'emprunts à des textes antérieurs, supposés connus du lecteur : les poètes romantiques d'Allemagne pour le thème de la nature, dans « Le Sous-préfet aux champs », le roman de Balzac *La Peau de chagrin* pour « La Légende de l'homme à la cervelle d'or », la fable de La Fontaine « Le Loup et le Chien » pour « La Chèvre de monsieur Seguin ». C'est là encore un moyen, pour le narrateur, d'instaurer une complicité avec son lecteur.

Le Curé de Cucugnan

Tous les ans, à la Chandeleur[1], les poètes provençaux publient en Avignon un joyeux petit livre rempli jusqu'aux bords de beaux vers et de jolis contes. Celui de cette année m'arrive à l'instant, et j'y trouve un adorable fabliau[2] que je vais essayer de vous traduire en l'abrégeant un peu... Parisiens, tendez vos mannes[3]. C'est de la fine fleur de farine[4] provençale qu'on va vous servir cette fois...

L'abbé Martin était curé... de Cucugnan.

Bon comme le pain, franc comme l'or, il aimait paternellement ses Cucugnanais ; pour lui, son Cucugnan aurait été le paradis sur terre, si les Cucugnanais lui avaient donné un peu plus de satisfaction. Mais, hélas ! les araignées filaient dans son confessionnal, et, le beau jour de Pâques, les hosties restaient au fond de son saint ciboire[5]. Le bon prêtre en avait le cœur meurtri, et toujours il demandait à Dieu la grâce de ne pas mourir avant d'avoir ramené au bercail[6] son troupeau dispersé.

Or, vous allez voir que Dieu l'entendit.

Un dimanche, après l'Évangile, M. Martin monta en chaire.

« Mes frères, dit-il, vous me croirez si vous voulez ; l'autre nuit, je me suis trouvé, moi misérable pécheur, à la porte du paradis.

Je frappai : saint Pierre m'ouvrit !

---

1. **Chandeleur :** fête religieuse célébrée le 2 février.
2. **Fabliau :** court récit en vers.
3. **Mannes :** grands paniers d'osier.
4. **La fine fleur de la farine provençale :** le meilleur de la farine provençale.
5. **Ciboire :** récipient dans lequel sont placées les hosties.
6. **Bercail :** bergerie, mot utilisé ici au sens figuré, pour désigner l'Église.

25 « Tiens ! c'est vous, mon brave monsieur Martin, me fit-il ; quel bon vent... et qu'y a-t-il pour votre service ?

— Beau saint Pierre, vous qui tenez le grand livre et la clef[1], pourriez-vous me dire, si je ne suis pas trop curieux, combien vous avez de Cucugnanais en paradis ?

30 — Je n'ai rien à vous refuser, monsieur Martin ; asseyez-vous, nous allons voir la chose ensemble. »

Et saint Pierre prit son gros livre, l'ouvrit, mit ses besicles[2] :

« Voyons un peu : Cucugnan, disons-nous. Cu... Cu...
35 Cucugnan. Nous y sommes. Cucugnan... Mon brave monsieur Martin, la page est toute blanche. Pas une âme... Pas plus de Cucugnanais que d'arêtes dans une dinde.

— Comment ! Personne de Cucugnan ici ? Personne ? Ce n'est pas possible ! Regardez mieux...

40 — Personne, saint homme. Regardez vous-même, si vous croyez que je plaisante. »

Moi, pécaïre[3] ! je frappais des pieds, et, les mains jointes, je criais miséricorde[4]. Alors, saint Pierre :

« Croyez-moi, monsieur Martin, il ne faut pas ainsi vous
45 mettre le cœur à l'envers, car vous pourriez en avoir quelque mauvais coup de sang. Ce n'est pas votre faute, après tout. Vos Cucugnanais, voyez-vous, doivent faire à coup sûr leur petite quarantaine[5] en purgatoire[6].

— Ah ! par charité, grand saint Pierre ! faites que je puisse
50 au moins les voir et les consoler.

— Volontiers, mon ami... Tenez, chaussez vite ces sandales,

---

1. **Le grand livre et la clef :** le livre est celui sur lequel saint Pierre inscrit les fidèles admis au paradis ; la clef est celle qui ouvre les portes du paradis, dont saint Pierre est le gardien.
2. **Bésicles :** anciennes lunettes rondes.
3. **Pécaïre :** peuchère, exclamation provençale.
4. **Je criais miséricorde :** je demandais la pitié et le pardon.
5. **Quarantaine :** période de quarante jours durant laquelle quelqu'un est mis à l'écart en attendant d'être admis dans un nouveau lieu.
6. **Purgatoire :** lieu où les âmes expient leur péché en attendant d'être admises au paradis.

car les chemins ne sont pas beaux de reste... Voilà qui est
bien... Maintenant, cheminez droit devant vous. Voyez-vous
là-bas, au fond, en tournant ? Vous trouverez une porte
55 d'argent toute constellée de croix noires... à main droite[1]...
Vous frapperez, on vous ouvrira... Adessias[2] ! Tenez-vous
sain et gaillardet[3]. »

Et je cheminai... je cheminai ! Quelle battue[4] ! j'ai la chair
de poule, rien que d'y songer. Un petit sentier, plein de
60 ronces, d'escarboucles[5] qui luisaient et de serpents qui sifflaient, m'amena jusqu'à la porte d'argent.

« Pan ! pan !

— Qui frappe ? me fait une voix rauque et dolente[6].

— Le curé de Cucugnan.

65 — De... ?

— De Cucugnan.

— Ah !... Entrez. »

J'entrai. Un grand bel ange, avec des ailes sombres comme
la nuit, avec une robe resplendissante comme le jour, avec
70 une clef de diamant pendue à sa ceinture, écrivait, cra-cra,
dans un grand livre plus gros que celui de saint Pierre...

« Finalement, que voulez-vous et que demandez-vous ? dit
l'ange.

— Bel ange de Dieu, je veux savoir, — je suis bien curieux
75 peut-être, — si vous avez ici les Cucugnanais.

— Les... ?

— Les Cucugnanais, les gens de Cucugnan... que c'est moi
qui suis leur prieur.

— Ah ! l'abbé Martin, n'est-ce pas ?

---

1. **À main droite :** à droite.
2. **Adessias :** adieu (mot provençal).
3. **Tenez-vous sain et gaillardet :** Portez-vous bien.
4. **Battue :** dans la chasse, l'action de progresser dans les buissons en les
battant avec un bâton, pour trouver le gibier ; ici, parcours difficile.
5. **Escarboucles :** pierres précieuses de couleur rouge vif.
6. **Dolente :** plaintive.

80 — Pour vous servir, monsieur l'ange. »

« Vous dites donc Cucugnan... »

Et l'ange ouvre et feuillette son grand livre, mouillant son doigt de salive pour que le feuillet glisse mieux...

« Cucugnan, dit-il en poussant un long soupir... Monsieur
85 Martin, nous n'avons en purgatoire personne de Cucugnan.

— Jésus ! Marie ! Joseph ! personne de Cucugnan en purgatoire ! Ô grand Dieu ! où sont-ils donc ?

— Eh ! saint homme, ils sont en paradis. Où diantre voulez-vous qu'ils soient ?

90 — Mais j'en viens, du paradis...

— Vous en venez !... Eh bien ?

— Eh bien ! ils n'y sont pas !... Ah ! bonne mère des anges !...

— Que voulez-vous, monsieur le curé ! s'ils ne sont ni en
95 paradis ni en purgatoire, il n'y a pas de milieu, ils sont...

— Sainte croix ! Jésus, fils de David ! Aï ! aï ! aï ! est-il possible ?... Serait-ce un mensonge du grand saint Pierre ?... Pourtant je n'ai pas entendu chanter le coq !... Aï ! pauvres nous ! Comment irai-je en paradis si mes Cucugnanais n'y
100 sont pas ?

— Écoutez, mon pauvre monsieur Martin, puisque vous voulez coûte que coûte être sûr de tout ceci, et voir de vos yeux de quoi il retourne, prenez ce sentier, filez en courant, si vous savez courir. Vous trouverez, à gauche, un grand por-
105 tail. Là, vous vous renseignerez sur tout. Dieu vous le donne ! »

Et l'ange ferma la porte.

C'était un long sentier tout pavé de braise rouge. Je chancelais comme si j'avais bu ; à chaque pas, je trébuchais ;
110 j'étais tout en eau, chaque poil de mon corps avait sa goutte de sueur, et je haletais de soif... Mais, ma foi, grâce aux sandales que le bon saint Pierre m'avait prêtées, je ne me brûlais pas les pieds.

Quand j'eus fait assez de faux pas clopin-clopant, je vis à
115 ma main gauche une porte... non, un portail, un énorme portail, tout bâillant, comme la porte d'un grand four. Oh ! mes
enfants, quel spectacle ! Là, on ne demande pas mon nom ;
là, point de registre. Par fournées et à pleine porte, on entre
là, mes frères, comme le dimanche vous entrez au cabaret.
120 Je suais à grosses gouttes, et pourtant j'étais transi, j'avais
le frisson. Mes cheveux se dressaient. Je sentais le brûlé, la
chair rôtie, quelque chose comme l'odeur qui se répand dans
notre Cucugnan quand Éloy, le maréchal, brûle pour la ferrer
la botte d'un vieil âne. Je perdais haleine dans cet air puant
125 et embrasé ; j'entendais une clameur horrible, des gémisse-
ments, des hurlements et des jurements.

« Eh bien, entres-tu ou n'entres-tu pas, toi ? me fait, en me
piquant de sa fourche, un démon cornu.

— Moi ? Je n'entre pas. Je suis un ami de Dieu.

130 — Tu es un ami de Dieu... Eh ! b... de teigneux ! que viens-
tu faire ici ?...

— Je viens... Ah ! ne m'en parlez pas, que je ne puis plus me
tenir sur mes jambes... Je viens... je viens de loin... humble-
ment vous demander... si... si, par coup de hasard... vous
135 n'auriez pas ici... quelqu'un... quelqu'un de Cucugnan...

— Ah ! feu de Dieu ! tu fais la bête, toi, comme si tu ne
savais pas que tout Cucugnan est ici. Tiens, laid corbeau,
regarde, et tu verras comme nous les arrangeons ici, tes
fameux Cucugnanais... »

140 Et je vis, au milieu d'un épouvantable tourbillon de
flamme :

Le long Coq-Galine, — vous l'avez tous connu, mes
frères, — Coq-Galine, qui se grisait si souvent, et si souvent
secouait les puces à sa pauvre Clairon.

145 Je vis Catarinet... cette petite gueuse[1], avec son nez en

---

1. **Gueuse** : femme qui mène une mauvaise vie en se prostituant.

l'air... qui couchait toute seule à la grange... Il vous en souvient, mes drôles[1] !... Mais passons, j'en ai trop dit.

Je vis Pascal Doigt-de-Paix, qui faisait son huile avec les olives de M. Julien.

150 Je vis Babet la glaneuse[2], qui, en glanant, pour avoir plus vite noué sa gerbe, puisait à poignées aux gerbiers[3].

Je vis maître Grapazi, qui huilait si bien la roue de sa brouette.

Et Dauphine, qui vendait si cher l'eau de son puits.

155 Et le Tortillard, qui, lorsqu'il me rencontrait portant le bon Dieu, filait son chemin, la barrette[4] sur la tête et la pipe au bec... et fier comme Artaban... comme s'il avait rencontré un chien.

Et Coulau avec sa Zette, et Jacques et Pierre, et Toni... »

160 Ému, blême de peur, l'auditoire gémit, en voyant, dans l'enfer tout ouvert, qui son père et qui sa mère, qui sa grand-mère et qui sa sœur...

« Vous sentez bien, mes frères, reprit le bon abbé Martin, vous sentez bien que ceci ne peut pas durer. J'ai charge
165 d'âmes, et je veux, je veux vous sauver de l'abîme où vous êtes tous en train de rouler, tête première. Demain je me mets à l'ouvrage, pas plus tard que demain. Et l'ouvrage ne manquera pas ! Voici comment je m'y prendrai. Pour que tout se fasse bien, il faut tout faire avec ordre. Nous irons rang par
170 rang, comme à Jonquières quand on danse.

Demain lundi, je confesserai les vieux et les vieilles. Ce n'est rien.

Mardi, les enfants. J'aurai bientôt fait.

Mercredi, les garçons et les filles. Cela pourra être long.

---

1. **Mes drôles** : mes enfants (emploi méridional du mot).
2. **Glaneuse** : personne dont la fonction est de glaner, c'est-à-dire de ramasser dans les champs, après le passage des moissonneurs, les épis qui restent.
3. **Gerbiers** : meules de foin.
4. **Barrettes** : chapeaux à bords carrés.

175 Jeudi, les hommes. Nous couperons court.

Vendredi, les femmes. Je dirai : « Pas d'histoires! »

Samedi, le meunier !... Ce n'est pas trop d'un jour pour lui tout seul !...

Et, si dimanche nous avons fini, nous serons bien heureux.

180 Voyez-vous, mes enfants, quand le blé est mûr, il faut le couper ; quand le vin est tiré, il faut le boire. Voilà assez de linge sale, il s'agit de le laver, et de le bien laver.

C'est la grâce que je vous souhaite. *Amen !* »

Ce qui fut dit fut fait. On coula la lessive.

185 Depuis ce dimanche mémorable, le parfum des vertus de Cucugnan se respire à dix lieues[1] à l'entour.

Et le bon pasteur M. Martin, heureux et plein d'allégresse, a rêvé l'autre nuit que, suivi de tout son troupeau, il gravis-sait, en resplendissante procession, au milieu des cierges
190 allumés, d'un nuage d'encens qui embaumait et des enfants de chœur qui chantaient *Te Deum*[2], le chemin éclairé de la cité de Dieu.

Et voilà l'histoire du curé de Cucugnan, telle que m'a ordonné de vous la dire ce grand gueusard[3] de Roumanille,
195 qui la tenait lui-même d'un autre bon compagnon.

Lettre parue pour la première fois
dans *L'Événement* du 28 octobre 1866.

---

1. **Dix lieues à l'entour** : une quarantaine de kilomètres aux alentours.
2. **Te Deum** : premiers mots latins d'un cantique.
3. **Gueusard** : coquin, avec ici un sens affectueux.

REPÈRES

• Dans le prologue (lignes 1-7), quel élément annonce le thème religieux ? Quels sont les qualificatifs appliqués au livre dont est tirée cette histoire, ainsi qu'à l'histoire elle-même ? Dans quelle mesure contribuent-ils à mettre en valeur l'histoire qui va suivre ?

• Relevez, dans le prologue et dans la conclusion (lignes 184-195), les éléments par lesquels l'auteur insiste sur le fait qu'il n'a pas inventé lui-même cette histoire : cela enlève-t-il de l'intérêt à cette lettre ?

• Le ciel est partagé en trois domaines où sont répartis les hommes après leur mort, en fonction de la vie qu'ils ont menée sur terre : énumérez-les, en respectant l'ordre dans lesquel s'effectue le voyage au ciel du curé de Cucugnan.

OBSERVATION

• Que pensez-vous du nom donné au village, Cucugnan ? Quel regard peut-il faire porter sur le curé ? Dans quelle mesure le curé de Cucugnan peut-il être considéré comme naïf ? Dans quelle mesure doit-il apparaître comme rusé ?

• Relevez, dans les propos de saint Pierre (lignes 25-57), les mots et les expressions qui appartiennent à un registre familier. Dressez une liste d'adjectifs qui pourraient le qualifier, en justifiant vos réponses.

• Dans les propos tenus par l'ange du purgatoire (lignes 72-106) et dans les interventions du démon cornu (lignes 127-139) repérez d'une part les éléments qui font d'eux des personnages effrayants, d'autre part les éléments familiers (certains peuvent appartenir aux deux catégories).

• Dans les lignes 140-158, essayez de définir les péchés commis par les Cucugnagnais mentionnés par le curé.

INTERPRÉTATIONS

• Dressez un bilan pour comparer la part des éléments effrayants et celle des éléments familiers dans cette histoire. Après avoir réfléchi sur l'intérêt qu'ils présentent séparément, vous tenterez de préciser l'intérêt qu'il peut y avoir à mélanger ces deux aspects, d'abord, pour le curé, face à ses paroissiens, ensuite, pour l'auteur, face à son lecteur.

L'Élixir
du Révérend Père Gaucher

« Buvez ceci mon voisin ; vous m'en direz des nouvelles. »

Et, goutte à goutte, avec le soin minutieux d'un lapidaire[1] comptant des perles, le curé de Graveson me versa deux
5 doigts d'une liqueur verte, dorée, chaude, étincelante, exquise... J'en eus l'estomac tout ensoleillé.

« C'est l'élixir du Père Gaucher, la joie et la santé de notre Provence, me fit le brave homme d'un air triomphant ; on le fabrique au couvent des Prémontrés[2], à deux lieues[3] de votre
10 moulin... N'est-ce pas que cela vaut bien toutes les char- treuses[4] du monde ?... Et si vous saviez comme elle est amu- sante, l'histoire de cet élixir ! Écoutez plutôt... »

Alors, tout naïvement, sans y entendre malice, dans cette salle à manger de presbytère[5], si candide[6] et si calme avec
15 son Chemin de la croix en petits tableaux[7] et ses jolis rideaux clairs empesés[8] comme des surplis[9], l'abbé me commença

---

1. **Lapidaire :** artisan qui travaille les pierres précieuses.
2. **Prémontrés :** ordre de religieux.
3. **Deux lieues :** environ huit kilomètres.
4. **Chartreuses :** liqueurs élaborées par les moines chartreux.
5. **Presbytère :** logis du curé, à proximité immédiate de l'église.
6. **Candide :** ici, qui exprime l'innocence et la pureté.
7. **Avec son Chemin de la croix en petits tableaux :** avec ses petits tableaux qui représentent les scènes de la crucifixion de Jésus.
8. **Empesés :** raides.
9. **Surplis :** vêtement porté par les prêtres au-dessus de leur soutane.

une historiette légèrement sceptique[1] et irrévérencieuse, à la façon d'un conte d'Érasme[2] ou de d'Assoucy[3].

Il y a vingt ans, les Prémontrés, ou plutôt les Pères blancs,
20 comme les appellent nos Provençaux, étaient tombés dans une grande misère. Si vous aviez vu leur maison de ce temps-là, elle vous aurait fait peine.

Le grand mur, la tour Pacôme[4] s'en allaient en morceaux. Tout autour du cloître rempli d'herbes, les colonnettes se fen-
25 daient, les saints de pierre croulaient dans leurs niches. Pas un vitrail debout, pas une porte qui tînt. Dans les préaux, dans les chapelles, le vent du Rhône soufflait comme en Camargue, éteignant les cierges, cassant le plomb des vitrages, chassant l'eau des bénitiers. Mais le plus triste de
30 tout, c'était le clocher du couvent, silencieux comme un pigeonnier vide, et les Pères, faute d'argent pour s'acheter une cloche, obligés de sonner matines[5] avec des cliquettes[6] de bois d'amandier !...

Pauvres Pères blancs ! Je les vois encore, à la procession
35 de la Fête-Dieu, défilant tristement dans leurs capes rapiécées, pâles, maigres, nourris de *citres*[7] et de pastèques, et derrière eux monseigneur l'abbé, qui venait la tête basse, tout honteux de montrer au soleil sa crosse dédorée[8] et sa mitre[9] de laine blanche mangée des vers. Les dames de la confrérie en pleu-
40 raient de pitié dans les rangs, et les gros porte-bannière rica-naient entre eux tout bas en se montrant les pauvres moines :

---

1. **Sceptique :** qui exprime l'incrédulité par rapport à la religion.
2. **Érasme :** écrivain humaniste hollandais (1469-1536).
3. **D'Assoucy :** poète français (1605-1677).
4. **Tour Pacôme :** tour qui porte le nom du saint qui a fixé les règles de la vie monastique.
5. **Matines :** office religieux célébré entre minuit et le lever du jour.
6. **Cliquettes :** instruments en bois qui produisent en tournant un son aigu.
7. **Citres :** citrouilles.
8. **Dédorée :** dont la dorure est partie en raison de l'usure.
9. **Mitre :** coiffure de cérémonie portée par les religieux de haut rang.

« Les étourneaux vont maigres quand ils vont en troupe. »

Le fait est que les infortunés Pères blancs en étaient arrivés eux-mêmes à se demander s'ils ne feraient pas mieux de
45 prendre leur vol à travers le monde et de chercher pâture chacun de son côté.

Or, un jour que cette grave question se débattait dans le chapitre[1], on vint annoncer au prieur que le frère Gaucher demandait à être entendu au conseil... Vous saurez pour votre
50 gouverne[2] que ce frère Gaucher était le bouvier du couvent ; c'est-à-dire qu'il passait ses journées à rouler d'arcade en arcade dans le cloître, en poussant devant lui deux vaches étiques[3] qui cherchaient l'herbe aux fentes des pavés. Nourri jusqu'à douze ans par une vieille folle du pays des Baux,
55 qu'on appelait tante Bégon, recueilli depuis chez les moines, le malheureux bouvier n'avait jamais pu rien apprendre qu'à conduire ses bêtes et à réciter son *Pater Noster*[4] ; encore le disait-il en provençal, car il avait la cervelle dure et l'esprit fin comme une dague de plomb[5]. Fervent chrétien du reste,
60 quoique un peu visionnaire[6], à l'aise sous le cilice[7] et se donnant la discipline[8] avec une conviction robuste, et des bras !...

Quand on le vit entrer dans la salle du chapitre, simple et balourd, saluant l'assemblée la jambe en arrière, prieur, cha-

---

1. **Chapitre** : assemblée des religieux.
2. **Pour votre gouverne** : pour votre information, à toutes fins utiles.
3. **Etiques** : très maigres.
4. **Pater Noster** : Notre Père, prière.
5. **Fin comme une dague de plomb** : une dague est une épée courte ; si la lame est fabriquée avec du plomb, elle ne sera pas fine, mais grossière ; cette comparaison signifie donc que le père Gaucher n'a pas du tout l'esprit fin.
6. **Visionnaire** : qui a des visions.
7. **Cilice** : chemise de crin désagréable à porter sur la peau, parce que très rugueuse, et que l'on revêt donc pour expier ses péchés.
8. **Discipline** : sorte de fouet avec lequel on se bat soi-même pour expier ses péchés.

65 noines[1], argentier[2], tout le monde se mit à rire. C'était toujours l'effet que produisait, quand elle arrivait quelque part, cette bonne face grisonnante avec sa barbe de chèvre et ses yeux un peu fous ; aussi le frère Gaucher ne s'en émut pas.

« Mes Révérends, fit-il d'un ton bonasse[3] en tortillant son
70 chapelet de noyaux d'olives[4], on a bien raison de dire que ce sont les tonneaux vides qui chantent le mieux. Figurez-vous qu'à force de creuser ma pauvre tête déjà si creuse, je crois que j'ai trouvé le moyen de nous tirer tous de peine.

« Voici comment. Vous savez[5] bien tante Bégon, cette
75 brave femme qui me gardait quand j'étais petit. (Dieu ait son âme, la vieille coquine ! elle chantait de bien vilaines chansons après boire.) Je vous dirai donc, mes Révérends Pères, que tante Bégon, de son vivant, se connaissait aux herbes de montagne autant et mieux qu'un vieux merle de Corse.
80 Voire[6], elle avait composé, sur la fin de ses jours, un élixir incomparable en mélangeant cinq ou six espèces de simples[7] que nous allions cueillir ensemble dans les Alpilles. Il y a de belles années de cela ; mais je pense qu'avec l'aide de saint Augustin et la permission de notre Père abbé, je pourrais —
85 en cherchant bien — retrouver la composition de ce mystérieux élixir. Nous n'aurions plus alors qu'à le mettre en bouteilles, et à le vendre un peu cher, ce qui permettrait à la communauté de s'enrichir doucettement, comme ont fait nos frères de la Trappe[8] et de la Grande[9]... »

---

1. **Chanoines** : dignitaires ecclésiastiques.
2. **Argentier** : religieux chargé de s'occuper des finances.
3. **Bonasse** : qui exprime une bonté proche de la bêtise.
4. **Chapelet de noyaux d'olives** : le chapelet est une sorte de collier formé de grains enfilés par dizaines, qui sert au fidèle à compter ses prières ; les grains sont ici remplacés par des noyaux d'olives.
5. **Vous savez** : ici, vous connaissez.
6. **Voire** : même.
7. **Simples** : plantes utilisées pour préparer des remèdes.
8. **La Trappe** : ordre religieux des trappistes.
9. **La Grande** : comprendre « la Grande Chartreuse », monastère de chartreux, au cœur des Alpes.

90   Il n'eut pas le temps de finir. Le prieur s'était levé pour lui sauter au cou. Les chanoines lui prenaient les mains. L'argentier, encore plus ému que tous les autres, lui baisait avec respect le bord tout effrangé de sa cuculle[1]... Puis chacun revint à sa chaire pour délibérer ; et, séance tenante, le cha-
95 pitre décida qu'on confierait les vaches au frère Thrasybule, pour que le frère Gaucher pût se donner tout entier à la confection de son élixir.

    Comment le bon frère parvint-il à retrouver la recette de tante Bégon ? au prix de quels efforts ? au prix de quelles
100 veilles ? L'histoire ne le dit pas. Seulement, ce qui est sûr, c'est qu'au bout de six mois, l'élixir des Pères blancs était déjà très populaire. Dans tout le Comtat, dans tout le pays d'Arles, pas un *mas*[2], pas une grange qui n'eût au fond de sa *dépense*[3], entre les bouteilles de vin cuit et les jarres
105 d'olives à la picholine[4], un petit flacon de terre brune cacheté aux armes de Provence, avec un moine en extase sur une étiquette d'argent. Grâce à la vogue de son élixir, la maison des Prémontrés s'enrichit très rapidement. On releva la tour Pacôme. Le prieur eut une mitre neuve, l'église de jolis
110 vitraux ouvragés ; et, dans la fine dentelle du clocher, toute une compagnie de cloches et de clochettes vint s'abattre, un beau matin de Pâques, tintant et carillonnant à la grande volée.

    Quant au frère Gaucher, ce pauvre frère lai[5] dont les rus-
115 ticités[6] égayaient tant le chapitre, il n'en fut plus question dans le couvent. On ne connut plus désormais que le Révérend Père Gaucher, homme de tête et de grand savoir, qui

---

1. **Cuculle** : longue tunique à capuchon.
2. **Mas** : ferme, en Provence (terme méridional).
3. **Dépense** : remise, lieu où l'on range des provisions (terme méridional).
4. **Olives à la picholine** : petites olives noires confites.
5. **Frère lai** : moine qui n'a pas été ordonné prêtre.
6. **Rusticités** : comportements et manières rustiques, c'est-à-dire grossiers, dignes d'un paysan.

vivait complètement isolé des occupations si menues et si multiples du cloître, et s'enfermait tout le jour dans sa distil-
120 lerie[1], pendant que trente moines battaient[2] la montagne pour lui chercher des herbes odorantes... Cette distillerie, où personne, pas même le prieur, n'avait le droit de pénétrer, était une ancienne chapelle abandonnée, tout au bout du jardin des chanoines. La simplicité des bons Pères en avait fait
125 quelque chose de mystérieux et de formidable ; et si, par aventure, un moinillon[3] hardi et curieux, s'accrochant aux vignes grimpantes, arrivait jusqu'à la rosace du portail, il en dégringolait bien vite, effaré d'avoir vu le Père Gaucher, avec sa barbe de nécroman[4], penché sur ses fourneaux, le pèse-
130 liqueur à la main, puis, tout autour, des cornues[5] de grès rose, des alambics gigantesques, des serpentins[6] de cristal, tout un encombrement bizarre qui flamboyait ensorcelé dans la lueur rouge des vitraux...

Au jour tombant, quand sonnait le dernier angélus, la
135 porte de ce lieu de mystère s'ouvrait discrètement, et le Révérend se rendait à l'église pour l'office du soir. Il fallait voir quel accueil quand il traversait le monastère ! Les frères faisaient la haie sur son passage. On disait :

« Chut !... il a le secret... »

140 L'argentier le suivait et lui parlait la tête basse... Au milieu de ces adulations[7], le Père s'en allait en s'épongeant le front, son tricorne aux larges bords posé en arrière comme une auréole, regardant autour de lui d'un air de complaisance les grandes cours plantées d'orangers, les toits bleus où tour-

---

1. **Distillerie :** lieu où l'on extrait l'alcool, des plantes ici, des fruits généralement.
2. **Battaient :** parcouraient méthodiquement, l'attention en éveil.
3. **Moinillon :** tout jeune moine.
4. **Nécroman :** personne qui prétend pouvoir entrer en relation avec les morts ; le mot est orthographié habituellement « nécromant ».
5. **Cornues :** récipients à col étroit qui servent à distiller.
6. **Serpentins :** tubes en spirales, utilisés dans les appareils à distiller.
7. **Adulations :** manifestations d'adoration.

145 naient des girouettes[1] neuves, et, dans le cloître éclatant de blancheur — entre les colonnettes élégantes et fleuries —, les chanoines habillés de frais qui défilaient deux par deux avec des mines reposées.

« C'est à moi qu'ils doivent tout cela ! » se disait le Révé-
150 rend en lui-même ; et chaque fois cette pensée lui faisait monter des bouffées d'orgueil.

Le pauvre homme en fut bien puni. Vous allez voir...

Figurez-vous qu'un soir, pendant l'office[2], il arriva à l'église dans une agitation extraordinaire : rouge, essoufflé, le
155 capuchon de travers, et si troublé qu'en prenant de l'eau bénite il y trempa ses manches jusqu'au coude. On crut d'abord que c'était l'émotion d'arriver en retard ; mais quand on le vit faire de grandes révérences à l'orgue et aux tribunes au lieu de saluer le maître-autel, traverser l'église en coup de
160 vent, errer dans le chœur pendant cinq minutes pour chercher sa stalle[3], puis, une fois assis, s'incliner de droite et de gauche en souriant d'un air béat, un murmure d'étonnement courut dans les trois nefs. On chuchotait de bréviaire[4] à bréviaire :

« Qu'a donc notre Père Gaucher ?... Qu'a donc notre Père
165 Gaucher ? »

Par deux fois, le prieur, impatienté, fit tomber sa crosse sur les dalles pour commander le silence... Là-bas, au fond du chœur, les psaumes[5] allaient toujours ; mais les répons[6] manquaient d'entrain...
170 Tout à coup, au beau milieu de l'*Ave verum*[7], voilà mon

---

1. **Girouettes** : objet métallique qui indique la direction du vent en tournant autour d'un axe vertical.
2. **Pendant l'office** : pendant la messe.
3. **Stalle** : siège en bois installé dans le chœur de l'église.
4. **Bréviaire** : livre de prières.
5. **Psaumes** : poèmes bibliques qui servent de prières et de chants religieux.
6. **Répons** : chants religieux ; assez souvent utilisés, comme ici, dans le sens de « réponses » de l'assistance à celui qui célèbre la messe.
7. **Ave Verum** : premiers mots latins d'une prière.

Père Gaucher qui se renverse dans sa stalle et entonne d'une voix éclatante :

> *Dans Paris, il y a un Père blanc,*
> *Patatin, patatan, tarabin, taraban...*

175 Consternation générale. Tout le monde se lève. On crie : « Emportez-le... il est possédé[1] ! »

Les chanoines se signent. La crosse de monseigneur se démène... Mais le Père Gaucher ne voit rien, n'écoute rien ; et deux moines vigoureux sont obligés de l'entraîner par la
180 petite porte du chœur, se débattant comme un exorcisé[2] et continuant de plus belle ses *patatin* et ses *taraban*.

Le lendemain, au petit jour, le malheureux était à genoux dans l'oratoire[3] du prieur, et faisant sa *coulpe*[4] avec un ruisseau de larmes :
185 « C'est l'élixir, monseigneur, c'est l'élixir qui m'a surpris », disait-il en se frappant la poitrine.

Et de le voir si marri[5], si repentant, le bon prieur en était tout ému lui-même.

« Allons, allons, Père Gaucher, calmez-vous, tout cela
190 séchera comme la rosée au soleil... Après tout, le scandale n'a pas été aussi grand que vous pensez. Il y a bien eu la chanson qui était un peu... hum ! hum !... Enfin il faut espérer que les novices[6] ne l'auront pas entendue... À présent, voyons, dites-moi bien comment la chose vous est arrivée... C'est en
195 essayant l'élixir, n'est-ce pas ? Vous aurez eu la main trop lourde... Oui, oui, je comprends... C'est comme le frère

---

1. **Possédé** : dont le corps est envahi par le diable.
2. **Exorcisé** : possédé sur qui l'on pratique l'exorcisme destiné à faire sortir le diable de son corps ; l'opération ne se fait pas sans cris et manifestations violentes de la part de l'exorcisé, ce qui justifie la comparaison de Daudet.
3. **Oratoire** : lieu où l'on prie, petite chapelle.
4. **Faisant sa coulpe** : exprimant son repentir.
5. **Marri** : désolé.
6. **Novices** : personnes entrées récemment dans le monastère.

Schwartz, l'inventeur de la poudre : vous avez été victime de votre invention... Et dites-moi, mon brave ami, est-il bien nécessaire que vous l'essayiez sur vous-même, ce terrible
200 élixir ?

— Malheureusement, oui, monseigneur... l'éprouvette me donne bien la force et le degré de l'alcool ; mais pour le fini, le velouté, je ne me fie guère qu'à ma langue...

— Ah ! très bien... Mais écoutez encore un peu que je vous
205 dise... Quand vous goûtez ainsi l'élixir par nécessité, est-ce que cela vous semble bon ? Y prenez-vous du plaisir ?...

— Hélas ! oui, monseigneur, fit le malheureux Père en devenant tout rouge... Voilà deux soirs que je lui trouve un bouquet, un arôme !... C'est pour sûr le démon qui m'a joué ce
210 vilain tour... Aussi je suis bien décidé désormais à ne plus me servir que de l'éprouvette. Tant pis si la liqueur n'est pas assez fine, si elle ne fait pas assez la perle...

— Gardez-vous-en bien, interrompit le prieur avec vivacité. Il ne faut pas s'exposer à mécontenter la clientèle... Tout ce
215 que vous avez à faire maintenant que vous voilà prévenu, c'est de vous tenir sur vos gardes... Voyons, qu'est-ce qu'il vous faut pour vous rendre compte ?... Quinze ou vingt gouttes, n'est-ce pas ?... mettons vingt gouttes... Le diable sera bien fin s'il vous attrape avec vingt gouttes... D'ailleurs,
220 pour prévenir tout accident, je vous dispense dorénavant de venir à l'église. Vous direz l'office du soir dans la distillerie... Et maintenant, allez en paix, mon Révérend, et surtout... comptez bien vos gouttes. »

Hélas ! le pauvre Révérend eut beau compter ses gouttes...
225 le démon le tenait, et ne le lâcha plus.

C'est la distillerie qui entendit de singuliers offices !

Le jour, encore, tout allait bien. Le Père était assez calme : il préparait ses réchauds, ses alambics, triait soigneusement ses herbes, toutes herbes de Provence, fines, grises, dentelées,
230 brûlées de parfums et de soleil... Mais, le soir, quand les simples étaient infusés et que l'élixir tiédissait dans de grandes

bassines de cuivre rouge, le martyre[1] du pauvre homme commençait.

« ... Dix-sept... dix-huit... dix-neuf... vingt !... »

235 Les gouttes tombaient du chalumeau[2] dans le gobelet de vermeil. Ces vingt-là, le Père les avalait d'un trait, presque sans plaisir. Il n'y avait que la vingt et unième qui lui faisait envie. Oh ! cette vingt et unième goutte !... Alors, pour échapper à la tentation, il allait s'agenouiller tout au bout du labo-
240 ratoire et s'abîmait[3] dans ses patenôtres[4]. Mais de la liqueur encore chaude il montait une petite fumée toute chargée d'aromates, qui venait rôder autour de lui et, bon gré mal gré, le ramenait vers les bassines... La liqueur était d'un beau vert doré. Penché dessus, les narines ouvertes, le Père la
245 remuait tout doucement avec son chalumeau, et dans les petites paillettes étincelantes que roulait le flot d'émeraude, il lui semblait voir les yeux de tante Bégon qui riaient et pétillaient en le regardant...

« Allons ! encore une goutte ! »

250 Et de goutte en goutte, l'infortuné finissait par avoir son gobelet plein jusqu'au bord. Alors, à bout de forces, il se laissait tomber dans un grand fauteuil, et, le corps abandonné, la paupière à demi close, il dégustait son péché par petits coups, en se disant tout bas avec un remords délicieux :
255 « Ah ! je me damne... je me damne... »

Le plus terrible, c'est qu'au fond de cet élixir diabolique il retrouvait, par je ne sais quel sortilège, toutes les vilaines chansons de tante Bégon : *Ce sont trois petites commères, qui parlent de faire un banquet...* ou : *Bergerette de maître*
260 *André s'en va-t-au bois seulette...* et toujours la fameuse des Pères blancs : *Patatin patatan.*

---

1. **Martyre** : supplice.
2. **Chalumeau** : ici, long tuyau à l'extrémité de l'appareil à distiller.
3. **S'abîmait** : plongeait.
4. **Patenôtres** : prières qui commencent par *Pater Noster*, Notre Père.

Pensez quelle confusion le lendemain quand ses voisins de cellule lui faisaient d'un air malin :

« Eh ! eh ! Père Gaucher, vous aviez des cigales en tête,
265 hier soir en vous couchant. »

Alors c'étaient des larmes, des désespoirs, et le jeûne, et le cilice, et la discipline. Mais rien ne pouvait contre le démon de l'élixir ; et tous les soirs, à la même heure, la possession recommençait.

270 Pendant ce temps, les commandes pleuvaient à l'abbaye que c'était une bénédiction. Il en venait de Nîmes, d'Aix, d'Avignon, de Marseille... De jour en jour le couvent prenait un petit air de manufacture[1]. Il y avait des frères emballeurs, des frères étiqueteurs, d'autres pour les écritures, d'autres
275 pour le camionnage ; le service de Dieu y perdait bien par-ci par-là quelques coups de cloches ; mais les pauvres gens du pays n'y perdaient rien, je vous en réponds...

Et donc, un beau dimanche matin, pendant que l'argentier lisait en plein chapitre son inventaire de fin d'année et que
280 les bons chanoines l'écoutaient les yeux brillants et le sourire aux lèvres, voilà le Père Gaucher qui se précipite au milieu de la conférence en criant :

« C'est fini... Je n'en fais plus... Rendez-moi mes vaches.

— Qu'est-ce qu'il y a donc, Père Gaucher ? demanda le
285 prieur, qui se doutait bien un peu de ce qu'il y avait.

— Ce qu'il y a, monseigneur ?... Il y a que je suis en train de me préparer une belle éternité de flammes et de coups de fourche... il y a que je bois, que je bois comme un misérable...

— Mais je vous avais dit de compter vos gouttes.

290 — Ah ! bien oui, compter mes gouttes ! c'est par gobelets qu'il faudrait compter maintenant... Oui, mes Révérends, j'en suis là. Trois fioles par soirée... Vous comprenez bien que cela ne peut pas durer... Aussi, faites faire l'élixir par qui vous

---

1. **Un petit air de manufacture :** une allure de fabrique, d'usine.

voudrez... Que le feu de Dieu me brûle si je m'en mêle
295 encore ! »

C'est le chapitre qui ne riait plus.

« Mais, malheureux, vous nous ruinez ! criait l'argentier
en agitant son grand livre.

— Préférez-vous que je me damne ? »

300 Pour lors, le prieur se leva.

« Mes Révérends, dit-il en étendant sa belle main blanche
où luisait l'anneau pastoral, il y a moyen de tout arranger...
C'est le soir, n'est-ce pas, mon cher fils, que le démon vous
tente ?...

305 — Oui, monsieur le prieur, régulièrement tous les soirs...
Aussi, maintenant, quand je vois arriver la nuit, j'en ai, sauf
votre respect, les sueurs qui me prennent comme l'âne de
Capitou, quand il voyait venir le bât[1].

— Eh bien, rassurez-vous... Dorénavant, tous les soirs, à
310 l'office, nous réciterons à votre intention l'oraison de saint
Augustin à laquelle l'indulgence plénière est attachée[2]... Avec
cela, quoi qu'il arrive, vous êtes à couvert... C'est l'absolution
pendant le péché.

— Oh bien ! alors, merci, monsieur le prieur ! »

315 Et, sans en demander davantage, le Père Gaucher retourna
à ses alambics, aussi léger qu'une alouette.

Effectivement, à partir de ce moment-là, tous les soirs à la
fin des complies, l'officiant ne manquait jamais de dire :

« Prions pour notre pauvre Père Gaucher, qui sacrifie son
320 âme aux intérêts de la communauté... *Oremus Domine*[3]... »

Et pendant que sur toutes ces capuches blanches, proster-
nées dans l'ombre des nefs, l'oraison courait en frémissant
comme une petite bise sur la neige, là-bas, tout au bout du

1. **Bât** : appareil en bois que l'on place sur le dos d'une bête de somme afin
qu'elle puisse transporter des objets lourds.
2. **L'oraison (...) est attachée** : la prière de saint Augustin qui permet de
bénéficier d'une indulgence plénière, c'est-à-dire d'un pardon total des péchés
accordé par le pape.
3. **Oremus Domine** : « Dieu, nous te prions », début d'une prière.

couvent, derrière le vitrage enflammé de la distillerie, on
325 entendait le Père Gaucher qui chantait à tue-Tête :

> *Dans Paris il y a un Père blanc,*
> *Patatin, patatan, taraban, tarabin ;*
> *Dans Paris il y a un Père blanc,*
> *Qui fait danser des moinettes,*
> 330 *Trin, trin, trin, dans un jardin ;*
> *Qui fait danser des...*

... Ici le bon curé s'arrêta plein d'épouvante :
« Miséricorde ! si mes paroissiens[1] m'entendaient ! »

Lettre publiée pour la première fois
dans *Le Figaro* du 2 octobre 1869.

---

1. **Paroissiens** : habitants d'une paroisse qui dépendent spirituellement d'une
même église.

Repères

• À la simple lecture du titre, comment pouvez-vous vous imaginer le révérend père Gaucher ?

• Pouvez-vous retrouver, dans vos lectures, mais aussi à la télévision, dans des spots publicitaires, des exemples de moines qui ressemblent au portrait que vous avez essayé de dresser ?

Observation

• Caractérisez le personnage : en indiquant à chaque fois la ligne à laquelle vous vous référez, établissez la liste de ses caractéristiques, en essayant de distinguer ses qualités ou ses atouts et ses défauts ou ses faiblesses.

• Comparez la situation de l'abbaye avant et après la mise au point de l'élixir par le révérend père Gaucher. Relevez précisément les modifications entre la situation antérieure et la situation présente.

• Relevez les termes qui appartiennent au vocabulaire de l'industrie et du commerce. Pourquoi l'auteur emploie-t-il ce vocabulaire pour décrire l'activité des moines ?

• Vous réfléchirez sur l'attitude de la communauté monastique envers le révérend père Gaucher après qu'il a assuré la fortune du monastère (lignes 114 et suiv.), au péril de son salut, en répondant aux questions suivantes. Quel est le principal objectif des religieux et quelle place occupe le salut du père Gaucher dans leurs préoccupations ? (lignes 213-222 et 278-299) Que faut-il penser de l'indulgence plénière qui doit protéger le père Gaucher ? Pourquoi ce moyen est-il choisi par les autres moines ?

Interprétations

• Vous essayerez de montrer en quoi ce texte tourne en dérision les défauts des moines, en veillant à identifier clairement ces défauts et en précisant en quoi l'attitude de la communauté face à Gaucher peut constituer un péché grave.

• Vous réfléchirez sur la place du père Gaucher dans cette histoire, en vous demandant en quoi il prête à rire et pourquoi il n'en reste pas moins sympathique.

LES TROIS MESSES BASSES

Conte de Noël

1

Deux dindes truffées[1], Garrigou ?...

— Oui, mon révérend[2], deux dindes magnifiques bourrées de truffes. J'en sais quelque chose, puisque c'est moi qui ai aidé à les remplir. On aurait dit que leur peau allait craquer en rôtissant, tellement elle était tendue...

— Jésus-Maria ! moi qui aime tant les truffes !... Donne-moi vite mon surplis[3], Garrigou... Et avec les dindes, qu'est-ce que tu as encore aperçu à la cuisine ?...

— Oh ! toutes sortes de bonnes choses... Depuis midi nous n'avons fait que plumer des faisans, des huppes, des gelinottes, des coqs de bruyère. La plume en volait partout... Puis de l'étang on a apporté des anguilles, des carpes dorées, des truites, des...

— Grosses comment, les truites, Garrigou ?

— Grosses comme ça, mon révérend... Énormes !...

— Oh ! Dieu ! il me semble que je les vois... As-tu mis le vin dans les burettes[4] ?

— Oui, mon révérend, j'ai mis le vin dans les burettes... Mais dame ! il ne vaut pas celui que vous boirez tout à l'heure en

---

1. **Truffées** : farcies avec des truffes.
2. **Mon révérend** : désignation polie d'un ecclésiastique.
3. **Surplis** : vêtement que les prêtres portent par-dessus leur soutane.
4. **Burettes** : flacons destinés à contenir le vin de messe.

20 sortant de la messe de minuit. Si vous voyiez cela dans la salle à manger du château, toutes ces carafes qui flambent, pleines de vins de toutes les couleurs... Et la vaisselle d'argent, les surtouts[1] ciselés, les fleurs, les candélabres[2] !... Jamais il ne se sera vu un réveillon pareil. Monsieur le marquis a invité
25 tous les seigneurs du voisinage. Vous serez au moins quarante à table, sans compter le bailli[3] ni le tabellion[4]... Ah ! vous êtes bien heureux d'en être, mon révérend !... Rien que d'avoir flairé ces belles dindes, l'odeur des truffes me suit partout... Meuh !...
30 — Allons, allons, mon enfant. Gardons-nous du péché de gourmandise, surtout la nuit de la Nativité[5]... Va bien vite allumer les cierges et sonner le premier coup de la messe ; car voilà que minuit est proche, et il ne faut pas nous mettre en retard... »
35   Cette conversation se tenait une nuit de Noël de l'an de grâce mil six cent et tant, entre le révérend dom[6] Balaguère, ancien prieur[7] des Barnabites[8], présentement chapelain gagé[9] des sires[10] de Trinquelage, et son petit clerc[11] Garrigou, ou du moins ce qu'il croyait être le petit clerc Garrigou, car
40 vous saurez que le diable, ce soir-là, avait pris la face ronde et les traits indécis du jeune sacristain[12] pour mieux induire le révérend père en tentation et lui faire commettre un épou-

---

1. **Surtouts** : pièces d'orfèvrerie placées en décoration sur une table.
2. **Candélabres** : chandeliers.
3. **Bailli** : officier de justice, à l'époque où se passe l'histoire.
4. **Tabellion** : officier qui remplit souvent le rôle de notaire, à l'époque où se passe l'histoire.
5. **Nativité** : naissance du Christ.
6. **Dom** : ici, manière polie de désigner un ecclésiastique.
7. **Prieur** : religieux qui dirige un monastère.
8. **Barnabites** : religieux qui appartiennent à l'ordre des clercs réguliers de saint Paul.
9. **Chapelain gagé** : prêtre qui dessert une chapelle privée et qui se trouve rémunéré par son propriétaire.
10. **Sires** : seigneurs.
11. **Clerc** : enfant de chœur.
12. **Sacristain** : personne chargée de l'entretien d'une église.

Il dîne au château. *Gravure de 1901.*
Bibliothèque des Arts décoratifs, Paris.

vantable péché de gourmandise. Donc, pendant que le soi-
disant Garrigou (hum ! hum !) faisait à tour de bras carillon-
45 ner les cloches de la chapelle seigneuriale, le révérend achevait
de revêtir sa chasuble[1] dans la petite sacristie[2] du château ;
et, l'esprit déjà troublé par toutes ces descriptions gastrono-
miques, il se répétait à lui-même en s'habillant :
« Des dindes rôties... des carpes dorées... des truites grosses
50 comme ça !... »

Dehors, le vent de la nuit soufflait en éparpillant la
musique des cloches, et, à mesure, des lumières apparaissaient
dans l'ombre aux flancs du mont Ventoux, en haut duquel
s'élevaient les vieilles tours de Trinquelage. C'étaient des
55 familles de métayers[3] qui venaient entendre la messe de
minuit au château. Ils grimpaient la côte en chantant par
groupes de cinq ou six, le père en avant, la lanterne en main,
les femmes enveloppées dans leurs grandes mantes[4] brunes
où les enfants se serraient et s'abritaient. Malgré l'heure et le
60 froid, tout ce brave peuple marchait allègrement, soutenu par
l'idée qu'au sortir de la messe, il y aurait, comme tous les
ans, table mise pour eux en bas dans les cuisines. De temps
en temps, sur la rude montée, le carrosse d'un seigneur, pré-
cédé de porteurs de torches, faisait miroiter ses glaces au clair
65 de lune, ou bien une mule trottait en agitant ses sonnailles[5],
et, à la lueur des falots[6] enveloppés de brume, les métayers
reconnaissaient leur bailli[7] et le saluaient au passage :
« Bonsoir, bonsoir, maître Arnoton ! »
— Bonsoir, bonsoir, mes enfants ! »

---

1. **Chasuble** : vêtement que le prêtre revêt par-dessus son aube pour dire la
messe.
2. **Sacristie** : annexe d'une église où l'on entrepose certains instruments du
culte.
3. **Métayer** : personne qui cultive une terre dont il n'est pas propriétaire.
4. **Mantes** : sortes de capes.
5. **Sonnailles** : grelots.
6. **Falots** : lumières.
7. **Bailli** : ici, propriétaire de la terre louée par le métayer.

70 La nuit était claire, les étoiles avivées de froid ; la bise piquait, et un fin grésil[1], glissant sur les vêtements sans les mouiller, gardait fidèlement la tradition des Noëls blancs de neige. Tout en haut de la côte, le château apparaissait comme le but, avec sa masse énorme de tours, de pignons[2], le clocher
75 de sa chapelle montant dans le ciel bleu-noir, et une foule de petites lumières qui clignotaient, allaient, venaient, s'agitaient à toutes les fenêtres, et ressemblaient, sur le fond sombre du bâtiment, aux étincelles courant dans des cendres de papier brûlé... Passé le pont-levis et la poterne[3], il fallait, pour se
80 rendre à la chapelle, traverser la première cour, pleine de carrosses, de valets, de chaises à porteurs, toute claire du feu des torches et de la flambée des cuisines. On entendait le tintement des tournebroches, le fracas des casseroles, le choc des cristaux et de l'argenterie remués dans les apprêts[4] d'un
85 repas ; par là-dessus, une vapeur tiède, qui sentait bon les chairs rôties et les herbes fortes des sauces compliquées, faisait dire aux métayers, comme au chapelain, comme au bailli, comme à tout le monde :

« Quel bon réveillon nous allons faire après la messe ! »

2

90 Drelindin din !... Drelindin din !...

C'est la messe de minuit qui commence. Dans la chapelle du château, une cathédrale en miniature, aux arceaux[5] entre-croisés, aux boiseries[6] de chêne montant jusqu'à hauteur des murs, les tapisseries ont été tendues, tous les cierges allumés.

---

1. **Grésil :** fine grêle.
2. **Pignons :** parties supérieures d'un mur se terminant en pointe triangulaire.
3. **Poterne :** porte secrète faisant communiquer l'intérieur du château avec un fossé.
4. **Apprêts :** préparatifs.
5. **Arceaux :** arcs en demi-cercle constitués par les voûtes d'une église.
6. **Boiseries :** revêtements en bois.

95 Et que de monde ! Et que de toilettes ! Voici d'abord, assis
dans les stalles[1] sculptées qui entourent le chœur, le sire de
Trinquelage, en habit de taffetas saumon[2], et près de lui tous
les nobles seigneurs invités. En face, sur des prie-Dieu[3] garnis
de velours, ont pris place la vieille marquise douairière[4] dans
100 sa robe de brocart couleur de feu et la jeune dame de Trinquelage, coiffée d'une haute tour de dentelle gaufrée[5] à la
dernière mode de la cour de France. Plus bas on voit, vêtus
de noir avec de vastes perruques en pointe et des visages
rasés, le bailli Thomas Arnoton et le tabellion maître
105 Ambroy, deux notes graves parmi les soies voyantes et les
damas[6] brochés. Puis viennent les gras majordomes[7], les
pages, les piqueurs[8], les intendants, dame Barbe, toutes ses
clefs pendues sur le côté à un clavier d'argent fin. Au fond,
sur les bancs, c'est le bas office[9], les servantes, les métayers
110 avec leurs familles ; et enfin, là-bas, tout contre la porte qu'ils
entrouvrent et referment discrètement, messieurs les marmitons qui viennent entre deux sauces prendre un petit air de
messe et apporter une odeur de réveillon dans l'église toute
en fête et tiède de tant de cierges allumés.
115 Est-ce la vue de ces petites barrettes[10] blanches qui donne
des distractions à l'officiant[11] ? Ne serait-ce pas plutôt la sonnette de Garrigou, cette enragée petite sonnette qui s'agite au

---

1. **Stalles** : sièges en bois installés dans le chœur d'une église.
2. **Taffetas** : étoffe brillante.
3. **Prie-Dieu** : sortes de fauteuils très bas sur lesquels on s'agenouille pour prier.
4. **Douairière** : veuve jouissant des biens de son mari après la mort de celui-ci.
5. **Gaufrée** : comprenant des motifs en relief.
6. **Damas** : étoffes de soie qui tirent leur nom de leur origine.
7. **Majordomes** : chefs des domestiques.
8. **Piqueurs** : écuyers.
9. **Le bas office** : les serviteurs les moins importants dans la hiérarchie des domestiques.
10. **Barrettes** : chapeaux carrés.
11. **Officiant** : prêtre qui préside la messe.

fond de l'autel avec une précipitation infernale et semble dire tout le temps :

120 « Dépêchons-nous, dépêchons-nous... Plus tôt nous aurons fini, plus tôt nous serons à table. »

Le fait est que chaque fois qu'elle tinte, cette sonnette du diable, le chapelain oublie sa messe et ne pense plus qu'au réveillon. Il se figure les cuisiniers en rumeur[1], les fourneaux
125 où brûle un feu de forge[2], la buée qui monte des couvercles entrouverts, et dans cette buée deux dindes magnifiques bourrées, tendues, marbrées de truffes...

Ou bien encore il voit passer des files de pages portant des plats enveloppés de vapeurs tentantes, et avec eux il entre
130 dans la grande salle déjà prête pour le festin. Ô délices ! voilà l'immense table toute chargée et flamboyante, les paons habillés de leurs plumes, les faisans écartant leurs ailes mordorées[3], les flacons couleur de rubis, les pyramides de fruits éclatants parmi les branches vertes, et ces merveilleux pois-
135 sons dont parlait Garrigou (ah ! bien oui, Garrigou !) étalés sur un lit de fenouil, l'écaille nacrée comme s'ils sortaient de l'eau, avec un bouquet d'herbes odorantes dans leurs narines de monstres. Si vive est la vision de ces merveilles, qu'il semble à dom Balaguère que tous ces plats mirifiques sont
140 servis devant lui sur les broderies de la nappe d'autel, et deux ou trois fois, au lieu de *Dominus vobiscum*[4] ! il se surprend à dire le *Benedicite*[5]. À part ces légères méprises[6], le digne homme débite son office très consciencieusement, sans passer une ligne, sans omettre une génuflexion[7] ; et tout marche
145 assez bien jusqu'à la fin de la première messe ; car vous savez

1. **En rumeur :** faisant du bruit en travaillant.
2. **Un feu de forge :** un feu comme on voit dans les forges, où les forgerons doivent avoir un feu très vif pour réussir à fondre le métal.
3. **Mordorées :** d'une couleur brun chaud avec des reflets dorés.
4. **Dominus vobiscum !** : « Le Seigneur soit avec vous ! ».
5. **Benedicite :** prière que l'on prononce juste avant de commencer le repas.
6. **Méprises :** erreurs, confusions.
7. **Génuflexion :** action de fléchir le genou en signe de respect et d'adoration.

que le jour de Noël le même officiant doit célébrer trois
messes consécutives.

« Et d'une ! » se dit le chapelain avec un soupir de soula-
gement ; puis, sans perdre une minute, il fait signe à son clerc
150 ou celui qu'il croit être son clerc, et...

Drelindin din !... Drelindin din !...

C'est la seconde messe qui commence, et avec elle
commence aussi le péché de dom Balaguère.

« Vite, vite, dépêchons-nous », lui crie de sa petite voix
155 aigrelette la sonnette de Garrigou, et cette fois le malheureux
officiant, tout abandonné au démon de gourmandise, se rue
sur le missel[1] et dévore les pages avec l'avidité de son appétit
en surexcitation. Frénétiquement il se baisse, se relève,
esquisse les signes de croix, les génuflexions, raccourcit tous
160 ses gestes pour avoir plus tôt fini. À peine s'il étend ses bras
à l'Évangile[2], s'il frappe sa poitrine au *Confiteor*[3]. Entre le
clerc et lui c'est à qui bredouillera le plus vite. Versets et
répons[4] se précipitent, se bousculent. Les mots à moitié pro-
noncés, sans ouvrir la bouche, ce qui prendrait trop de temps,
165 s'achèvent en murmures incompréhensibles.

Oremus[5] *ps... ps... ps...*

Mea culpa[6]*... pa... pa...*

Pareils à des vendangeurs pressés foulant le raisin de la
cuve, tous deux barbotent dans le latin de la messe, en
170 envoyant des éclaboussures de tous les côtés.

Dom... scum ![7]*...* dit Balaguère.

... Stutuo ![8]*...* répond Garrigou ; et tout le temps la dam-

---

1. **Missel** : livre de messe.
2. **À l'Évangile** : au moment rituel de la lecture de l'Évangile.
3. **Confiteor** : prière par laquelle le fidèle reconnaît son statut de pécheur.
4. **Répons** : chants religieux ; assez souvent utilisés, comme ici, dans le sens
de « réponses » de l'assistance à celui qui célèbre la messe.
5. **Oremus** : « Prions », début d'une prière.
6. **Mea culpa** : « Ma faute », début d'une prière.
7. **Dom... scum !...** : abréviation de *Dominus Vobiscum* « Le Seigneur soit
avec vous ».
8. **Stutuo** : abréviation de *Et cum spiritu tuo*, « Et avec ton esprit ».

née petite sonnette est là qui tinte à leurs oreilles, comme ces grelots qu'on met aux chevaux de poste pour les faire galoper
175 à la grande vitesse. Pensez que de ce train-là une messe basse est vite expédiée.

« Et de deux ! » dit le chapelain tout essoufflé, puis, sans prendre le temps de respirer, rouge, suant, il dégringole les marches de l'autel et...

180 Drelindin din !... Drelindin din !...

C'est la troisième messe qui commence. Il n'y a plus que quelques pas à faire pour arriver à la salle à manger ; mais, hélas ! à mesure que le réveillon approche, l'infortuné Balaguère se sent pris d'une folie d'impatience et de gourmandise.
185 Sa vision s'accentue, les carpes dorées, les dindes rôties sont là, là... Il les touche... il les... Oh ! Dieu !... Les plats fument, les vins embaument, et, secouant son grelot enragé, la petite sonnette lui crie :

« Vite, vite, encore plus vite !... »

190 Mais comment pourrait-il aller plus vite ? Ses lèvres remuent à peine. Il ne prononce plus les mots... À moins de tricher tout à fait le bon Dieu et de lui escamoter[1] sa messe... Et c'est ce qu'il fait, le malheureux !... De tentation en tentation, il commence par sauter un verset[2], puis deux. Puis
195 l'épître est trop longue, il ne la finit pas, effleure l'Évangile, passe devant le *Credo*[3] sans entrer, saute le *Pater*[4], salue de loin la préface, et par bonds et par élans se précipite ainsi dans la damnation[5] éternelle, toujours suivi de l'infâme Garrigou *(vade retro, Satanas![6])*, qui le seconde avec une mer-
200 veilleuse entente, lui relève sa chasuble, tourne les feuillets deux par deux, bouscule les pupitres, renverse les burettes, et

---

1. **Escamoter** : faire disparaître quelque chose sans se faire voir.
2. **Verset** : petit texte tiré de la Bible.
3. **Credo** : « Je crois », début d'une prière.
4. **Le Pater** : le « Notre Père », prière.
5. **Damnation** : condamnation aux peines de l'enfer.
6. **Vade retro Satanas !** : « Arrière, Satan ! », paroles par lesquelles Jésus repousse les avances du démon venu le tenter, dans l'Évangile.

sans cesse secoue la petite sonnette de plus en plus fort, de plus en plus vite.

Il faut voir la figure effarée que font tous les assistants !
205 Obligés de suivre à la mimique du prêtre cette messe dont ils n'entendent pas un mot, les uns se lèvent quand les autres s'agenouillent, s'asseyent quand les autres sont debout ; et toutes les phases de ce singulier office se confondent sur les bancs dans une foule d'attitudes diverses. L'étoile de Noël[1]
210 en route dans les chemins du ciel, là-bas, vers la petite étable, pâlit d'épouvante en voyant cette confusion...

« L'abbé va trop vite... On ne peut pas suivre », murmure la vieille douairière en agitant sa coiffe avec égarement.

Maître Arnoton, ses grandes lunettes d'acier sur le nez,
215 cherche dans son paroissien[2] où diantre[3] on peut bien être. Mais au fond, tous ces braves gens, qui eux aussi pensent à réveillonner, ne sont pas fâchés que la messe aille ce train de poste[4] ; et quand dom Balaguère, la figure rayonnante, se tourne vers l'assistance en criant de toutes ses
220 forces : *Ite, missa est*[5], il n'y a qu'une voix dans la chapelle pour lui répondre un *Deo gratias*[6] si joyeux, si entraînant, qu'on se croirait déjà à table au premier toast[7] du réveillon.

---

1. **Étoile de Noël :** étoile qui guida les rois mages vers le village de Bethléem où naquit Jésus.
2. **Paroissien :** ici, livre de messe.
3. **Où diantre :** où diable, juron qui marque la perplexité et l'agacement.
4. **Ce train de poste :** à cette allure digne de la poste, la poste étant le système qui permettait d'abandonner dans un relais ses chevaux fatigués pour en prendre de nouveaux et continuer ainsi son voyage à vive allure.
5. **Ite, missa est :** « Allez, la messe est dite », formule qui marque la fin de l'office.
6. **Deo gratias :** « Nous rendons grâce à Dieu », réponse que doit faire l'assemblée des fidèles à la formule précédente.
7. **Toast :** mot anglais pour désigner l'acte qui consiste à boire en l'honneur ou à la santé de quelqu'un.

3

Cinq minutes après, la foule des seigneurs s'asseyait dans la grande salle, le chapelain au milieu d'eux. Le château, illu-
225 miné de haut en bas, retentissait de chants, de cris, de rires, de rumeurs ; et le vénérable dom Balaguère plantait sa four-chette dans une aile de gelinotte[1], noyant le remords de son péché sous des flots de vin du pape et de bons jus de viandes. Tant il but et mangea, le pauvre saint homme, qu'il mourut
230 dans la nuit d'une terrible attaque, sans avoir eu seulement le temps de se repentir ; puis, au matin, il arriva dans le ciel encore tout en rumeur des fêtes de la nuit[2], et je vous laisse à penser comme il y fut reçu.

« Retire-toi de mes yeux, mauvais chrétien ! lui dit le sou-
235 verain Juge, notre maître à tous. Ta faute est assez grande pour effacer toute une vie de vertu... Ah ! tu m'as volé une messe de nuit... Eh bien, tu m'en paieras trois cents en place, et tu n'entreras en paradis que quand tu auras célébré dans ta propre chapelle ces trois cents messes de Noël en présence
240 de tous ceux qui ont péché par ta faute et avec toi... »

... Et voilà la vraie légende de dom Balaguère comme on la raconte au pays des olives. Aujourd'hui, le château de Trinquelage n'existe plus, mais la chapelle se tient encore droite tout en haut du mont Ventoux, dans un bouquet de
245 chênes verts. Le vent fait battre sa porte disjointe, l'herbe encombre le seuil ; il y a des nids aux angles de l'autel et dans l'embrasure des hautes croisées[3] dont les vitraux coloriés ont disparu depuis longtemps. Cependant il paraît que tous les ans, à Noël, une lumière surnaturelle erre parmi ces ruines,
250 et qu'en allant aux messes et aux réveillons, les paysans aper-çoivent ce spectre de chapelle, éclairé de cierges invisibles qui brûlent au grand air, même sous la neige et le vent. Vous en

---

1. **Gelinotte** : gibier proche de la perdrix.
2. **Encore (...) la nuit** : la tête encore pleine des bruits de la fête de la nuit.
3. **Croisées** : fenêtres.

rirez si vous voulez, mais un vigneron de l'endroit, nommé
Garrigue, sans doute un descendant de Garrigou, m'a affirmé
255 qu'un soir de Noël, se trouvant un peu en ribote[1], il s'était
perdu dans la montagne du côté de Trinquelage ; et voici ce
qu'il avait vu... Jusqu'à onze heures, rien. Tout était silencieux, éteint, inanimé. Soudain, vers minuit, un carillon
sonna tout en haut du clocher, un vieux, vieux carillon qui
260 avait l'air d'être à dix lieues[2]. Bientôt, dans le chemin qui
monte, Garrigue vit trembler des feux, s'agiter des ombres
indécises. Sous le porche de la chapelle, on marchait, on
chuchotait :
« Bonsoir, maître Arnoton !
265 — Bonsoir, bonsoir, mes enfants !... »
Quand tout le monde fut entré, mon vigneron, qui était
très brave[3], s'approcha doucement et, regardant par la porte
cassée, eut un singulier spectacle. Tous ces gens qu'il avait
vus passer s'étaient rangés autour du chœur, dans la nef[4] en
270 ruine, comme si les anciens bancs existaient encore. De belles
dames en brocart[5] avec des coiffes de dentelles, des seigneurs
chamarrés[6] du haut en bas, des paysans en jaquettes fleuries
ainsi qu'en avaient nos grands-pères, tous l'air vieux, fané,
poussiéreux, fatigué. De temps en temps, des oiseaux de nuit,
275 hôtes habituels de la chapelle, réveillés par toutes ces
lumières, venaient rôder autour des cierges dont la flamme
montait droite et vague comme si elle avait brûlé derrière une
gaze[7] ; et ce qui amusait beaucoup Garrigue, c'était un certain personnage à grandes lunettes d'acier, qui secouait à
280 chaque instant sa haute perruque noire sur laquelle un de ces

---

1. **En ribote** : ivre (expression populaire).
2. **À dix lieues** : à une quarantaine de kilomètres.
3. **Très brave** : très courageux.
4. **Nef** : allée centrale d'une église.
5. **En brocart** : en habit fait de ce riche tissu de soie.
6. **Chamarrés** : aux habits de couleurs vives.
7. **Gaze** : étoffe très fine, presque transparente.

oiseaux se tenait droit tout empêtré en battant silencieusement des ailes...

Dans le fond, un petit vieillard de taille enfantine, à genoux au milieu du chœur, agitait désespérément une sonnette sans
285 grelot et sans voix, pendant qu'un prêtre, habillé de vieil or, allait, venait devant l'autel, en récitant des oraisons[1] dont on n'entendait pas un mot... Bien sûr c'était dom Balaguère, en train de dire sa troisième messe basse.

Lettre parue pour la première fois
dans l'édition de 1876 des *Contes du lundi*.

---

1. **Oraisons :** prières.

REPÈRES

• Quel personnage, apparemment secondaire, joue en réalité un rôle de premier plan dans le déroulement de l'intrigue ?

• Quel est le péché commis par le curé, dom Balaguère ? Quels sont les autres péchés capitaux : pourquoi celui qui a été choisi peut-il constituer le sujet d'un bon « conte de Noël » ?

• Quels sont les élément qui indiquent que le conte se passe à Noël ?

OBSERVATION

• Vous relèverez dans ce récit les mots qui appartiennent au vocabulaire religieux, en établissant une liste à part pour ceux qui sont déformés.

• Énumérez les éléments qui situent le récit dans un lointain passé. Vous vous efforcerez de classer ces éléments sous différentes rubriques. Quel intérêt peut-il y avoir pour l'auteur à situer ce récit dans le passé ?

• En quoi le personnage de Garrigou pousse-t-il dom Balaguère dans la voie du péché, dès le dialogue initial (lignes 1-35) ? Dans les lignes 38-46, repérez les éléments qui révèlent la vraie nature de Garrigou : cette révélation est-elle de nature à effrayer le lecteur ? Justifiez votre réponse.

• Dans le dénouement du récit (lignes 241-288), relevez les éléments qui donnent à l'apparition de dom Balaguère une allure surnaturelle.

INTERPRÉTATIONS

En vous servant de vos réponses aux questions précédentes, essayer de préciser le but de l'auteur dans cette histoire. Vous vous efforcerez de structurer votre réponse en répondant successivement aux questions suivantes :

– vous réfléchirez d'abord à la fonction des éléments merveilleux dans cette lettre : l'auteur s'en sert-il pour nous faire peur ?

– quels sont les différents éléments qui permettent de considérer que l'un des buts recherchés par l'auteur est de nous faire rêver ?

L'efficacité des contes

Le fait que ces trois contes prennent pour personnages principaux des moines et des curés et s'attachent à peindre le monde ecclésiastique leur confère une place à part dans la tradition des contes et des fabliaux. Ils empruntent à la tradition du merveilleux chrétien, tout en proposant une description assez réaliste de ce monde, dont ils soulignent certains ridicules. La réussite littéraire de ces contes et le plaisir que l'on prend à les lire tiennent précisément au subtil mélange de la satire et des éléments merveilleux. Ils découlent aussi de la construction de ces récits, organisée suivant le principe d'une efficacité maximale.

Le merveilleux introduit dans un univers familier

Pour apprécier pleinement ces lettres, il faut se souvenir que le curé est à cette époque l'un des acteurs principaux de la vie sociale, organisée autour de l'église et en fonction des différentes fêtes religieuses. Le déroulement de l'office est alors familier à tout lecteur ou presque. Daudet propose ainsi une peinture qui mélange avec bonheur l'évocation du merveilleux chrétien et la description d'un univers familier et rassurant. « Le Curé de Cucugnan » illustre parfaitement cette stratégie d'écriture : parce qu'elle est narrée par le naïf curé de Cucugnan, qui fait référence aux petits péchés de ses paroissiens en les appelant par leur prénom ou leur surnom, la descente aux enfers n'effraye pas le lecteur. Si elle ne le fait guère méditer sur ses propres péchés, elle est en revanche de nature à le faire rêver.

De la fantaisie à la satire

La satire des ecclésiastiques est assez convenue, mais c'est précisément là l'intérêt de ces contes. Il s'agit moins de dénoncer certains travers que de revenir plaisamment sur des ridicules qui sont devenus des clichés. L'image des ecclésiastiques proposée ici correspond à celle que peut avoir en tête un lecteur de l'époque de Daudet, prêt à sourire du berger qui a charge d'âmes sans cesser de le respecter.

Illustration de la pièce d'Alphonse Daudet L'Arlésienne,
tirée de la lettre du même nom.

L'ARLÉSIENNE

POUR ALLER au village, en descendant de mon moulin, on passe devant un *mas*[1] bâti près de la route au fond d'une grande cour plantée de micocouliers[2]. C'est la vraie maison du *ménager*[3] de Provence, avec ses tuiles rouges, sa large
5 façade brune irrégulièrement percée, puis tout en haut la girouette[4] du grenier, la poulie[5] pour hisser les meules et quelques touffes de foin brun qui dépassent...

Pourquoi cette maison m'avait-elle frappé ? Pourquoi ce portail fermé me serrait-il le cœur ? Je n'aurais pas pu le dire,
10 et pourtant ce logis me faisait froid. Il y avait trop de silence autour... Quand on passait, les chiens n'aboyaient pas, les pintades s'enfuyaient sans crier... À l'intérieur, pas une voix ! Rien, pas même un grelot de mule... Sans les rideaux blancs des fenêtres et la fumée qui montait des toits, on aurait cru
15 l'endroit inhabité.

Hier, sur le coup de midi, je revenais du village, et, pour éviter le soleil, je longeais les murs de la ferme, dans l'ombre des micocouliers... Sur la route, devant le *mas*, des valets silencieux achevaient de charger une charrette de foin... Le
20 portail était resté ouvert. Je jetai un regard en passant, et je vis, au fond de la cour, accoudé, — la tête dans ses mains, — sur une large table de pierre, un grand vieux tout blanc,

---

1. **Mas :** mot provençal qui désigne une ferme.
2. **Micocouliers :** arbres des régions chaudes.
3. **Ménager :** personne qui cultive sa propre terre.
4. **Girouette :** instrument destiné à indiquer la direction du vent.
5. **Poulie :** roue installée en hauteur, autour de laquelle est enroulé un câble qui permet de lever des charges.

avec une veste trop courte et des culottes en lambeaux... Je
m'arrêtai. Un des hommes me dit tout bas :

25   « Chut ! c'est le maître... Il est comme ça depuis le malheur
de son fils. »

À ce moment, une femme et un petit garçon, vêtus de noir,
passèrent près de nous avec de gros paroissiens dorés, et
entrèrent à la ferme.

30   L'homme ajouta :

« ... La maîtresse et Cadet qui reviennent de la messe. Ils
y vont tous les jours, depuis que l'enfant s'est tué... Ah ! monsieur, quelle désolation !... Le père porte encore les habits du
mort ; on ne peut pas les lui faire quitter... Dia ! hue ! la

35 bête ! »

La charrette s'ébranla pour partir. Moi, qui voulais en
savoir plus long, je demandai au voiturier de monter à côté
de lui, et c'est là-haut, dans le foin, que j'appris toute cette
navrante histoire.

40   Il s'appelait Jan. C'était un admirable paysan de vingt ans,
sage comme une fille, solide et le visage ouvert. Comme il
était très beau, les femmes le regardaient ; mais lui n'en avait
qu'une en tête — une petite Arlésienne, toute en velours et
en dentelles, qu'il avait rencontrée sur la Lice d'Arles[1], une

45 fois. Au *mas*, on ne vit pas d'abord cette liaison avec plaisir.
La fille passait pour coquette, et ses parents n'étaient pas du
pays.

Mais Jan voulait son Arlésienne à toute force. Il disait :

« Je mourrai si on ne me la donne pas. »

50   Il fallut en passer par là. On décida de les marier après la
moisson.

Donc, un dimanche soir, dans la cour du *mas*, la famille
achevait de dîner. C'était presque un repas de noce. La fiancée n'y assistait pas, mais on avait bu en son honneur tout

---

1. **La Lice d'Arles** : les arènes d'Arles, qui datent de l'époque romaine.

55 le temps... Un homme se présente à la porte, et, d'une voix qui tremble, demande à parler à maître Estève, à lui seul. Estève se lève et sort sur la route.

« Maître, lui dit l'homme, vous allez marier votre enfant à une coquine, qui a été ma maîtresse pendant deux ans. Ce 60 que j'avance, je le prouve ; voici des lettres !... ses parents savent tout et me l'avaient promise ; mais depuis que votre fils la recherche, ni eux ni la belle ne veulent plus de moi... J'aurais cru pourtant qu'après ça elle ne pouvait pas être la femme d'un autre.

65 — C'est bien, dit maître Estève quand il eut regardé les lettres ; entrez boire un verre de muscat[1]. »

L'homme répond :

« Merci ! j'ai plus de chagrin que de soif. »

Et il s'en va.

70 Le père rentre, impassible : il reprend sa place à table ; et le repas s'achève gaiement...

Ce soir-là, maître Estève et son fils s'en allèrent ensemble dans les champs. Ils restèrent longtemps dehors ; quand ils revinrent, la mère les attendait encore.

75 « Femme, dit le *ménager*, en lui amenant son fils, embrasse-le ! il est malheureux... »

Jan ne parla plus de l'Arlésienne. Il l'aimait toujours cependant, et même plus que jamais, depuis qu'on la lui avait montrée dans les bras d'un autre. Seulement il était trop fier pour 80 rien dire ; c'est ce qui le tua, le pauvre enfant !... Quelquefois il passait des journées entières seul dans un coin, sans bouger. D'autres jours, il se mettait à la terre avec rage et abattait à lui seul le travail de dix journaliers[2]... Le soir venu, il prenait la route d'Arles et marchait devant lui jusqu'à ce qu'il vît

---

1. **Muscat** : vin, très fruité, fabriqué à partir de ce cépage.
2. **Journaliers** : ouvriers agricoles loués pour une ou plusieurs journées, en fonction des besoins.

85 monter dans le couchant les cloches grêles[1] de la ville. Alors, il revenait. Jamais il n'alla plus loin.

De le voir ainsi, toujours triste et seul, les gens du *mas* ne savaient plus que faire. On redoutait un malheur... Une fois, à table, sa mère en le regardant avec des yeux pleins de
90 larmes, lui dit :

« Eh bien, écoute, Jan, si tu la veux tout de même, nous te la donnerons. »

Le père, rouge de honte, baissait la tête.

Jan fit signe que non, et il sortit...

95 À partir de ce jour, il changea sa façon de vivre, affectant[2] d'être toujours gai, pour rassurer ses parents. On le revit au bal, au cabaret, dans les ferrades[3]. À la vote[4] de Fontvieille, c'est lui qui mena la farandole[5].

Le père disait : « Il est guéri. » La mère, elle, avait toujours
100 des craintes et plus que jamais surveillait son enfant... Jan couchait avec Cadet, tout près de la magnanerie[6] ; la pauvre vieille se fit dresser un lit à côté de leur chambre... Les magnans[7] pouvaient avoir besoin d'elle, dans la nuit...

Vint la fête de saint Éloi, patron des ménagers.

105 Grande joie au *mas*... Il y eut du châteauneuf[8] pour tout le monde et du vin cuit[9] comme s'il en pleuvait. Puis des pétards, des feux sur l'aire, des lanternes de couleur plein les micocouliers... Vive saint Éloi ! On farandola à mort[10]. Cadet brûla sa blouse neuve... Jan lui-même avait l'air content : il

---

1. **Grêles** : ici, difficiles à distinguer clairement.
2. **Affectant** : faisant semblant.
3. **Ferrades** : fêtes provençales dont le prétexte est le marquage des bêtes au fer rouge.
4. **Vote** : fête votive, c'est-à-dire célébrée en l'honneur du saint auquel est vouée une paroisse.
5. **Farandole** : danse provençale.
6. **Magnanerie** : local où l'on élève les vers à soie.
7. **Magnans** : vers à soie.
8. **Châteauneuf** : vin fameux de la région, communément désigné aujourd'hui « châteauneuf du pape ».
9. **Vin cuit** : vin cuisiné pour le rendre plus doux.
10. **On farandola à mort** : on dansa la farandole jusqu'à épuisement.

110 voulut faire danser sa mère ; la pauvre femme en pleurait de
bonheur.

À minuit, on alla se coucher. Tout le monde avait besoin
de dormir... Jan ne dormit pas, lui. Cadet a raconté depuis
que toute la nuit il avait sangloté...

115 Ah ! je vous réponds qu'il était bien mordu, celui-là...

Le lendemain, à l'aube, la mère entendit quelqu'un traverser sa chambre en courant. Elle eut comme un pressentiment :

« Jan, c'est toi ? »

Jan ne répond pas ; il est déjà dans l'escalier.

120 Vite, vite la mère se lève :

« Jan, où vas-ty ? »

Il monte au grenier, elle monte derrière lui :

« Mon fils, au nom du Ciel ! »

Il ferme la porte et tire le verrou.

125 « Jan, mon Janet, réponds-moi. Que vas-tu faire ? »

À tâtons, de ses vieilles mains qui tremblent, elle cherche
le loquet !... Une fenêtre qui s'ouvre, le bruit d'un corps sur
les dalles de la cour, et c'est tout...

Il s'était dit, le pauvre enfant : « Je l'aime trop... Je m'en
130 vais... » Ah ! misérables cœurs que nous sommes ! C'est un
peu fort pourtant que le mépris ne puisse pas tuer l'amour !...

Ce matin-là, les gens du village se demandèrent qui pouvait
crier ainsi là-bas, du côté du *mas* d'Estève...

C'était, dans la cour, devant la table de pierre couverte de
135 rosée et de sang, la mère toute nue qui se lamentait, avec son
enfant mort sur ses bras.

Lettre parue pour la première fois
dans *L'Événement* du 31 août 1866.

REPÈRES

• La mise en situation : la description initiale inscrit-elle le récit qui va suivre dans un contexte fantaisiste ou réaliste ? Justifiez votre réponse en faisant référence à quelques éléments précis.
• Cette lettre se compose de trois parties (lignes 1-39, 40-76, 77-136) : quel titre pourrait-on donner à chacune d'entre elles : vous veillerez à ce que chacun de vos titres résume le contenu d'une partie, tout en permettant de faire ressortir l'évolution du récit.

OBSERVATION

• Les deux paragraphes introductifs (lignes 1 à 15). En quoi la description de la ferme annonce-t-elle la mort de Jan ? Quelle est l'impression laissée par cette description sur le lecteur ?
• Vous rassemblerez et classerez les informations dont le lecteur dispose concernant Jan et l'Arlésienne, en vous aidant des questions suivantes :
– Jan est-il un héros ?
– l'Arlésienne : quels sont les éléments qui font qu'elle est étrangère au monde de Jan et ne s'accorde pas parfaitement avec lui ? Quel intérêt y a-t-il à ne pas l'évoquer directement ?
• Quels sont les éléments qui participent de l'évocation de la Provence et d'un univers familier ?

INTERPRÉTATIONS

• Vous réfléchirez méthodiquement sur la fonction des principaux personnages qui entourent Jan (la mère, le père, le frère, l'Arlésienne), en essayant, notamment, de montrer en quoi ils sont nécessaires à la progression du récit et en quoi ils permettent à l'auteur de susciter l'intérêt du lecteur et de faire naître son émotion.
• L'un des buts poursuivis par l'auteur est d'émouvoir son lecteur : en quoi l'ancrage réaliste du récit, loin de nuire au pathétique, peut-il au contraire le renforcer ?

LA DILIGENCE DE BEAUCAIRE

C'ÉTAIT LE JOUR de mon arrivée ici. J'avais pris la diligence de Beaucaire, une bonne vieille patache[1] qui n'a pas grand chemin à faire avant d'être rendue chez elle, mais qui flâne tout le long de la route, pour avoir l'air, le soir, d'arriver
5 de très loin. Nous étions cinq sur l'impériale[2] sans compter le conducteur.

D'abord un gardien de Camargue[3], petit homme trapu, poilu, sentant le fauve, avec de gros yeux pleins de sang et des anneaux d'argent aux oreilles ; puis deux Beaucairois, un
10 boulanger et son *gindre*[4], tous deux très rouges, très poussifs, mais des profils superbes, deux médailles romaines à l'effigie de Vitellius[5]. Enfin, sur le devant, près du conducteur, un homme... non ! une casquette, une énorme casquette en peau de lapin, qui ne disait pas grand-chose et regardait la route
15 d'un air triste.

Tous ces gens-là se connaissaient entre eux et parlaient tout haut de leurs affaires, très librement. Le Carmaguais racontait qu'il venait de Nîmes, mandé[6] par le juge d'instruction[7] pour un coup de fourche donné à un berger. On a le sang
20 vif en Camargue... Et à Beaucaire donc ! Est-ce que nos deux Beaucairois ne voulaient pas s'égorger à propos de la Sainte

---

1. **Patache** : voiture à cheval plutôt rustique.
2. **Impériale** : partie supérieure de la diligence.
3. **Camargue** : région située à l'embouchure de la vallée du Rhône (voir carte).
4. **Gindre** : déformation provençale de gendre.
5. **À l'effigie de Vitellius** : dont le motif est l'image de l'empereur romain Vitellius.
6. **Mandé** : convoqué, appelé.
7. **Juge d'instruction** : juge chargé d'enquêter et de réunir les documents ou preuves nécessaires pour un éventuel procès.

Vierge ? Il paraît que le boulanger était d'une paroisse depuis longtemps vouée à la Madone, celle que les Provençaux appellent la *bonne mère* Et qui porte le petit Jésus dans ses
25 bras ; le *gindre*, au contraire, chantait au lutrin d'une église toute neuve qui était consacrée à l'Immaculée Conception[1], cette belle image souriante qu'on représente les bras pendants, les mains pleines de rayons[2]. La querelle venait de là. Il fallait voir comme ces deux bons catholiques se traitaient,
30 eux et leurs madones[3] :

Sur la place du marché à Beaucaire.
Dessin d'Émile Cabonne. Bibliothèque des Arts décoratifs, Paris.

1. **Immaculée Conception :** la Vierge Marie.
2. **Rayons :** comprendre « rayons lumineux ».
3. **Madones :** saintes vierges.

« Elle est jolie, ton immaculée !

— Va-t'en donc avec ta bonne mère !

— Elle en a vu de grises, la tienne, en Palestine !

— Et la tienne, hou ! la laide ! Qui sait ce qu'elle n'a pas
35 fait... Demande plutôt à saint Joseph. »

Pour se croire sur le port de Naples, il ne manquait plus
que de voir luire les couteaux, et ma foi, je crois bien que ce
beau tournoi théologique[1] se serait terminé par là si le
conducteur n'était pas intervenu.

40 « Laissez-nous donc tranquilles avec vos madones, dit-il en
riant aux Beaucairois : tout ça, c'est des histoires de femmes,
les hommes ne doivent pas s'en mêler. »

Là-dessus, il fit claquer son fouet d'un petit air sceptique[2]
qui rangea tout le monde de son avis.

45 La discussion était finie ; mais le boulanger, mis en train,
avait besoin de dépenser le restant de sa verve[3], et, se tournant vers la malheureuse casquette, silencieuse et triste dans
son coin, il lui dit d'un air goguenard[4] :

« Et ta femme, à toi, rémouleur[5]... Pour quelle paroisse
50 tient-elle ? »

Il faut croire qu'il y avait dans cette phrase une intention
très comique, car l'impériale tout entière partit d'un gros éclat
de rire... Le rémouleur ne riait pas, lui. Il n'avait pas l'air
d'entendre. Voyant cela, le boulanger se tourna de mon côté :

55 « Vous ne la connaissez pas sa femme, monsieur ? Une

---

1. **Théologique :** qui porte sur des questions religieuses.
2. **D'un petit air sceptique :** d'un air incrédule, de l'air de celui qui n'est pas
prêt à croire aveuglément.
3. **Verve :** inspiration, fantaisie vive.
4. **Goguenard :** moqueur.
5. **Rémouleur :** artisan dont le métier consiste à aiguiser les lames de couteaux
ou d'instruments agricoles.

drôle de paroissienne[1], allez ! Il n'y en a pas deux comme elle dans Beaucaire. »

Les rires redoublèrent. Le rémouleur ne bougea pas ; il se contenta de dire tout bas, sans lever la tête :

60 « Tais-toi, boulanger. »

Mais ce diable de boulanger n'avait pas envie de se taire, et il reprit de plus belle :

« Viédase[2] ! Le camarade n'est pas à plaindre d'avoir une femme comme celle-là... Pas moyen de s'ennuyer un moment 65 avec elle... Pensez donc ! une belle qui se fait enlever tous les six mois, elle a toujours quelque chose à vous raconter quand elle revient... C'est égal, c'est un drôle de petit ménage... Figurez-vous, monsieur, qu'ils n'étaient pas mariés depuis un an, paf ! voilà la femme qui part en Espagne avec un marchand 70 de chocolat.

« Le mari reste seul chez lui à pleurer et à boire... Il était comme fou. Au bout de quelque temps, la belle est revenue dans le pays, habillée en Espagnole, avec un petit tambour à grelots. Nous lui disions tous :

75 « Cache-toi ; il va te tuer. »

« Ah ! ben oui ; la tuer... Ils se sont remis ensemble bien tranquillement, et elle lui a appris à jouer du tambour de basque. »

Il y eut une nouvelle explosion de rires. Dans son coin, 80 sans lever la tête, le rémouleur murmura encore :

« Tais-toi, boulanger. »

Le boulanger n'y prit pas garde et continua :

« Vous croyez peut-être, monsieur, qu'après son retour d'Espagne la belle s'est tenue tranquille... Ah ! mais non... 85 Son mari avait si bien pris la chose ! Ça lui a donné envie de recommencer... Après l'Espagnol, ç'a été un officier, puis un marinier du Rhône, puis un musicien, puis un... Est-ce que

---

1. **Une drôle de paroissienne :** une personne qui sort de l'ordinaire, qui se fait remarquer par son comportement excentrique.
2. **Viédase :** juron.

je sais ? Ce qu'il y a de bon, c'est que chaque fois c'est la même comédie. La femme part, le mari pleure ; elle revient,
90 il se console. Et toujours on la lui enlève, et toujours il la reprend... Croyez-vous qu'il a de la patience, ce mari-là ! Il faut dire aussi qu'elle est crânement jolie, la petite rémouleuse... un vrai morceau de cardinal[1] ; vive, mignonne, bien roulée ; avec ça, une peau blanche et des yeux couleur de
95 noisette qui regardent toujours les hommes en riant... Ma foi ! mon Parisien, si vous repassez jamais par Beaucaire...

— Oh ! tais-toi, boulanger, je t'en prie... » fit encore une fois le pauvre rémouleur avec une expression de voix déchirante.

À ce moment, la diligence s'arrêta. Nous étions au *mas* des
100 Anglores. C'est là que les deux Beaucairois descendaient, et je vous jure que je ne les retins pas... Farceur de boulanger ! Il était dans la cour du *mas* qu'on l'entendait rire encore.

Ces gens-là partis, l'impériale sembla vide. On avait laissé le Camarguais à Arles ; le conducteur marchait sur la route
105 à côté de ses chevaux... Nous étions seuls là-haut, le rémouleur et moi, chacun dans notre coin, sans parler. Il faisait chaud ; le cuir de la capote[2] brûlait. Par moments, je sentais mes yeux se fermer et ma tête devenir lourde ; mais impossible de dormir. J'avais toujours dans les oreilles ce « Tais-
110 toi, je t'en prie », si navrant et si doux... Ni lui non plus, le pauvre homme ! il ne dormait pas. De derrière, je voyais ses grosses épaules frissonner, et sa main — une longue main blafarde[3] et bête —, trembler sur le dos de la banquette, comme une main de vieux. Il pleurait...
115 « Vous voilà chez vous, Parisien ! » me cria tout à coup le conducteur ; et du bout de son fouet il me montrait ma col-

---

1. **Un morceau de cardinal** : un morceau digne d'un cardinal, de choix, par conséquent.
2. **Capote** : couverture du véhicule.
3. **Blafarde** : très pâle.

line verte avec le moulin piqué dessus comme un gros papillon.

Je m'empressai de descendre. En passant près du rémou-
120 leur, j'essayai de regarder sous sa casquette ! j'aurais voulu le voir avant de partir. Comme s'il avait compris ma pensée, le malheureux leva brusquement la tête, et, plantant son regard dans le mien :

« Regardez-moi bien, l'ami, me dit-il d'une voix sourde, et
125 si un de ces jours vous apprenez qu'il y a eu un malheur à Beaucaire, vous pourrez dire que vous connaissez celui qui a fait le coup. »

C'était une figure éteinte et triste, avec de petits yeux fanés. Il y avait des larmes dans ces yeux, mais dans cette voix il y
130 avait de la haine. La haine, c'est la colère des faibles !... Si j'étais la rémouleuse, je me méfierais...

Lettre parue pour la première fois
dans *Le Figaro* du 16 octobre 1868.

REPÈRES

• Quels sont les deux narrateurs de cette histoire ? Essayer de définir brièvement ce qu'ils racontent l'un et l'autre.
• Quel est le thème traditionnel traité dans cette lettre, à travers l'évocation du rémouleur ? De quelle manière ce thème est-il traité généralement ? À quel effet vise Daudet en évoquant les malheurs du rémouleur ?

OBSERVATION

• La progression du récit :
– sur quoi porte la discussion des voyageurs, dans la première partie du récit (lignes 1-44) ? Dans quelle mesure cette première partie sert-elle à introduire l'histoire du rémouleur ?
– quel est l'événement qui justifie la rupture de la troisième partie (lignes 103-131) ? Vous essayerez de montrer en quoi le contenu de cette troisième partie justifie le découpage du récit : pour vous aider, vous comparerez le contenu de la deuxième partie avec celui de la troisième, en essayant de donner un titre à chacune d'entre elles.
• Quel portrait du rémouleur (liste de ses caractéristiques essentielles) pourriez-vous établir en étudiant les répliques du boulanger ? Quel portrait du rémouleur pourriez-vous ensuite établir en étudiant les observations du conteur sur ce personnage ?
• Vous relèverez les notations qui concernent la position et les réactions du conteur dans la diligence, par rapport au boulanger, puis par rapport au rémouleur.

INTERPRÉTATIONS

• En vous reportant à l'examen méthodique de la lettre précédente, vous essayerez de réfléchir sur les similitudes entre le personnage de l'Arlésienne et celui de la Rémouleuse ; vous étudierez pour cela les caractéristiques communes des deux personnages, qui leur donnent une place essentielle dans ces deux récits où aucune des deux n'apparaît directement.

LE POÈTE MISTRAL

Dimanche dernier, en me levant, j'ai cru me réveiller rue du Faubourg-Montmartre[1]. Il pleuvait, le ciel était gris, le moulin triste. J'ai eu peur de passer chez moi cette froide journée de pluie et tout de suite l'envie m'est venue d'aller me réchauffer un brin[2] auprès de Frédéric Mistral, ce grand poète qui vit à trois lieues[3] de mes pins, dans son petit village de Maillane[4].

Sitôt pensé, sitôt parti ; une trique en bois de myrte[5], mon Montaigne[6], une couverture, et en route !

Personne aux champs... Notre belle Provence catholique laisse la terre se reposer le dimanche... Les chiens seuls au logis, les fermes closes... De loin en loin, une charrette de roulier[7] avec sa bâche ruisselante, une vieille encapuchonnée dans sa mante feuille-morte[8], des mules en tenue de gala, housse de sparterie[9] bleue et blanche, pompon rouge, grelots d'argent — emportant au petit trot toute une carriole de gens de *mas*[10] qui vont à la messe ; puis, là-bas, à travers la brume,

---

1. **Rue du Faubourg-Montmartre :** rue de Paris.
2. **Un brin :** un peu.
3. **À trois lieues :** à une douzaine de kilomètres.
4. **Maillane :** village provençal, non loin du moulin, d'où est originaire Mistral.
5. **Myrte :** arbre méditerranéen.
6. **Mon Montaigne :** mon livre de Montaigne, écrivain français du XVIe siècle, auteur des *Essais*.
7. **Roulier :** transporteur de marchandises.
8. **Mante feuille-morte :** mante (sorte de longue cape), de couleur feuille morte.
9. **Sparterie :** fibre végétale tressée (alfa, sparte…).
10. **Mas :** ferme, en provençal.

« À mon ami Jean Ajalbert en souvenir de ma jeunesse :
Daudet et Mistral, au Mas de Vers,
dans une prairie de Camargue (1885). »

une barque sur la *roubine*[1] et un pêcheur debout qui lance
son épervier[2]...

20 Pas moyen de lire en route ce jour-là. La pluie tombait par
torrents, et la tramontane vous la jetait à pleins seaux dans
la figure... Je fis le chemin tout d'une haleine, et enfin, après
trois heures de marche, j'aperçus devant moi les petits bois
de cyprès au milieu desquels le pays de Maillane s'abrite de
25 peur du vent.

Pas un chat dans les rues du village ; tout le monde était

---

1. **Roubine** : canal d'irrigation.
2. **Épervier** : filet de pêche.

à la grand-messe. Quand je passai devant l'église, le serpent[1] ronflait, et je vis les cierges reluire à travers les vitres de couleur.

30   Le logis du poète est à l'extrémité du pays ; c'est la dernière maison à main gauche, sur la route de Saint-Rémy —, une maisonnette à un étage avec un jardin devant... J'entre doucement... Personne ! La porte du salon est fermée, mais j'entends derrière quelqu'un qui marche et qui parle à haute

35 voix... Ce pas et cette voix me sont bien connus... Je m'arrête un moment dans le petit couloir peint à la chaux, la main sur le bouton de la porte, très ému. Le cœur me bat. — Il est là. Il travaille... Faut-il attendre que la strophe soit finie ?... Ma foi ! tant pis, entrons.

40   Ah ! Parisiens, lorsque le poète de Maillane est venu chez vous montrer Paris à sa Mireille[2], et que vous l'avez vu dans vos salons, ce Chactas[3] en habit de ville, avec un col droit et un grand chapeau qui le gênait autant que sa gloire, vous avez cru que c'était là Mistral... Non, ce n'était pas lui. Il n'y

45 a qu'un Mistral au monde, celui que j'ai surpris dimanche dernier dans son village, le chaperon de feutre sur l'oreille, sans gilet, en jaquette, sa rouge taillole catalane[4] autour des reins, l'œil allumé, le feu de l'inspiration aux pommettes, superbe, avec un bon sourire, élégant comme un pâtre[5] grec,

50 et marchant à grands pas, les mains dans ses poches, en faisant des vers...

    « Comment ! c'est toi ! cria Mistral en me sautant au cou ; la bonne idée que tu as eue de venir !... Tout juste aujourd'hui, c'est la fête de Maillane. Nous avons la musique

---

1. **Serpent** : instrument de musique à vent.
2. **Mireille** : personnage principal du poème de Mistral, écrit en provençal, qui porte son nom.
3. **Chactas** : personnage d'*Atala*, roman de Chateaubriand, Chactas est un vieil indien qui a visité Versailles.
4. **Taillole catalane** : ceinture de laine telle que l'on en porte en Catalogne.
5. **Pâtre** : berger.

55 d'Avignon, les taureaux, la procession, la farandole[1], ce sera
magnifique... La mère va rentrer de la messe ; nous déjeu-
nons, et puis, zou ! nous allons voir danser les jolies filles... »

Pendant qu'il me parlait, je regardais avec émotion ce petit
salon à tapisserie claire, que je n'avais pas vu depuis si long-
60 temps, et où j'ai passé déjà de si belles heures. Rien n'était
changé. Toujours le canapé à carreaux jaunes, les deux fauteuils de paille, la Vénus sans bras et la Vénus d'Arles[2] sur
la cheminée, le portrait du poète par Hébert[3], sa photogra-
phie par Étienne Carjat[4], et, dans un coin, près de la fenêtre,
65 le bureau —, un pauvre petit bureau de receveur d'enregistrement[5] —, tout chargé de vieux bouquins et de diction-
naires. Au milieu de ce bureau, j'aperçus un gros cahier
ouvert... C'était *Calendal*[6], le nouveau poème de Frédéric
Mistral, qui doit paraître à la fin de cette année, le jour de
70 Noël. Ce poème, Mistral y travaille depuis sept ans, et voilà
près de six mois qu'il en a écrit le dernier vers : pourtant, il
n'ose s'en séparer encore. Vous comprenez, on a toujours une
strophe à polir, une rime plus sonore à trouver... Mistral a
beau écrire en provençal, il travaille ses vers comme si tout
75 le monde devait les lire dans la langue et lui tenir compte de
ses efforts de bon ouvrier... Oh ! le brave poète, et que c'est
bien Mistral dont Montaigne aurait pu dire : *Souvienne-vous*
de celuy à qui, comme on demandoit à quoy faire il se peinoit
si fort en un art qui ne pouvoit venir à la cognoissance de
80 *guère des gens. « J'en ay assez de peu, répondit-il. J'en ay*
assez d'un. J'en ay assez de pas un. »

---

1. **Farandole :** danse provençale.
2. **La Vénus sans bras et la Vénus d'Arles :** la première est une statue grecque
couramment appelée « Vénus de Milo », la seconde une statue romaine qui se
trouve au musée d'Arles.
3. **Hébert :** peintre français du XIXᵉ siècle.
4. **Étienne Carjat :** photographe, contemporain et ami de Daudet.
5. **Receveur d'enregistrement :** fonctionnaire chargé de tâches de perception
et de contrôle.
6. **Calendal :** poème en provençal de Mistral, publié en 1867.

Je tenais le cahier de *Calendal* entre mes mains, et je feuilletais, plein d'émotion... Tout à coup une musique de fifres[1] et de tambourins éclate dans la rue, devant la fenêtre, et voilà
85 mon Mistral qui court à l'armoire, en tire des verres, des bouteilles, traîne la table au milieu du salon, et ouvre la porte aux musiciens en me disant :

« Ne ris pas... Ils viennent me donner l'aubade[2]... je suis conseiller municipal. »

90 La petite pièce se remplit de monde. On pose les tambourins sur les chaises, la vieille bannière dans un coin ; et le vin cuit circule. Puis quand on a vidé quelques bouteilles à la santé de M. Frédéric, qu'on a causé gravement de la fête, si la farandole sera aussi belle que l'an dernier, si les taureaux
95 se comporteront bien, les musiciens se retirent et vont donner l'aubade chez les autres conseillers. À ce moment la mère de Mistral arrive.

En un tour de main la table est dressée : un beau linge blanc et deux couverts. Je connais les usages de la maison ;
100 je sais que lorsque Mistral a du monde, sa mère ne se met pas à table... La pauvre vieille femme ne connaît que son provençal et se sentirait mal à l'aise pour causer avec des Français... D'ailleurs, on a besoin d'elle à la cuisine.

Dieu ! le joli repas que j'ai fait ce matin-là : — un morceau
105 de chevreau rôti, du fromage de montagne, de la confiture de moût[3], des figues, des raisins muscats. Le tout arrosé de ce bon châteauneuf des papes[4] qui a une si belle couleur rose dans les verres...

Au dessert, je vais chercher le cahier du poème, et je l'ap-
110 porte sur la table devant Mistral.

---

1. **Fifres :** petites flûtes.
2. **Aubade :** concert donné sous la fenêtre de la personne à laquelle on veut rendre hommage.
3. **Confiture de moût :** confiture fabriquée avec le jus, non encore fermenté, du raisin.
4. **Châteauneuf des papes :** vin réputé de la région.

« Nous avions dit que nous sortirions, fait le poète en souriant.

— Non !... non !... *Calendal ! Calendal !* »

Mistral se résigne, et de sa voix musicale et douce, en bat-
115 tant la mesure de ses vers avec la main, il entame le premier
chant : — *D'une fille folle d'amour —, à présent que j'ai dit
la triste aventure —, je chanterai, si Dieu veut, un enfant de
Cassis —, un pauvre petit pêcheur d'anchois...*

Au-dehors, les cloches sonnaient les vêpres, les pétards
120 éclataient sur la place, les fifres passaient et repassaient dans
les rues avec les tambourins. Les taureaux de Camargue,
qu'on menait courir, mugissaient.

Moi, les coudes sur la nappe, des larmes dans les yeux,
j'écoutais l'histoire du petit pêcheur provençal.

125 Calendal n'était qu'un pêcheur ; l'amour en fait un héros...
Pour gagner le cœur de sa mie[1] — la belle Estérelle —, il
entreprend des choses miraculeuses, et les douze travaux
d'Hercule ne sont rien à côté des siens.

Une fois, s'étant mis en tête d'être riche, il a inventé de
130 formidables engins de pêche, et ramène au port tout le pois-
son de la mer. Une autre fois, c'est un terrible bandit des
gorges d'Ollioules, le comte Sévéran, qu'il va relancer jusque
dans son aire[2], parmi ses coupe-jarrets[3] et ses concubines[4]...
Quel rude gars que ce petit Calendal ! Un jour, à la Sainte-
135 Baume[5], il rencontre deux partis de compagnons venus là
pour vider leur querelle à grands coups de compas sur la
tombe de maître Jacques, un Provençal qui a fait la charpente
du temple de Salomon, s'il vous plaît. Calendal se jette au
milieu de la tuerie, et apaise les compagnons en leur parlant...

---

1. **Mie** : amie, c'est-à-dire, ici, celle qu'il aime.
2. **Son aire** : ici, son repaire.
3. **Coupe-jarrets** : bandits de grand chemin.
4. **Concubines** : femmes qui partagent sa vie en dehors de tout lien religieux ou légal.
5. **La Sainte-Baume** : petite montagne, à l'est de Marseille.

140   Des entreprises surhumaines !... Il y avait là-haut, dans les rochers de Lure, une forêt de cèdres inaccessibles, où jamais bûcheron n'osa monter. Calendal y va, lui. Il s'y installe tout seul pendant trente jours. Pendant trente jours, on entend le bruit de sa hache qui sonne en s'enfonçant dans les troncs.
145 La forêt crie ; l'un après l'autre, les vieux arbres géants tombent et roulent au fond des abîmes, et quand Calendal redescend, il ne reste plus un cèdre sur la montagne...

    Enfin, en récompense de tant d'exploits, le pêcheur d'anchois obtient l'amour d'Estérelle, et il est nommé consul par
150 les habitants de Cassis. Voilà l'histoire de Calendal... Mais qu'importe Calendal ? Ce qu'il y a avant tout dans le poème, c'est la Provence — la Provence de la mer, la Provence de la montagne —, avec son histoire, ses mœurs, ses légendes, ses paysages, tout un peuple naïf et libre qui a trouvé son grand
155 poète avant de mourir... Et maintenant, tracez des chemins de fer, plantez des poteaux à télégraphe, chassez la langue provençale des écoles ! La Provence vivra éternellement dans *Mireille* et dans *Calendal*.

    « Assez de poésie ! dit Mistral en fermant son cahier. Il
160 faut aller voir la fête. »

    Nous sortîmes ; tout le village était dans les rues ; un grand coup de bise avait balayé le ciel, et le ciel reluisait joyeusement sur les toits rouges mouillés de pluie. Nous arrivâmes à temps pour voir rentrer la procession... Ce fut pendant une
165 heure un interminable défilé de pénitents en cagoule, pénitents blancs, pénitents bleus, pénitents gris, confréries de filles voilées, bannières roses à fleurs d'or, grands saints de bois décorés portés à quatre épaules, saintes de faïence coloriées comme des idoles avec de gros bouquets à la main, chapes[1],

---

1. **Chapes** : vêtements liturgiques, sortes de grandes capes agrafées sur le devant.

170 ostensoirs[1], dais[2] de velours vert, crucifix encadrés de soie
blanche, tout cela ondulant au vent dans la lumière des
cierges et du soleil, au milieu des psaumes[3], des litanies[4], et
des cloches qui sonnaient à toute volée.

La procession finie, les saints remisés dans leurs chapelles,
175 nous allâmes voir les taureaux, puis les jeux sur l'aire[5], les
luttes d'hommes, les trois sauts, l'étrangle-chat, le jeu de
l'outre, et tout le joli train des fêtes de Provence... La nuit
tombait quand nous rentrâmes à Maillane. Sur la place,
devant le petit café où Mistral va faire, le soir, sa partie avec
180 son ami Zidore, on avait allumé un grand feu de joie... La
farandole s'organisait. Des lanternes de papier découpé s'allumaient partout dans l'ombre ; la jeunesse prenait place ; et
bientôt, sur un appel de tambourins, commença autour de la
flamme une ronde folle, bruyante, qui devait durer toute la
185 nuit.

Après souper, trop las pour courir encore, nous montâmes
dans la chambre de Mistral. C'est une modeste chambre de
paysan, avec deux grands lits. Les murs n'ont pas de papier ;
les solives[6] du plafond se voient... Il y a quatre ans, lorsque
190 l'Académie donna à l'auteur de *Mireille* le prix de trois mille
francs, Mme Mistral eut une idée.

« Si nous faisions tapisser et plafonner ta chambre ? dit-
elle à son fils.

— Non ! non ! répondit Mistral... Ça, c'est l'argent des
195 poètes, on n'y touche pas. »

Et la chambre est restée toute nue ; mais tant que l'argent
des poètes a duré, ceux qui ont frappé chez Mistral ont toujours trouvé sa bourse ouverte...

---

1. **Ostensoirs** : objets de culte destinés à recevoir l'hostie.
2. **Dais** : décorations placées au dessus de l'autel.
3. **Psaumes** : poèmes bibliques, à la fois prières et chants.
4. **Litanies** : prières composées d'invocations appelant chacune une réponse
récitée par l'assistance.
5. **Aire** : terrain dégagé pouvant servir à divers usages, dont le jeu.
6. **Solives** : boiseries qui s'appuient sur les poutres.

J'avais emporté le cahier de *Calendal* dans la chambre et
200 je voulus m'en faire lire encore un passage avant de m'endormir. Mistral choisit l'épisode des faïences. Le voici en
quelques mots :

C'est dans un grand repas je ne sais où. On apporte sur la
table un magnifique service en faïence de Moustiers. Au fond
205 de chaque assiette, dessiné en bleu dans l'émail, il y a un sujet
provençal ; toute l'histoire du pays tient là-dedans. Aussi il
faut voir avec quel amour sont décrites ces belles faïences ;
une strophe pour chaque assiette, autant de petits poèmes
d'un travail naïf et savant, achevés comme un tableautin de
210 Théocrite[1].

Tandis que Mistral me disait ses vers dans cette belle
langue provençale, plus qu'aux trois quarts latine, que les
reines ont parlée autrefois et que maintenant nos pâtres seuls
comprennent, j'admirais cet homme au-dedans de moi, et,
215 songeant à l'état de ruine où il a trouvé sa langue maternelle
et ce qu'il en a fait, je me figurais un de ces vieux palais des
princes des Baux comme on en voit dans les Alpilles : plus
de toits, plus de balustres[2] aux perrons[3], plus de vitraux
aux fenêtres, le trèfle des ogives[4] cassé, le blason[5] des portes
220 mangé de mousse, des poules picorant dans la cour d'honneur, des porcs vautrés sous les fines colonnettes des galeries,
l'âne broutant dans la chapelle où l'herbe pousse, des pigeons
venant boire aux grands bénitiers remplis d'eau de pluie, et
enfin, parmi ces décombres, deux ou trois familles de paysans
225 qui se sont bâti des huttes dans les flancs du vieux palais.

Puis, voilà qu'un beau jour le fils d'un de ces paysans
s'éprend de ces grandes ruines et s'indigne de les voir ainsi

---

1. **Tableautin de Théocrite** : petit tableau de Théocrite, poète grec, auteur
d'*Idylles rustiques* et de *Bucoliques*.
2. **Balustres** : petites colonnes.
3. **Perron** : plate-forme légèrement surélevée sur laquelle débouche parfois
l'entrée principale d'une maison.
4. **Ogives** : arcs en diagonale qui épousent la forme de la voûte.
5. **Blason** : armoiries, ici dessinées sur les portes.

profanées ; vite, vite, il chasse le bétail hors de la cour
d'honneur ; et, les fées lui venant en aide, à lui tout seul il
230 reconstruit le grand escalier, remet des boiseries aux murs,
des vitraux aux fenêtres, relève les tours, redore la salle du
trône, et met sur pied le vaste palais d'autre temps, où logè-
rent·des papes et des impératrices.

Ce palais restauré, c'est la langue provençale.
235 Ce fils de paysan, c'est Mistral.

> Lettre parue pour la première fois
> dans *L'Événement* du 21 septembre 1866.

REPÈRES

• Quel est le cadre temporel de cette lettre ?
• Quel est l'adjectif qui pourrait le mieux résumer quel genre de poète est Mistral ?
• À un moment, le narrateur évoque les transformations qui menacent la Provence : quelles sont-elles ?
• À quelle époque se situe le poème de Mistral *Calendal* ?

OBSERVATION

• Quel portrait physique de Mistral le narrateur brosse-t-il dans cette lettre ? Pour répondre à cette question, vous examinerez les points suivants :
– de quelle manière est-il habillé ?
– quel type de repas prend-il ?
– dans quel genre de maison loge-t-il ?
• Quel portrait moral et intellectuel de Mistral le narrateur brosse-t-il ? Pour répondre à cette question, vous examinerez les points suivants :
– quelles sont les qualités dont fait preuve le poète dans l'exercice de son métier ?
– quelles sont les qualités dont Mistral fait preuve dans la vie ?
• En vous reportant aux lignes 125-158, vous recenserez toutes les caractéristiques et les attitudes qui font de Calendal un personnage héroïque. Vous procéderez ensuite de la même manière pour les notations qui inscrivent le personnage dans un univers familier.
• Quelles informations sur la vie provençale le lecteur apprend-il au cours de cette lettre ?

INTERPRÉTATIONS

• Quel parallèle existe-t-il entre le poète Mistral, tel qu'il est décrit par le narrateur, et son héros, Calendal, tel qu'il est évoqué par le narrateur ? Pourquoi l'auteur a-t-il établi ce parallèle ?
• En quoi l'évocation des traditions et des mœurs provençales complète-t-elle le portrait du poète Mistral brossé dans cette lettre ?

Le Secret de maître Cornille

Francet Mamaï, un vieux joueur de fifre[1], qui vient de temps en temps faire la veillée chez moi, en buvant du vin cuit, m'a raconté l'autre soir un petit drame de village dont mon moulin a été témoin il y a quelque[2] vingt ans. Le récit
5 du bonhomme m'a touché, et je vais essayer de vous le redire tel que je l'ai entendu.

Imaginez-vous pour un moment, chers lecteurs, que vous êtes assis devant un pot de vin tout parfumé, et que c'est un vieux joueur de fifre qui vous parle.

10 Notre pays, mon bon monsieur, n'a pas toujours été un endroit mort et sans refrains comme il est aujourd'hui. Auparavant, il s'y faisait un grand commerce de meunerie, et, dix lieues à la ronde[3], les gens du *mas*[4] nous apportaient leur blé à moudre... Tout autour du village, les collines étaient
15 couvertes de moulins à vent. De droite et de gauche, on ne voyait que des ailes qui viraient au mistral par-dessus les pins, des ribambelles de petits ânes chargés de sacs, montant et dévalant le long des chemins ; et toute la semaine c'était plaisir d'entendre sur la hauteur le bruit des fouets, le craquement
20 de la toile et le *Dia hue !* des aides-meuniers... Le dimanche nous allions aux moulins, par bandes. Là-haut, les meuniers payaient le muscat[5]. Les meunières étaient belles comme des reines, avec leurs fichus de dentelles et leurs croix d'or. Moi,

---

1. **Fifre :** sorte de flûte.
2. **Quelque :** presque.
3. **Dix lieues à la ronde :** une quarantaine de kilomètres aux alentours, dans un rayon d'une quarantaine de kilomètres.
4. **Mas :** terme provençal pour désigner une ferme.
5. **Muscat :** vin fruité issu du raisin du même nom.

j'apportais mon fifre, et jusqu'à la noire nuit on dansait des
25 farandoles[1]. Ces moulins-là, voyez-vous, faisaient la joie et
la richesse de notre pays.

Malheureusement, des Français de Paris eurent l'idée
d'établir une minoterie à vapeur[2], sur la route de Tarascon.
Tout beau, tout nouveau ! Les gens prirent l'habitude d'en-
30 voyer leurs blés aux minotiers, et les pauvres moulins à vent
restèrent sans ouvrage. Pendant quelque temps ils essayèrent
de lutter, mais la vapeur fut la plus forte, et l'un après l'autre,
pécaïre[3] ! ils furent tous obligés de fermer... On ne vit plus
venir les petits ânes... Les belles meunières vendirent leurs
35 croix d'or... Plus de muscat ! Plus de farandoles !... Le mistral
avait beau souffler, les ailes restaient immobiles... Puis, un
beau jour, la commune fit jeter toutes ces masures à bas, et
l'on sema à leur place de la vigne et des oliviers.

Pourtant, au milieu de la débâcle, un moulin avait tenu
40 bon et continuait de virer courageusement sur sa butte, à la
barbe des minotiers. C'était le moulin de maître Cornille,
celui-là même où nous sommes en train de faire la veillée en
ce moment.

Maître Cornille était un vieux meunier, vivant depuis
45 soixante ans dans la farine et enragé pour son état[4]. L'installation des minotiers l'avait rendu comme fou. Pendant huit
jours, on le vit courir par le village, ameutant tout le monde
autour de lui et criant de toutes ses forces qu'on voulait
empoisonner la Provence avec la farine des minotiers.
50 « N'allez pas là-bas, disait-il ; ces brigands-là, pour faire le
pain, se servent de la vapeur qui est une invention du diable,
tandis que moi je travaille avec le mistral et la tramontane,

---

1. **Farandoles** : danses provençales.
2. **Minoterie à vapeur** : moulin industriel fonctionnant grâce à une machine à vapeur.
3. **Pécaïre** : déformation de peuchère, exclamation provençale.
4. **Enragé pour son état** : fou de son métier.

qui sont la respiration du bon Dieu... » Et il trouvait comme
cela une foule de belles paroles à la louange des moulins à
55 vent, mais personne ne les écoutait.

Alors, de male rage[1], le vieux s'enferma dans son moulin
et vécut tout seul comme une bête farouche. Il ne voulut pas
même garder près de lui sa petite-fille Vivette, une enfant de
quinze ans, qui, depuis la mort de ses parents, n'avait plus
60 que son *grand*[2] au monde. La pauvre petite fut obligée de
gagner sa vie et de se louer[3] un peu partout dans les *mas*,
pour la moisson, les magnans[4] ou les olivades. Et pourtant
son grand-père avait l'air de bien l'aimer, cette enfant-là. Il
lui arrivait souvent de faire ses quatre lieues à pied par le
65 grand soleil pour aller la voir au *mas* où elle travaillait, et
quand il était près d'elle, il passait des heures entières à la
regarder en pleurant...

Dans le pays on pensait que le vieux meunier, en renvoyant
Vivette, avait agi par avarice ; et cela ne lui faisait pas hon-
70 neur de laisser sa petite-fille ainsi traîner d'une ferme à
l'autre, exposée aux brutalités des *baïles*[5], et à toutes les
misères des jeunesses en condition[6]. On trouvait très mal
aussi qu'un homme du renom de maître Cornille, et qui,
jusque-là, s'était respecté, s'en allât maintenant par les rues
75 comme un vrai bohémien, pieds nus, le bonnet troué, la taillole[7] en lambeaux... Le fait est que le dimanche, lorsque nous
le voyions entrer à la messe, nous avions honte pour lui, nous
autres les vieux ; et Cornille le sentait si bien qu'il n'osait

---

1. **De male rage :** malade de colère.
2. **Son grand :** son grand-père, expression provençale.
3. **Se louer :** se faire engager pour travailler à la journée.
4. **Les magnans :** les vers à soie.
5. **Baïles :** contremaîtres chargés de diriger les ouvriers agricoles (terme provençal).
6. **Jeunesses en condition :** des jeunes gens placés comme domestiques.
7. **Taillole :** sorte de large ceinture en laine.

plus venir s'asseoir sur le banc d'œuvre[1]. Toujours il restait
80 au fond de l'église, près du bénitier, avec les pauvres.

Dans la vie de maître Cornille il y avait quelque chose qui
n'était pas clair. Depuis longtemps personne, au village, ne
lui portait plus de blé, et pourtant les ailes de son moulin
allaient toujours leur train comme devant... Le soir, on ren-
85 contrait par les chemins le vieux meunier poussant devant lui
son âne chargé de gros sacs de farine.

« Bonnes vêpres[2], maître Cornille ! lui criaient les paysans ; ça va donc toujours, la meunerie ?

— Toujours, mes enfants, répondait le vieux d'un air gail-
90 lard. Dieu merci, ce n'est pas l'ouvrage qui nous manque. »

Alors, si on lui demandait d'où diable pouvait venir tant
d'ouvrage, il se mettait un doigt sur les lèvres et répondait
gravement : « Motus[3] ! je travaille pour l'exportation[4]... »
Jamais on n'en put tirer davantage.

95 Quant à mettre le nez dans son moulin, il n'y fallait pas
songer. La petite Vivette elle-même n'y entrait pas...

Lorsqu'on passait devant, on voyait la porte toujours fermée, les grosses ailes toujours en mouvement, le vieil âne
broutant le gazon de la plate-forme, et un grand chat maigre
100 qui prenait le soleil sur le rebord de la fenêtre et vous regardait d'un air méchant.

Tout cela sentait le mystère et faisait beaucoup jaser[5] le
monde. Chacun expliquait à sa façon le secret de maître Cornille, mais le bruit général était qu'il y avait dans ce moulin-
105 là encore plus de sacs d'écus que de sacs de farine.

À la longue pourtant tout se découvrit ; voici comment :

En faisant danser la jeunesse avec mon fifre, je m'aperçus
un beau jour que l'aîné de mes garçons et la petite Vivette

---

1. **Le banc d'œuvre** : banc réservé aux notables du village, dans une église.
2. **Vêpres** : office célébré alors en fin d'après-midi.
3. **Motus** : silence, secret !
4. **Exportation** : vente de marchandises à l'étranger.
5. **Jaser** : parler sans savoir si ce que l'on raconte est vrai.

BONNES VÊPRES, MAITRE CORNILLE

Illustration d'Albert Vries
pour une édition de 1934 des Lettres de mon moulin.

s'étaient rendus amoureux l'un de l'autre. Au fond je n'en
110 fus pas fâché, parce qu'après tout le nom de Cornille était en
honneur chez nous, et puis ce joli petit passereau[1] de Vivette
m'aurait fait plaisir à voir trotter dans ma maison. Seulement,
comme nos amoureux avaient souvent occasion d'être
ensemble, je voulus, de peur d'accidents, régler l'affaire tout
115 de suite, et je montai jusqu'au moulin pour en toucher deux
mots au grand-père... Ah ! le vieux sorcier ! il faut voir de
quelle manière il me reçut ! Impossible de lui faire ouvrir sa
porte. Je lui expliquai mes raisons tant bien que mal, à travers
le trou de la serrure ; et tout le temps que je parlais, il y avait
120 ce coquin de chat maigre qui soufflait comme un diable au-
dessus de ma tête.

Le vieux ne me donna pas le temps de finir, et me cria fort
malhonnêtement de retourner à ma flûte ; que, si j'étais pressé
de marier mon garçon, je pouvais bien aller chercher des filles
125 à la minoterie... Pensez que le sang me montait d'entendre
ces mauvaises paroles ; mais j'eus tout de même assez de
sagesse pour me contenir, et, laissant ce vieux fou à sa meule,
je revins annoncer aux enfants ma déconvenue... Ces pauvres
agneaux ne pouvaient pas y croire ; ils me demandèrent
130 comme une grâce de monter tous deux ensemble au moulin,
pour parler au grand-père... Je n'eus pas le courage de refuser, et prrt ! voilà mes amoureux partis.

Tout juste comme ils arrivaient là-haut, maître Cornille
venait de sortir. La porte était fermée à double tour ; mais le
135 vieux bonhomme, en partant, avait laissé son échelle dehors,
et tout de suite l'idée vint aux enfants d'entrer par la fenêtre,
voir un peu ce qu'il y avait dans ce fameux moulin...

Chose singulière ! la chambre de la meule était vide... Pas
un sac, pas un grain de blé ; pas la moindre farine aux murs
140 ni sur les toiles d'araignée... On ne sentait pas même cette
bonne odeur chaude de froment[2] écrasé qui embaume dans

---

1. **Passereau** : petit oiseau.
2. **Froment** : blé destiné à la fabrication du pain.

les moulins... L'arbre de couche était couvert de poussière, et le grand chat maigre dormait dessus.

145 La pièce du bas avait le même air de misère et d'abandon : un mauvais lit, quelques guenilles, un morceau de pain sur une marche d'escalier, et puis dans un coin trois ou quatre sacs crevés d'où coulaient des gravats[1] et de la terre blanche.

C'était là le secret de maître Cornille ! C'était ce plâtras qu'il promenait le soir par les routes, pour sauver l'honneur 150 du moulin et faire croire qu'on y faisait de la farine... Pauvre moulin ! Pauvre Cornille ! Depuis longtemps les minotiers leur avaient enlevé leur dernière pratique[2]. Les ailes viraient toujours, mais la meule tournait à vide.

Les enfants revinrent tout en larmes, me conter ce qu'ils 155 avaient vu. J'eus le cœur crevé de les entendre... Sans perdre une minute, je cours chez les voisins, je leur dis la chose en deux mots, et nous convînmes[3] qu'il fallait, sur l'heure, porter au moulin de Cornille tout ce qu'il y avait de froment dans les maisons... Sitôt dit, sitôt fait. Tout le village se met 160 en route, et nous arrivons là-haut avec une procession d'ânes chargés de blé —, du vrai blé, celui-là !

Le moulin était grand ouvert... Devant la porte, maître Cornille, assis sur un sac de plâtre, pleurait, la tête dans ses mains. Il venait de s'apercevoir, en rentrant, que pendant son 165 absence on avait pénétré chez lui et surpris son triste secret.

« Pauvre de moi ! disait-il. Maintenant, je n'ai plus qu'à mourir... Le moulin est déshonoré. »

Et il sanglotait à fendre l'âme, appelant son moulin par toutes sortes de noms, lui parlant comme à une personne 170 véritable.

À ce moment les ânes arrivent sur la plate-forme, et nous nous mettons tous à crier bien fort comme au beau temps des meuniers :

---

1. **Gravats** : morceaux et débris de pierres.
2. **Leur dernière pratique** : leur dernière clientèle.
3. **Nous convînmes** : nous décidâmes d'un commun accord.

« Ohé ! du moulin !... Ohé ! maître Cornille ! »

175 Et voilà les sacs qui s'entassent devant la porte et le beau grain roux qui se répand par terre, de tous côtés...

Maître Cornille ouvrait de grands yeux. Il avait pris du blé dans le creux de sa vieille main et il disait, riant et pleurant à la fois :

180 « C'est du blé !... Seigneur Dieu !... Du bon blé ! Laissez-moi que je le regarde. »

Puis se tournant vers nous :

« Ah ! je savais bien que vous me reviendriez... Tous ces minotiers sont des voleurs. »

185 Nous voulions l'emporter en triomphe au village :

« Non, non, mes enfants ; il faut avant tout que j'aille donner à manger à mon moulin... Pensez donc ! il y a si longtemps qu'il ne s'est rien mis sous la dent ! »

Et nous avions tous des larmes dans les yeux de voir le
190 pauvre vieux se démener de droite et de gauche, éventrant les sacs, surveillant la meule[1], tandis que le grain s'écrasait et que la fine poussière de froment s'envolait au plafond.

C'est une justice à nous rendre : à partir de ce jour-là, jamais nous ne laissâmes le vieux meunier manquer d'ou-
195 vrage. Puis, un matin, maître Cornille mourut, et les ailes de notre dernier moulin cessèrent de virer, pour toujours cette fois... Cornille mort, personne ne prit sa suite. Que voulez-vous, monsieur !... tout a une fin en ce monde, et il faut croire que le temps des moulins à vent était passé comme celui des
200 coches[2] sur le Rhône, des parlements[3] et des jaquettes[4] à grandes fleurs.

Lettre parue pour la première fois
dans *L'Événement* du 20 octobre 1866.

---

1. **Meule :** grosse pierre ronde destinée à broyer le grain.
2. **Coches :** petites embarcations.
3. **Parlements :** au temps jadis, assemblées d'hommes de lois.
4. **Jaquettes :** vestes masculines à longs pans.

REPÈRES

• Quelle était la situation des meuniers avant le moment où se déroule le récit ? Quelle est leur situation au moment où commence le récit ? À quoi est lié ce changement dans leur situation ?
• En quoi consiste le secret de maître Cornille ?
• Quel est l'événement qui permet de découvrir ce secret ?

OBSERVATION

• Il est possible de distinguer trois mouvements dans le déroulement de cette lettre :
– quels sont ces trois mouvements ?
– par quelle phrase pourriez-vous résumer le contenu de chacun d'entre eux ?
– quel titre pourriez-vous donner à chacun d'entre eux ?
• Les relations de maître Cornille avec son entourage :
– comment était considéré maître Cornille autrefois ? Comment est-il considéré maintenant ?
– comment se comporte-t-il vis-à-vis des autres villageois ?
– dans quelle mesure son comportement vis-à-vis de Vivette a t-il changé ? Vous opposerez ici encore le passé au présent.
– pourquoi le narrateur insiste-t-il sur ces changements, quel est leur fonction dans le récit ?
• L'image des ailes des moulins :
– comment sont décrites les ailes des moulins avant l'arrivée des minotiers ? Et après ?
– comment les ailes du moulin de maître Cornille sont-elles évoquées ?
– pourquoi l'auteur insiste-t-il sur cette image des ailes ? Vous développerez une réponse possible plutôt que d'en évoquer plusieurs.

INTERPRÉTATIONS

• Ce récit vous paraît-il plutôt vraisemblable et réaliste ou, au contraire, plus proche d'un conte merveilleux ? Justifiez votre réponse.

Le tragique

Qu'il s'agisse de Jan ou du rémouleur, qui meurent d'amour, de maître Cornille, qui meurt de voir disparaître les moulins à vent, les figures provençales mises en scène dans ces lettres sont toutes accablées, dépassées par une force à la fois intérieure – la passion amoureuse ou la passion pour son métier – et extérieure – l'inconstance féminine, le poids des convenances et les mutations techniques. Parce qu'ils refusent tout compromis, ils apparaissent comme des héros tragiques ; parce qu'ils en souffrent, ce sont des figures pathétiques.

La nostalgie

Ces lettres consacrées à des figures provençales sont plus mélancoliques que souriantes. La mort de la Provence traditionnelle est bien le sujet du « Secret de maître Cornille » et la souffrance du personnage est celle de toute une région attachée à son passé. Dans ce contexte, la mort de Jan, le crime rendu prévisible par la passion du rémouleur prennent un relief particulier. Jan, le fils d'une famille paysanne, qui respecte l'honneur de son nom, semble destiné à disparaître en dépit ou à cause de son intransigeance. La mort de ce personnage emblématique de la Provence traditionnelle symbolise la disparition inéluctable de ce monde condamné par le progrès. Quant au poète Mistral, il est l'homme capable de ressusciter cette région antique, même si le fait que cette Provence éternelle ne vive plus que dans un poème comme *Calendal* peut nourrir la mélancolie.

Le sourire

L'humanité du conteur, dont témoigne exemplairement son rôle de témoin sensible et compatissant dans « L'Arlésienne », empêche la coloration de ces récits d'être trop noire. Daudet déplore moins la disparition d'une certaine vie provençale qu'il ne s'attache à la faire revivre, en évoquant des figures typiques et de petits gestes. Toujours présent dans ses récits, le narrateur réalise un trait d'union entre un passé célèbre avec une pointe de nostalgie et un présent qui vaut la peine d'être vécu, dans une région où la nature semble elle-même chanter la joie de vivre.

LES DOUANIERS

LE BATEAU l'*Émilie*, de Porto-Vecchio, à bord duquel j'ai
fait ce lugubre voyage aux îles Lavezzi, était une vieille
embarcation de la douane, à demi pontée, où l'on n'avait
pour s'abriter du vent, des lames[1], de la pluie, qu'un petit
5 rouf[2] goudronné, à peine assez large pour tenir une table et
deux couchettes. Aussi il fallait voir nos matelots par le gros
temps. Les figures ruisselaient, les vareuses[3] trempées
fumaient comme du linge à l'étuve[4], et en plein hiver les
malheureux passaient ainsi des journées entières, même des
10 nuits, accroupis sur leurs bancs mouillés, à grelotter dans
cette humidité malsaine ; car on ne pouvait pas allumer de
feu à bord, et la rive était souvent difficile à atteindre... Eh
bien, pas un de ces hommes ne se plaignait. Par les temps les
plus rudes, je leur ai toujours vu la même placidité[5], la même
15 bonne humeur. Et pourtant, quelle triste vie que celle de ces
matelots douaniers !

Presque tous mariés, ayant femme et enfants à terre, ils
restent des mois dehors, à louvoyer[6] sur ces côtes si dange-
reuses. Pour se nourrir, ils n'ont guère que du pain moisi et
20 des oignons sauvages. Jamais de vin, jamais de viande, parce
que la viande et le vin coûtent cher et qu'ils ne gagnent que
cinq cents francs par an ! Cinq cents francs par an ! Vous

---

1. **Lames** : vagues.
2. **Rouf** : abri, logement placé sur le pont d'un bateau.
3. **Vareuses** : blouses en toile raide et grossière.
4. **À l'étuve** : placé dans une étuve, cuve dans laquelle le linge était lavé par
la vapeur.
5. **Placidité** : calme, absence de nervosité et de toute réaction émotive.
6. **Louvoyer** : naviguer d'un bord à l'autre, en zigzag.

pensez si la hutte doit être noire là-bas à la *marine*[1], et si les enfants doivent aller pieds nus !... N'importe ! Tous ces gens-
25 là paraissent contents. Il y avait à l'arrière, devant le rouf, un grand baquet plein d'eau de pluie où l'équipage venait boire, et je me rappelle que, la dernière gorgée finie, chacun de ces pauvres diables secouait son gobelet avec un « Ah ! » de satisfaction, une expression de bien-être à la fois comique et
30 attendrissante.

Le plus gai, le plus satisfait de tous, était un petit Bonifacien[2] hâlé et trapu qu'on appelait Palombo. Celui-là ne faisait que chanter, même dans les plus gros temps[3]. Quand la lame devenait lourde, quand le ciel assombri et bas se rem-
35 plissait de grésil, et qu'on était là tous, le nez en l'air, la main sur l'écoute[4], à guetter le coup de vent qui allait venir, alors, dans le grand silence et l'anxiété du bord, la voix tranquille de Palombo commençait :

Non, monseigneur,
40   *C'est trop d'honneur,*
     Lisette est sa...age,
     Reste au villa...age...

Et la rafale avait beau souffler, faire gémir les agrès[5], secouer et inonder la barque, la chanson du douanier allait
45 son train, balancée comme une mouette à la pointe des vagues. Quelquefois le vent accompagnait trop fort, on n'entendait plus les paroles ; mais, entre chaque coup de mer, dans le ruissellement de l'eau qui s'égouttait, le petit refrain revenait toujours :

---

1. **Marine** : terme utilisé en Méditerranée, particulièrement en Corse, pour désigner le port d'une cité par opposition à la ville haute, les autres quartiers, souvent situés en hauteur par rapport à la mer.
2. **Bonifacien** : habitant de Bonifacio, port corse (voir carte p. 294).
3. **Dans les plus gros temps** : par les plus mauvais temps, au milieu des plus grosses tempêtes.
4. **Écoute** : cordage qui borde une voile et qui permet de l'orienter.
5. **Agrès** : ensemble des accessoires qui, sur un bateau, servent à manœuvrer ou à lever des charges.

50   *Lisette est sa...age,*
      Reste au villa...age.

Un jour, pourtant, qu'il ventait et pleuvait très fort, je ne l'entendis pas. C'était si extraordinaire, que je sortis la tête du rouf :

55   « Eh ! Palombo, on ne chante donc plus ? »

Palombo ne répondit pas. Il était immobile, couché sous son banc. Je m'approchai de lui. Ses dents claquaient ; tout son corps tremblait de fièvre.

« Il a une *pountoura* », me dirent ses camarades tristement.

60   Ce qu'ils appellent *pountoura*, c'est un point de côté, une pleurésie[1]. Ce grand ciel plombé[2], cette barque ruisselante, ce pauvre fiévreux roulé dans un vieux manteau de caoutchouc qui luisait sous la pluie comme une peau de phoque, je n'ai jamais rien vu de plus lugubre. Bientôt le froid, le vent,
65 la secousse des vagues, aggravèrent son mal. Le délire le prit ; il fallut aborder.

Après beaucoup de temps et d'efforts, nous entrâmes vers le soir dans un petit port aride et silencieux qu'animait seulement le vol circulaire de quelques *gouailles*[3]. Tout autour
70 de la plage montaient de hautes roches escarpées, des maquis[4] inextricables d'arbustes verts, d'un vert sombre, sans saison. En bas, au bord de l'eau, une petite maison blanche à volets gris : c'était le poste de la douane. Au milieu de ce désert, cette bâtisse de l'État, numérotée comme une
75 casquette d'uniforme, avait quelque chose de sinistre. C'est là qu'on descendit le malheureux Palombo. Triste asile pour un malade ! Nous trouvâmes le douanier en train de manger au coin du feu avec sa femme et ses enfants. Tout ce monde-là vous avait des mines hâves[5], jaunes, des yeux agrandis,

---

1. **Pleurésie** : maladie inflammatoire de la poitrine.
2. **Plombé** : d'une couleur de plomb, donc d'un gris presque noir.
3. **Gouailles** : oiseaux marins (mouettes et goélands).
4. **Maquis** : terrain broussailleux typique du paysage méditerranéen, spécialement du paysage corse.
5. **Hâves** : maigres et pâles.

80 cerclés de fièvre. La mère, jeune encore, un nourrisson sur les
bras, grelottait en nous parlant.

« C'est un poste terrible, me dit tout bas l'inspecteur. Nous
sommes obligés de renouveler nos douaniers tous les deux
ans. La fièvre de marais les mange... »

85 Il s'agissait cependant de se procurer un médecin. Il n'y en
avait pas avant Sartène, c'est-à-dire à six ou huit lieues[1] de
là. Comment faire ? Nos matelots n'en pouvaient plus ;
c'était trop loin pour envoyer un des enfants. Alors la femme,
se penchant dehors, appela :

90 « Cecco !... Cecco ! »

Et nous vîmes entrer un grand gars bien découplé[2], vrai
type de braconnier[3] ou de *banditto*, avec son bonnet de laine
brune et son *pelone*[4] en poils de chèvre. En débarquant je
l'avais déjà remarqué, assis devant la porte, sa pipe rouge
95 aux dents, un fusil entre les jambes ; mais, je ne sais pourquoi, il s'était enfui à notre approche. Peut-être croyait-il que
nous avions des gendarmes avec nous. Quand il entra, la
douanière rougit un peu.

« C'est mon cousin... nous dit-elle. Pas de danger que celui-
100 là se perde dans le maquis. »

Puis elle lui parla tout bas, en montrant le malade.
L'homme s'inclina sans répondre, sortit, siffla son chien, et
le voilà parti, le fusil sur l'épaule, sautant de roche en roche
avec ses longues jambes.

105 Pendant ce temps-là les enfants, que la présence de l'inspecteur semblait terrifier, finissaient vite leur dîner de châtaignes et de *brucio* (fromage blanc). Et toujours de l'eau, rien
que de l'eau sur la table ! Pourtant, c'eût été bien bon, un
coup de vin, pour ces petits. Ah ! misère ! Enfin la mère

---

1. **Six ou huit lieues :** une trentaine de kilomètres, une lieue équivalant environ
à quatre kilomètres.
2. **Bien découplé :** bien bâti, solide.
3. **Braconnier :** personne qui chasse en dehors de toute autorisation.
4. **Pelone :** veste.

110 monta les coucher ; le père, allumant son falot[1], alla inspecter la côte, et nous restâmes au coin du feu à veiller notre malade qui s'agitait sur son grabat[2], comme s'il était encore en pleine mer, secoué par les lames. Pour calmer un peu sa *pountoura*, nous faisions chauffer des galets, des briques
115 qu'on lui posait sur le côté. Une ou deux fois, quand je m'approchai de son lit, le malheureux me reconnut, et, pour me remercier, me tendit péniblement la main, une grosse main râpeuse et brûlante comme une de ces briques sorties du feu...

Triste veillée ! Au-dehors, le mauvais temps avait repris
120 avec la tombée du jour, et c'était un fracas, un roulement, un jaillissement d'écume, la bataille des roches et de l'eau. De temps en temps, le coup de vent du large parvenait à se glisser dans la baie et enveloppait notre maison. On le sentait à la montée subite de la flamme qui éclairait tout à coup les
125 visages mornes[3] des matelots, groupés autour de la cheminée et regardant le feu avec cette placidité d'expression que donne l'habitude des grandes étendues et des horizons pareils. Parfois aussi, Palombo se plaignait doucement. Alors tous les yeux se tournaient vers le coin obscur où le pauvre camarade
130 était en train de mourir, loin des siens, sans secours ; les poitrines se gonflaient et l'on entendait de gros soupirs. C'est tout ce qu'arrachait à ces ouvriers de la mer, patients et doux, le sentiment de leur propre infortune. Pas de révoltes, pas de grèves. Un soupir, et rien de plus !... Si, pourtant, je me
135 trompe. En passant devant moi pour jeter une bourrée[4] au feu, un d'eux me dit tout bas d'une voix navrée :

« Voyez-vous, monsieur... on a quelquefois bien du tourment dans notre métier ! »

Lettre publiée pour la première fois
dans *Le Bien public* du 11 février 1873.

_____

1. **Falot** : lanterne.
2. **Grabat** : pauvre lit.
3. **Mornes** : qui n'expriment aucun sentiment positif, aucune joie.
4. **Bourrée** : fagot.

Repères

• Quel est le personnage principal de cette histoire ? Qu'est-ce qui permet de le considérer comme le personnage principal ?
• Pourquoi l'auteur a-t-il choisi, selon vous, un titre aussi général ?

Observation

• La première partie (lignes 1-16) : pourquoi le narrateur a-t-il choisi d'évoquer les tempêtes plutôt que le beau temps ? En quoi la vie que mènent ces douaniers est-elle difficile ? Vous repérerez les différents aspects de cette existence évoqués dans cette lettre.
• Quelle est l'attitude générale des douaniers dans la vie ? Quelle est l'attitude générale de Palombo dans la vie ?
• Quelle est l'attitude des douaniers par rapport à la maladie de Palombo ? Essayez d'imaginer l'attitude qu'aurait pu avoir Palombo si c'était un autre marin qui était tombé malade.
• L'arrivée à terre (lignes 67-84) : repérez tous les différents éléments qui sont décrits dans ce passage en notant quels sont les adjectifs utilisés pour les qualifier. Quelle est l'impression dominante laissée par cet endroit ? En quoi le logement dans lequel les douaniers vont mettre Palombo à l'abri ressemble-t-il au navire sur lequel ils sont forcés de vivre ?
• Comparez les repas sur le bateau avec celui pris par les enfants des douaniers à terre : qu'est-ce que le narrateur veut montrer en évoquant ces repas ?
• Quels sont les sentiments du narrateur par rapport à Palombo ? par rapport aux douaniers ? par rapport à leur famille ?

Interprétations

Vous comparerez la situation des douaniers en général sur mer (lignes 1-30) et la scène de l'agonie de Palombo à terre (lignes 110-118 et 127-130) : quels sont les éléments communs à ces deux parties de la lettre ? Quel est l'effet recherché par le narrateur en reprenant les mêmes éléments ? Le choix du personnage de Palombo vous paraît-il pertinent par rapport au dessein de l'auteur, tel que vous venez de le définir ?

À MILIANAH

CETTE FOIS, je vous emmène passer la journée dans une jolie petite ville d'Algérie, à deux ou trois cents lieues[1] du moulin... Cela nous changera un peu des tambourins et des cigales...

5 ... Il va pleuvoir, le ciel est gris, les crêtes du mont Zaccar[2] s'enveloppent de brume. Dimanche triste... Dans ma petite chambre d'hôtel, la fenêtre ouverte sur les remparts arabes, j'essaie de me distraire en allumant des cigarettes... On a mis à ma disposition toute la bibliothèque de l'hôtel ; entre une
10 histoire très détaillée de l'enregistrement et quelques romans de Paul de Kock[3], je découvre un volume dépareillé de Montaigne[4]... Ouvert le livre au hasard, relu l'admirable lettre sur la mort de La Boétie[5]... Me voilà plus rêveur et plus sombre que jamais... Quelques gouttes de pluie tombent déjà.
15 Chaque goutte, en tombant sur le rebord de la croisée[6], fait une large étoile dans la poussière entassée là depuis les pluies de l'an dernier... Mon livre me glisse des mains et je passe de longs instants à regarder cette étoile mélancolique...

Deux heures sonnent à l'horloge de la ville — un ancien
20 *marabout*[7] dont j'aperçois d'ici les grêles murailles blanches... Pauvre diable de marabout ! Qui lui aurait dit cela, il y a trente ans, qu'un jour il porterait au milieu de la

---

1. **À deux ou trois cents lieues** : une lieue correspond environ à quatre kilomètres.
2. **Mont Zaccar** : montagne près du Cheliff (voir carte p. 294).
3. **Paul de Kock** : écrivain français célèbre au XIXᵉ siècle, aujourd'hui à peu près tombé dans l'oubli.
4. **Montaigne** : écrivain français du XVIᵉ siècle, auteur des *Essais*.
5. **La Boétie** : écrivain français du XVIᵉ siècle, grand ami de Montaigne.
6. **Croisée** : la fenêtre.
7. **Marabout** : tombeau sur lequel on vient se recueillir.

poitrine un gros cadran municipal, et que, tous les
dimanches, sur le coup de deux heures, il donnerait aux
25 églises de Milianah le signal de sonner les vêpres[1] ?... Ding !
dong ! voilà les cloches parties !... Nous en avons pour longtemps... Décidément, cette chambre est triste. Les grosses
araignées du matin, qu'on appelle pensées philosophiques,
ont tissé leurs toiles dans tous les coins... Allons dehors.

30   J'arrive sur la grande place. La musique du 3e de ligne[2],
qu'un peu de pluie n'épouvante pas, vient de se ranger autour
de son chef. À une des fenêtres de la division, le général
paraît, entouré de ses demoiselles ; sur place, le sous-préfet
se promène de long en large au bras du juge de paix. Une
35 demi-douzaine de petits Arabes à moitié nus jouent aux billes
dans un coin avec des cris féroces. Là-bas, un vieux juif en
guenilles vient chercher un rayon de soleil qu'il avait laissé
hier à cet endroit et qu'il s'étonne de ne plus trouver... « Une,
deux, trois, partez ! » La musique entonne une ancienne
40 mazurka[3] de Talexy, que les orgues de Barbarie jouaient
l'hiver dernier sous mes fenêtres. Cette mazurka m'ennuyait
autrefois ; aujourd'hui elle m'émeut jusqu'aux larmes.

Oh ! comme ils sont heureux les musiciens du 3e ! L'œil
fixé sur les doubles croches, ivres de rythme et de tapage, ils
45 ne songent à rien qu'à compter leurs mesures. Leur âme,
toute leur âme tient dans ce carré de papier large comme la
main, — qui tremble au bout de l'instrument entre deux
dents de cuivre. « Une, deux, trois, partez ! » Tout est là pour
ces braves gens ; jamais les airs nationaux qu'ils jouent ne
50 leur ont donné le mal du pays... Hélas ! moi qui ne suis pas
de la musique, cette musique me fait peine, et je m'éloigne.

---

1. Vêpres : office célébré dans l'après-midi.
2. **La musique du 3e de ligne** : les musiciens du 3e régiment d'infanterie de
ligne.
3. **Mazurka** : danse d'origine polonaise.

Où pourrais-je bien le passer, ce gris après-midi de dimanche ? Bon ! la boutique de Sid'Omar est ouverte. Entrons chez Sid'Omar.

55 Quoiqu'il ait une boutique, Sid'Omar n'est point un boutiquier. C'est un prince de sang, le fils d'un ancien dey[1] d'Alger qui mourut étranglé par les janissaires[2]... À la mort de son père, Sid'Omar se réfugia dans Milianah avec sa mère qu'il adorait, et vécut là quelques années comme un grand 60 seigneur philosophe parmi ses lévriers, ses faucons, ses chevaux et ses femmes, dans de jolis palais très frais, pleins d'orangers et de fontaines. Vinrent les Français. Sid'Omar, d'abord notre ennemi et l'allié d'Abd el-Kader[3], finit par se brouiller avec l'émir et fit sa soumission. L'émir, pour se ven- 65 ger, entra dans Milianah en l'absence de Sid'Omar, pilla ses palais, rasa ses orangers, emmena ses chevaux et ses femmes, et fit écraser la gorge de sa mère sous le couvercle d'un grand coffre... La colère de Sid'Omar fut terrible : sur l'heure même il se mit au service de la France, et nous n'eûmes pas de 70 meilleur ni de plus féroce soldat que lui tant que dura notre guerre contre l'émir. La guerre finie, Sid'Omar revint à Milianah ; mais encore aujourd'hui, quand on parle d'Abd el-Kader devant lui, il devient pâle et ses yeux s'allument.

Sid'Omar a soixante ans. En dépit de l'âge et de la petite 75 vérole[4], son visage est resté beau : de grands cils, un regard de femme, un sourire charmant, l'air d'un prince. Ruiné par la guerre, il ne lui reste de son ancienne opulence[5] qu'une ferme dans la plaine du Chélif et une maison à Milianah, où il vit bourgeoisement, avec ses trois fils élevés sous ses yeux. 80 Les chefs indigènes l'ont en grande vénération. Quand une

---

1. **Dey** : autrefois, chef du gouvernement d'Alger.
2. **Janissaires** : soldats d'élite de l'infanterie turque.
3. **Abd el-Kader** : chef arabe du XIXᵉ siècle qui continua la guerre contre les Français entreprise par son père, avant de se rendre en 1847.
4. **Petite vérole** : variole, maladie dont les boutons laissent après leur disparition des marques sur le visage.
5. **Opulence** : prospérité, richesse.

discussion s'élève, on le prend volontiers pour arbitre, et son jugement fait loi presque toujours. Il sort peu ; on le trouve tous les après-midi dans une boutique attenant à sa maison et qui ouvre sur la rue. Le mobilier de cette pièce n'est pas
85 riche ; des murs blancs peints à la chaux, un banc de bois circulaire, des coussins, de longues pipes, deux braseros[1]... C'est là que Sid'Omar donne audience et rend la justice. Un Salomon en boutique.

Aujourd'hui dimanche, l'assistance est nombreuse. Une
90 douzaine de chefs sont accroupis, dans leurs beurnouss[2], tout autour de la salle. Chacun d'eux a près de lui une grande pipe, et une petite tasse de café dans un fin coquetier de filigrane[3]. J'entre, personne ne bouge... De sa place, Sid'Omar envoie à ma rencontre son plus charmant sourire et m'invite
95 de la main à m'asseoir près de lui, sur un grand coussin de soie jaune ; puis, un doigt sur les lèvres, il me fait signe d'écouter.

Voici le cas : Le caïd[4] des Beni-Zougzougs ayant eu quelque contestation avec un juif de Milianah au sujet d'un
100 lopin de terre, les deux parties sont convenues de porter le différend[5] devant Sid'Omar et de s'en remettre à son jugement. Rendez-vous est pris pour le jour même, les témoins sont convoqués ; tout à coup voilà mon juif qui se ravise, et vient seul, sans témoins, déclarer qu'il aime mieux s'en rap-
105 porter au juge de paix des Français qu'à Sid'Omar... L'affaire en est là à mon arrivée.

Le juif — vieux, barbe terreuse, veste marron, bas bleus, casquette en velours — lève le nez au ciel, roule des yeux

---

1. **Braseros** : bassin métallique contenant des charbons ardents.
2. **Beurnouss** : mot, aujourd'hui orthographié « burnous », qui désigne un type de manteau arabe.
3. **De filigrane** : fait de fils d'or, d'argent ou de verre entrelacés.
4. **Caïd** : fonctionnaire indigène qui remplissait différentes fonctions administratives et juridiques.
5. **Différend** : querelle.

suppliants, baise les babouches[1] de Sid'Omar, penche la tête,
110 s'agenouille, joint les mains... Je ne comprends pas l'arabe,
mais à la pantomime[2] du juif, au mot : *Zouge de paix, zouge
de paix*, qui revient à chaque instant, je devine tout ce beau
discours :

« Nous ne doutons pas de Sid'Omar, Sid'Omar est sage,
115 Sid'Omar est juste... Toutefois le *zouge de paix* fera bien
mieux notre affaire. »

L'auditoire, indigné, demeure impassible comme un Arabe
qu'il est... Allongé sur son coussin, l'œil noyé, le bouquin[3]
d'ambre aux lèvres, Sid'Omar — dieu de l'ironie — sourit en
120 écoutant. Soudain, au milieu de sa plus belle période, le juif
est interrompu par un énergique *caramba !* qui l'arrête net ;
en même temps un colon espagnol, venu là comme témoin
du caïd, quitte sa place et, s'approchant d'Iscariote, lui verse
sur la tête un plein panier d'imprécations de toutes langues,
125 de toutes couleurs, — entre autres certain vocable français
trop gros monsieur pour qu'on le répète ici... Le fils de Sid'
Omar, qui comprend le français, rougit d'entendre un mot
pareil en présence de son père et sort de la salle. — Retenir
ce trait de l'éducation arabe. — L'auditoire est toujours
130 impassible, Sid'Omar toujours souriant. Le juif s'est relevé et
gagne la porte à reculons, tremblant de peur, mais gazouillant
de plus belle son éternel *zouge de paix, zouge de paix*... Il
sort. L'Espagnol, furieux, se précipite derrière lui, le rejoint
dans la rue et par deux fois — vli ! vlan ! — le frappe en
135 plein visage... Iscariote tombe à genoux, les bras en croix...
L'Espagnol, un peu honteux, rentre dans la boutique... Dès
qu'il est rentré, — le juif se relève et promène un regard sournois sur la foule bariolée qui l'entoure. Il y a là des gens de

---

1. **Babouches** : sandales arabes.
2. **Pantomime** : mode d'expression par gestes.
3. **Bouquin** : pipe orientale à tuyau.

tout cuir[1] — Maltais, Mahonais[2], Nègres, Arabes, — tous
140 unis dans la haine du juif et joyeux d'en voir maltraiter un...
Iscariote hésite un instant, puis, prenant un Arabe par le pan
de son beurnouss :

« Tu l'as vu, Achmed, tu l'as vu... tu étais là... Le chrétien
m'a frappé... Tu seras témoin... bien... bien... tu seras
145 témoin. »

L'Arabe dégage son beurnouss et repousse le juif... Il ne
sait rien, il n'a rien vu ; juste au moment, il tournait la tête...

« Mais toi, Kaddour, tu l'as vu... tu as vu le chrétien me
battre... », crie le malheureux Iscariote à un gros Nègre en
150 train d'éplucher une figue de Barbarie.

Le Nègre crache en signe de mépris et s'éloigne ; il n'a rien
vu... Il n'a rien vu non plus, ce petit Maltais dont les yeux
de charbon luisent méchamment derrière sa barrette[3] ; elle
n'a rien vu, cette Mahonaise au teint de brique qui se sauve
155 en riant, son panier de grenades sur la tête...

Le juif a beau crier, prier, se démener... pas de témoin !
personne n'a rien vu... Par bonheur deux de ses coreligionnaires[4] passent dans la rue à ce moment, l'oreille basse,
rasant les murailles. Le juif les avise :

160 « Vite, vite, mes frères ! Vite à l'homme d'affaires ! Vite au
zouge de paix !... Vous l'avez vu, vous autres... vous avez vu
qu'on a battu le vieux ! »

S'ils l'ont vu !... Je crois bien.

... Grand émoi dans la boutique de Sid'Omar... Le cafetier
165 remplit les tasses, rallume les pipes. On cause, on rit à belles
dents. C'est si amusant de voir rosser un juif !... Au milieu
du brouhaha et de la fumée, je gagne la porte doucement ;
j'ai envie d'aller rôder un peu du côté d'Israël[5] pour savoir

---

1. **De tout cuir** : de diverses origines.
2. **Mahonais** : natifs de la ville de Port-Mahon, dans les îles Baléares.
3. **Barrette** : chapeau carré.
4. **Coreligionnaires** : hommes qui ont la même religion que lui.
5. **Israël** : quartier habité par les juifs, le peuple juif étant originaire d'Israël.

comment les coreligionnaires d'Iscariote ont pris l'affront fait
170 à leur frère...

« Viens dîner ce soir, *moussiou* », me crie le bon Sid'Omar.
J'accepte, je remercie. Me voilà dehors.

Au quartier juif, tout le monde est sur pied. L'affaire fait
déjà grand bruit. Personne aux échoppes[1]. Brodeurs, tail-
175 leurs, bourreliers[2], — tout Israël est dans la rue... Les
hommes — en casquette de velours, en bas de laine bleue —
gesticulent bruyamment, par groupes... Les femmes, pâles,
bouffies, raides comme des idoles de bois dans leurs robes
plates à plastron d'or, le visage entouré de bandelettes noires,
180 vont d'un groupe à l'autre en miaulant... Au moment où
j'arrive, un grand mouvement se fait dans la foule. On
s'empresse, on se précipite... Appuyé sur ses témoins, le juif
— héros de l'aventure — passe entre deux haies de cas-
quettes, sous une pluie d'exhortations :

185 « Venge-toi, frère ; venge-nous, venge le peuple juif. Ne
crains rien ; tu as la loi pour toi. »

Un affreux nain, puant la poix[3] et le vieux cuir, s'approche
de moi d'un air piteux, avec de gros soupirs :

« Tu vois, me dit-il. Les pauvres juifs, comme on nous
190 traite ! C'est un vieillard ! regarde. Ils l'ont presque tué. »

De vrai, le pauvre Iscariote a l'air plus mort que vif. Il
passe devant moi — l'œil éteint, le visage défait ; ne marchant
pas, se traînant... Une forte indemnité est seule capable de le
guérir ; aussi ne le mène-t-on pas chez le médecin, mais chez
195 l'agent d'affaires.

Il y a beaucoup d'agents d'affaires en Algérie, presque
autant que de sauterelles. Le métier est bon, paraît-il. Dans
tous les cas, il a cet avantage qu'on peut y entrer de plain-

---

1. **Échoppes** : boutiques.
2. **Bourreliers** : fabricants de harnais et de courroies.
3. **Poix** : substance fabriquée à partir de résine et de goudron.

pied[1], sans examens, ni cautionnement, ni stage. Comme à
200 Paris nous nous faisons hommes de lettres, on se fait agent
d'affaires en Algérie. Il suffit pour cela de savoir un peu de
français, d'espagnol, d'arabe, d'avoir toujours un code dans
ses fontes[2], et sur toute chose le tempérament du métier[3].

Les fonctions de l'agent sont très variées : tour à tour avo-
205 cat, avoué, courtier, expert, interprète, teneur de livres,
commissionnaire, écrivain public, c'est le maître Jacques[4] de
la colonie. Seulement Harpagon n'en avait qu'un, de maître
Jacques, et la colonie en a plus qu'il ne lui en faut. Rien qu'à
Milianah, on les compte par douzaines. En général, pour évi-
210 ter les frais de bureaux, ces messieurs reçoivent leurs clients
au café de la grand-place et donnent leurs consultations —
les donnent-ils ? — entre l'absinthe[5] et le champoreau[6].

C'est vers le café de la grand-place que le digne Iscariote
s'achemine, flanqué de ses deux témoins. Ne le suivons pas.

215 En sortant du quartier juif, je passe devant la maison du
bureau arabe. Du dehors, avec son chapeau d'ardoises et le
drapeau français qui flotte dessus, on la prendrait pour une
mairie de village. Je connais l'interprète, entrons fumer une
cigarette avec lui. De cigarette en cigarette, je finirai bien par
220 le tuer, ce dimanche sans soleil.

La cour qui précède le bureau est encombrée d'Arabes en
guenilles. Ils sont là une cinquantaine à faire antichambre,
accroupis, le long du mur, dans leur beurnouss. Cette anti-

---

1. **De plain-pied :** se dit d'une maison à laquelle on peut accéder sans avoir à
monter d'escalier ; l'expression signifie ici qu'il n'y a aucun obstacle à surmonter
pour pouvoir exercer ce métier.
2. **Un code dans ses fontes :** un recueil de lois au fond de ses fontes, qui sont
des poches de cuir suspendues sur une selle.
3. **Le tempérament du métier :** le tempérament nécessaire pour exercer ce
métier.
4. **Maître Jacques :** personnage de *L'Avare*, comédie de Molière, il est le
domestique à tout faire d'Harpagon.
5. **L'absinthe :** liqueur forte à la mode à la fin du XIXᵉ siècle.
6. **Champoreau :** café allongé d'alcool.

chambre bédouine[1] exhale — quoique en plein air — une
225 forte odeur de cuir humain. Passons vite... Dans le bureau,
je trouve l'interprète aux prises avec deux grands braillards
entièrement nus sous de longues couvertures crasseuses, et
racontant d'une mimique enragée je ne sais quelle histoire de
chapelet[2] volé. Je m'assieds sur une natte dans un coin, et je
230 regarde... Un joli costume, ce costume d'interprète ; et comme
l'interprète de Milianah le porte bien ! Ils ont l'air taillés l'un
pour l'autre. Le costume est bleu de ciel avec des brandebourgs[3] noirs et des boutons d'or qui reluisent. L'interprète
est blond, rose, tout frisé ; un joli hussard[4] bien plein d'hu-
235 mour et de fantaisie ; un peu bavard, — il parle tant de
langues ! — un peu sceptique[5], — il a connu Renan[6] à
l'école orientaliste ! — grand amateur de sport, à l'aise au
bivouac[7] arabe comme aux soirées de la sous-préfète, mazur-
kant mieux que personne, et faisant le cousscouss comme pas
240 un. Parisien, pour tout dire ; voilà mon homme, et ne vous
étonnez pas que les dames en raffolent. Comme dandysme[8],
il n'a qu'un rival : le sergent du bureau arabe. Celui-ci —
avec sa tunique de drap fin et ses guêtres[9] à boutons de nacre
— fait le désespoir et l'envie de toute la garnison. Détaché
245 au bureau arabe, il est dispensé des corvées, et toujours se
montre par les rues, ganté de blanc, frisé de frais[10], avec de

---

1. **Bédouine :** de bédouin, nomade d'Afrique du Nord.
2. **Chapelet :** objet de dévotion, sorte de collier dont les grains, groupés par dizaines, servent aux fidèles à compter leurs prières.
3. **Brandebourgs :** ornements placés sur une boutonnière (galon ou broderie).
4. **Hussard :** appartenant au corps de cavalerie des hussards.
5. **Sceptique :** qui se refuse à croire aveuglément un enseignement religieux ou moral.
6. **Renan :** Ernest Renan, écrivain français qui incarne le type de l'intellectuel sceptique du XIXe siècle.
7. **Bivouac :** campement militaire en plein air.
8. **Comme dandysme :** du point de vue de l'élégance dans les manières et l'habillement.
9. **Guêtres :** pièce de vêtement, en cuir ou en tissu, destinée à recouvrir la partie supérieure de la chaussure et le mollet.
10. **De frais :** récemment, il y a peu.

grands registres sous le bras. On l'admire et on le redoute.
C'est une autorité.

Décidément, cette histoire de chapelet volé menace d'être
250 fort longue. Bonsoir ! je n'attends pas la fin.

En m'en allant je trouve l'antichambre en émoi. La foule
se presse autour d'un indigène de haute taille, pâle, fier, drapé
dans un beurnouss noir. Cet homme, il y a huit jours, s'est
battu dans le Zaccar avec une panthère. La panthère est
255 morte ; mais l'homme a eu la moitié du bras mangée. Soir et
matin, il vient se faire panser au bureau arabe, et chaque fois
on l'arrête dans la cour pour lui entendre raconter son histoire. Il parle lentement, d'une belle voix gutturale. De temps
en temps, il écarte son beurnouss et montre, attaché contre
260 sa poitrine, son bras gauche entouré de linges sanglants.

À peine suis-je dans la rue, voilà un violent orage qui
éclate. Pluie, tonnerre, éclairs, sirocco[1]... Vite, abritons-nous.
J'enfile une porte au hasard, et je tombe au milieu d'une
nichée de bohémiens, empilés sous les arceaux d'une cour
265 moresque[2]. Cette cour tient à la mosquée de Milianah ; c'est
le refuge habituel de la pouillerie musulmane, on l'appelle la
cour des pauvres.

De grands lévriers maigres, tout couverts de vermine,
viennent rôder autour de moi d'un air méchant. Adossé
270 contre un des piliers de la galerie, je tâche de faire bonne
contenance, et, sans parler à personne, je regarde la pluie qui
ricoche sur les dalles coloriées de la cour. Les bohémiens sont
à terre, couchés par tas. Près de moi, une jeune femme,
presque belle, la gorge et les jambes découvertes, de gros bra-
275 celets de fer aux poignets et aux chevilles, chante un air
bizarre à trois notes mélancoliques et nasillardes. En chantant, elle allaite un petit enfant tout nu en bronze rouge, et,

---

1. **Sirocco** : vent chaud d'Afrique du Nord qui vient du Sahara.
2. **Moresque** : de style moresque, c'est-à-dire arabe ; l'orthographe courante
aujourd'hui est mauresque.

du bras resté libre, elle pile de l'orge dans un mortier[1] de
pierre. La pluie, chassée par le vent cruel, inonde parfois les
280 jambes de la nourrice et le corps de son nourrisson. La bohémienne n'y prend point garde et continue à chanter sous la
rafale, en pilant l'orge et donnant le sein.

L'orage diminue. Profitant d'une embellie[2], je me hâte de
quitter cette cour des miracles[3] et je me dirige vers le dîner
285 de Sid'Omar ; il est temps... En traversant la grand-place, j'ai
encore rencontré mon vieux juif de tantôt. Il s'appuie sur son
agent d'affaires ; ses témoins marchent joyeusement derrière
lui ; une bande de vilains petits juifs gambadent à l'entour...
Tous les visages rayonnent. L'agent se charge de l'affaire : il
290 demandera au tribunal deux mille francs d'indemnité.

Chez Sid'Omar, dîner somptueux. — La salle à manger
ouvre sur une élégante cour moresque, où chantent deux ou
trois fontaines... Excellent repas turc, recommandé au baron
Brisse. Entre autres plats, je remarque un poulet aux
295 amandes, un cousscouss à la vanille, une tortue à la viande,
— un peu lourde mais du plus haut goût, — et des biscuits
au miel qu'on appelle *bouchées du kadi*... Comme vin, rien
que du champagne. Malgré la loi musulmane Sid'Omar en
boit un peu, — quand les serviteurs ont le dos tourné... Après
300 dîner, nous passons dans la chambre de notre hôte, où l'on
nous apporte des confitures, des pipes et du café... L'ameu-
blement de cette chambre est des plus simples : un divan,
quelques nattes ; dans le fond, un grand lit très haut sur
lequel flânent de petits coussins rouges brodés d'or... À la
305 muraille est accrochée une vieille peinture turque représentant
les exploits d'un certain amiral Hamadi. Il paraît qu'en Tur-

---

1. **Mortier :** récipient dans lequel on broie des aliments ou des matériaux.
2. **Embellie :** courte période durant laquelle le temps redevient beau.
3. **Cour des miracles :** au Moyen Âge, quartier de Paris où vivent les pauvres ;
Victor Hugo en a fait une évocation saisissante dans son roman *Notre-Dame
de Paris*.

quie les peintures n'emploient qu'une couleur par tableau :
ce tableau-ci est voué au vert. La mer, le ciel, les navires,
l'amiral Hamadi lui-même, tout est vert, et de quel vert !...

310   L'usage arabe veut qu'on se retire de bonne heure. Le café
pris, les pipes fumées, je souhaite la bonne nuit à mon hôte,
et je le laisse avec ses femmes.

    Où finirai-je ma soirée ? Il est trop tôt pour me coucher,
les clairons des spahis[1] n'ont pas encore sonné la retraite.
315 D'ailleurs, les coussinets d'or de Sid'Omar dansent autour de
moi des farandoles fantastiques qui m'empêcheraient de dormir... Me voici devant le théâtre, entrons un moment.

    Le théâtre de Milianah est un ancien magasin de four-
rages[2], tant bien que mal déguisé en salle de spectacle. De
320 gros quinquets[3], qu'on remplit d'huile pendant l'entracte,
font office de lustres. Le parterre est debout, l'orchestre[4] sur
des bancs. Les galeries[5] sont très fières parce qu'elles ont des
chaises de paille... Tout autour de la salle, un long couloir,
obscur, sans parquet... On se croirait dans la rue, rien n'y
325 manque... La pièce est déjà commencée quand j'arrive. À ma
grande surprise, les acteurs ne sont pas mauvais, je parle des
hommes ; ils ont de l'entrain, de la vie... Ce sont presque tous
des amateurs, des soldats du 3e ; le régiment en est fier et
vient les applaudir tous les soirs.

330   Quant aux femmes, hélas !... c'est encore et toujours cet
éternel féminin des petits théâtres de province, prétentieux,
exagéré et faux... Il y en a deux pourtant qui m'intéressent
parmi ces dames, deux juives de Milianah, toutes jeunes, qui

---

1. **Spahis** : soldats de corps de cavalerie indigènes.
2. **Magasin de fourrages** : entrepôt où l'on garde le fourrage, c'est-à-dire le foin pour les chevaux.
3. **Quinquets** : lampes à huile.
4. **Le parterre, l'orchestre** : le public qui occupe les places appelées « parterre », et celui qui occupe les places appelées « orchestre » dans un théâtre.
5. **Les galeries** : le public qui occupe les places appelées « galeries » dans un théâtre.

débutent au théâtre... Les parents sont dans la salle et
335 paraissent enchantés. Ils ont la conviction que leurs filles vont
gagner des milliers de douros[1] à ce commerce-là. La légende
de Rachel[2], israélite, millionnaire et comédienne, est déjà
répandue chez les juifs d'Orient.

Rien de comique et d'attendrissant comme ces deux petites
340 juives sur les planches... Elles se tiennent timidement dans un
coin de la scène, poudrées, fardées, décolletées et toutes
raides. Elles ont froid, elles ont honte. De temps en temps
elles baragouinent une phrase sans la comprendre, et pendant
qu'elles parlent, leurs grands yeux hébraïques regardent dans
345 la salle avec stupeur.

Je sors du théâtre... Au milieu de l'ombre qui m'environne,
j'entends des cris dans un coin de la place... Quelques Maltais
sans doute en train de s'expliquer à coups de couteau...

Je reviens à l'hôtel, lentement, le long des remparts.
350 D'adorables senteurs d'orangers et de thuyas[3] montent de la
plaine. L'air est doux, le ciel presque pur... Là-bas, au bout
du chemin, se dresse un vieux fantôme de muraille, débris de
quelque ancien temple. Ce mur est sacré ; tous les jours des
femmes arabes viennent y suspendre des *ex-voto*[4], fragments
355 de haïcks[5] et de foutas[6], longues tresses de cheveux roux
liés par des fils d'argent, pans de beurnouss... Tout cela va
flotter sous un mince rayon de lune, au souffle tiède de la
nuit...

Lettre parue pour la première fois
dans *La Revue nouvelle* du 1er février 1864.

---

1. **Douros :** monnaie en usage.
2. **Rachel :** actrice de la Comédie-Française d'origine très modeste qui connut une grande célébrité durant sa courte vie.
3. **Thuyas :** petit arbre exotique.
4. **Ex-voto :** plaque exprimant sa reconnaissance pour la divinité à laquelle on a demandé l'accomplissement d'un vœu.
5. **Haïcks :** voile très ample porté par les femmes musulmanes.
6. **Foutas :** sortes de ceintures larges, très colorées.

REPÈRES

• Dans quelle sorte de ville le narrateur choisit-il de nous « emmener passer la journée » ? Quel est l'intérêt de choisir ce type de ville plutôt que la capitale du pays, par exemple ?

OBSERVATION

• Les figures de Milianah :
– dressez la liste des principaux personnages décrits dans cette lettre.
– pour chacun d'eux, faites son portrait-robot en utilisant les adjectifs et les images utilisés par l'auteur.
– quels sont les plus importants, selon vous ? Établissez une liste en les rangeant par ordre croissant, selon leur importance. Justifiez rapidement votre classement.
• Les épisodes constitutifs du récit :
– établissez la liste des différents épisodes qui composent cette lettre.
– vous réfléchirez sur le passage d'un épisode à l'autre : qu'est-ce qui détermine la fin d'un épisode et le début du suivant ?
• Quels sont les sentiments successifs ou les impressions du narrateur, au cours de sa journée ?
• Qu'est-ce qui fait l'originalité du dîner pris chez Sid'Omar par rapport à un dîner français (lignes 291-312) ? Vous dresserez un tableau permettant de comparer le déroulement et le contenu du dîner arabe par rapport à ce que pourrait-être un dîner à Paris.
• Quels sont les lieux, les bâtiments ou les institutions qui font l'originalité de cette petite ville arabe par rapport à une petite ville française de cette époque ?

INTERPRÉTATIONS

• Quel rôle le narrateur joue-t-il dans cette lettre : participe-t-il directement aux événements rapportés ? Quelle est l'importance des sentiments et des impressions du narrateur dans le déroulement de cette histoire et dans l'enchaînement des épisodes ?

LES SAUTERELLES

Encore un souvenir d'Algérie, et puis nous reviendrons au moulin...

La nuit de mon arrivée dans cette ferme du Sahel[1], je ne pouvais pas dormir. Le pays nouveau, l'agitation du voyage, 5 les aboiements des chacals, puis une chaleur énervante, oppressante, un étouffement complet, comme si les mailles de la moustiquaire n'avaient pas laissé passer un souffle d'air... Quand j'ouvris ma fenêtre, au petit jour, une brume d'été lourde, lentement remuée, frangée aux bords de noir et de 10 rose, flottait dans l'air comme un nuage de poudre sur un champ de bataille. Pas une feuille ne bougeait, et dans ces beaux jardins que j'avais sous les yeux, les vignes espacées sur les pentes, au grand soleil qui fait les vins sucrés, les fruits d'Europe abrités dans un coin d'ombre, les petits orangers, 15 les mandariniers, en longues files microscopiques, tout gardait le même aspect morne, cette immobilité des feuilles attendant l'orage. Les bananiers eux-mêmes, ces grands roseaux vert tendre, toujours agités par quelque souffle qui emmêle leur fine chevelure si légère, se dressaient silencieux et droits, 20 en panaches réguliers.

Je restai un moment à regarder cette plantation merveilleuse, où tous les arbres du monde se trouvaient réunis, donnant chacun dans leur saison leurs fleurs et leurs fruits dépaysés. Entre les champs de blé et les massifs de chênes-25 lièges, un cours d'eau luisait, rafraîchissant à voir par cette matinée étouffante ; et tout en admirant le luxe et l'ordre de ces choses, cette belle ferme avec ses arcades moresques, ses terrasses toutes blanches d'aube, les écuries et les hangars

---

1. **Sahel :** région d'Algérie réputée pour son climat torride.

groupés autour, je songeais qu'il y a vingt ans, quand ces
30 braves gens étaient venus s'installer dans ce vallon du Sahel,
ils n'avaient trouvé qu'une méchante baraque de cantonnier,
une terre inculte[1] hérissée de palmiers nains et de lentisques[2]. Tout à créer, tout à construire. À chaque instant
des révoltes d'Arabes. Il fallait laisser la charrue pour faire le
35 coup de feu. Ensuite les maladies, les ophtalmies[3], les fièvres,
les récoltes manquées, les tâtonnements de l'inexpérience, la
lutte avec une administration bornée, toujours flottante. Que
d'efforts ! Que de fatigues ! Quelle surveillance incessante !

Encore maintenant, malgré les mauvais temps finis et la
40 fortune si chèrement gagnée, tous deux, l'homme et la femme,
étaient les premiers levés à la ferme. À cette heure matinale,
je les entendais aller et venir dans les grandes cuisines du rez-
de-chaussée, surveillant le café des travailleurs. Bientôt une
cloche sonna, et au bout d'un moment les ouvriers défilèrent
45 sur la route. Des vignerons de Bourgogne ; des laboureurs
kabyles[4] en guenilles, coiffés d'une chéchia[5] rouge ; des ter-
rassiers mahonais[6], les jambes nues ; des Maltais ; des Lucquois[7] ; tout un peuple disparate, difficile à conduire. À chacun d'eux le fermier, devant la porte, distribuait sa tâche de
50 la journée d'une voix brève, un peu rude. Quand il eut fini,
le brave homme leva la tête, scruta le ciel d'un air inquiet ;
puis m'apercevant à la fenêtre :

« Mauvais temps pour la culture, me dit-il... voilà le
sirocco[8]. »
55 En effet, à mesure que le soleil se levait, des bouffées d'air,
brûlantes, suffocantes, nous arrivaient du sud comme de la

---

1. **Inculte :** non cultivée.
2. **Lentisques :** arbres dont on exploite la résine.
3. **Ophtalmies :** inflammations de l'œil.
4. **Kabyles :** originaires de la Kabylie, région d'Algérie (voir carte p. 294).
5. **Chéchia :** sorte de chapeau arabe, cylindrique.
6. **Mahonais :** originaire de Port-Mahon, ville des Baléares.
7. **Lucquois :** natifs de la ville italienne de Lucques.
8. **Sirocco :** vent chaud d'Afrique du Nord qui vient du Sahara.

porte d'un four ouverte et refermée. On ne savait où se
mettre, que devenir. Toute la matinée se passa ainsi. Nous
prîmes du café sur les nattes de la galerie, sans avoir le cou-
60 rage de parler ni de bouger. Les chiens allongés, cherchant la
fraîcheur des dalles, s'étendaient dans des poses accablées. Le
déjeuner nous remit un peu, un déjeuner plantureux et singulier où il y avait des carpes, des truites, du sanglier, du
hérisson, le beurre de Staouëli[1], les vins de Crescia[2], des
65 goyaves[3], des bananes, tout un dépaysement de mets qui ressemblaient bien à la nature si complexe dont nous étions
entourés... On allait se lever de table. Tout à coup, à la porte-
fenêtre, fermée, pour nous garantir de la chaleur du jardin
en fournaise, de grands cris retentirent :
70   « Les criquets ! les criquets ! »
   Mon hôte devint tout pâle comme un homme à qui on
annonce un désastre, et nous sortîmes précipitamment. Pendant dix minutes, ce fut dans l'habitation, si calme tout à
l'heure, un bruit de pas précipités, de voix indistinctes per-
75 dues dans l'agitation d'un réveil. De l'ombre des vestibules
où ils s'étaient endormis, les serviteurs s'élancèrent dehors en
faisant résonner avec des bâtons, des fourches, des fléaux[4],
tous les ustensiles de métal qui leur tombaient sous la main,
des chaudrons de cuivre, des bassines, des casseroles. Les ber-
80 gers soufflaient dans leurs trompes de pâturage. D'autres
avaient des conques[5] marines, des cors de chasse. Cela faisait
un vacarme effrayant, discordant, que dominaient d'une note
suraiguë les « You ! you ! you ! » des femmes arabes accourues d'un douar[6] voisin. Souvent, paraît-il, il suffit d'un

---

1. **Staouëli :** ville du Sahel.
2. **Crescia :** petite ville près d'Alger.
3. **Goyaves :** fruits exotiques.
4. **Fléaux :** instrument utilisé pour battre les céréales afin d'en extraire le grain.
5. **Conques :** coquillages qui permettent de produire un bruit comparable à celui d'une trompe.
6. **Douar :** à cette époque, division administrative d'Afrique du Nord, comparable à la commune en France.

85 grand bruit, d'un frémissement sonore de l'air, pour éloigner les sauterelles, les empêcher de descendre.

Mais où étaient-elles donc ces terribles bêtes ? Dans le ciel vibrant de chaleur, je ne voyais rien qu'un nuage venant de l'horizon, cuivré[1], compact, comme un nuage de grêle, avec
90 le bruit d'un vent d'orage dans les mille rameaux d'une forêt. C'étaient les sauterelles. Soutenues entre elles par leurs ailes sèches étendues, elles volaient en masse, et malgré nos cris, nos efforts, le nuage s'avançait toujours, projetant dans la plaine une ombre immense. Bientôt il arriva au-dessus de nos
95 têtes ; sur les bords on vit pendant une seconde un effrangement, une déchirure. Comme les premiers grains d'une giboulée, quelques-unes se détachèrent, distinctes, roussâtres ; ensuite toute la nuée creva, et cette grêle d'insectes tomba drue et bruyante. À perte de vue les champs étaient couverts
100 de criquets, de criquets énormes, gros comme le doigt.

Alors le massacre commença. Hideux murmure d'écrasement, de paille broyée. Avec les herses, les pioches, les charrues, on remuait ce sol mouvant ; et plus on en tuait, puis il y en avait. Elles grouillaient par couches, leurs hautes pattes
105 enchevêtrées ; celles du dessus faisant des bonds de détresse, sautant au nez des chevaux attelés pour cet étrange labour. Les chiens de la ferme, ceux du douar, lancés à travers champs, se ruaient sur elles, les broyaient avec fureur. À ce moment, deux compagnies de turcos[2], clairons en tête, arri-
110 vèrent au secours des malheureux colons, et la tuerie changea d'aspect.

Au lieu d'écraser les sauterelles, les soldats les flambaient en répandant de longues traînées de poudre.

Fatigué de tuer, écœuré par l'odeur infecte, je rentrai. À
115 l'intérieur de la ferme, il y en avait presque autant que dehors. Elles étaient entrées par les ouvertures des portes, des fenêtres, la baie des cheminées. Au bord des boiseries, dans

---

1. **Cuivré** : orange rougeâtre comme du cuivre.
2. **Turcos** : soldats algériens appartenant à ce corps de tirailleurs.

les rideaux déjà tout mangés, elles se traînaient, tombaient,
volaient, grimpaient aux murs blancs avec une ombre gigan-
120 tesque qui doublait leur laideur. Et toujours cette odeur épouvantable. À dîner, il fallut se passer d'eau. Les citernes, les
bassins, les puits, les viviers[1], tout était infecté. Le soir, dans
ma chambre, où l'on en avait pourtant tué des quantités,
j'entendis encore des grouillements sous les meubles, et ce
125 craquement d'élytres[2], semblable au pétillement des gousses[3]
qui éclatent à la grande chaleur. Cette nuit-là non plus je ne
pus pas dormir. D'ailleurs autour de la ferme tout restait
éveillé. Des flammes couraient au ras du sol d'un bout à
l'autre de la plaine. Les turcos en tuaient toujours.
130   Le lendemain, quand j'ouvris ma fenêtre comme la veille,
les sauterelles étaient parties ; mais quelle ruine elles avaient
laissée derrière elles ! Plus une fleur, plus un brin d'herbe ;
tout était noir, rongé, calciné. Les bananiers, les abricotiers,
les pêchers, les mandariniers se reconnaissaient seulement à
135 l'allure de leurs branches dépouillées, sans le charme, le flot-
tant de la feuille qui est la vie de l'arbre. On nettoyait les
pièces d'eau, les citernes. Partout des laboureurs creusaient la
terre pour tuer les œufs laissés par les insectes. Chaque motte
était retournée, brisée soigneusement. Et le cœur se serrait de
140 voir les mille racines blanches, pleines de sève, qui apparaissaient dans cet écroulement de terre fertile...

Lettre publiée pour la première fois
dans *Le Bien public* du 25 mars 1873.

Alphonse Daudet

---

1. **Viviers :** pièces d'eau dans lesquelles on élève des poissons.
2. **Élytres :** parties du corps de la sauterelle.
3. **Gousses :** capsules végétales qui protègent certaines graines.

REPÈRES

• Dégagez trois moments essentiels dans le récit : justifiez ce découpage en résumant en une phrase le contenu de chacun de ces mouvements. Essayez de trouver un titre pour chacun des mouvements que vous avez distingués.

OBSERVATION

• Au début du texte, le narrateur admire le domaine et compare la situation présente avec la situation antérieure (lignes 21-38) : quels sont les éléments qui sont opposés dans ces deux descriptions ?
• À la fin du texte, le narrateur observe le domaine après le passage des sauterelles. De laquelle des deux descriptions initiales cette description finale peut-elle être rapprochée ?
• Vous vous attacherez à relever systématiquement les termes et les images utilisés par l'auteur dans cette peinture d'une ferme au Sahel :
– quelles sont les notations qui concernent le climat ? Sur quel aspect le narrateur veut-il insister ?
– quel type de végétation et de culture le narrateur rencontre-t-il sur ce domaine ?
– qu'est-ce qui est servi au déjeuner ? Quel est l'intérêt d'évoquer ce repas ?
• Quels sont les sentiments et les sensations du narrateur par rapport au climat de cette région ? Quelles sont ces réactions par rapport aux sauterelles ? Quel intérêt y a-t-il pour l'auteur à décrire les réactions d'un Français de la métropole ?

INTERPRÉTATIONS

• Quelle image l'auteur nous donne-t-il de la colonisation : quels sont les adjectifs qui pourraient le mieux qualifier cette entreprise ? Vous justifierez le choix de chacun d'entre eux en faisant référence à certains aspects du texte.
• Le titre choisi par l'auteur : en quoi ce titre peut-il être jugé réducteur par rapport au contenu de cette lettre ? En quoi le choix d'attirer l'attention sur les sauterelles rend-il bien compte de l'image que l'auteur veut nous donner de la colonisation ?

Le rôle essentiel du chroniqueur

Le narrateur joue un rôle peut-être plus important encore dans les chroniques que dans les contes. Ce sont ses déplacements qui dictent le déroulement narratif ou, au moins, motivent le récit. Comme dans les chroniques provençales, il remplit la fonction de guide, capable de nous conduire à l'intérieur des maisons comme à l'intérieur des cœurs ou des consciences : à sa suite, nous pénétrons dans un logis corse où l'on craint les représentants de l'administration française ou chez un dignitaire arabe. Conformément à ce que l'on peut attendre dans ce type de texte, il réussit à être à la fois celui qui aborde une situation avec le regard vierge de l'homme dénué de préjugés et celui qui dispose des connaissances indispensables pour que nous ne soyons pas perdus là où il nous emmène.

Entre réalisme et exotisme

Daudet réussit à concilier dans ces textes deux formes d'écriture différentes. Il reprend la tradition de la littérature exotique, qui impose de mettre en évidence le détail pittoresque ou surprenant, voire de rajouter des touches de couleur locale, sans jamais renoncer au réalisme. La description de la masure où sont accueillis le narrateur, les douaniers et Palombo, offre un exemple de cet art : la description fidèle des modes de vie, de l'habitat, du repas permet de mettre en évidence les spécificités corses.

La dramatisation

Le souci de rendre compte d'une réalité s'accompagne du souci de préserver au maximum l'intérêt du récit et donc son efficacité. Daudet introduit dans ce but des éléments proprement dramatiques, comme la mort de Palombo ou l'arrivée des sauterelles. Dans les deux cas, le texte a la valeur d'un témoignage sur les dures conditions de vie des uns et des autres, mais l'événement introduit une forme de suspens, articulé autour de la question de la survie, celle de Palombo ou celle du domaine agricole.

Annexe

Un ensemble de lettres à rattacher à la veine des chroniques

Les lettres présentées en appendice se rattachent toutes à la veine de la chronique, qu'elles évoquent l'Algérie, la Corse ou simplement la Provence. Par les thèmes comme par leur structure, elle peuvent donc être rapprochées d'un ensemble de lettres, étudiées dans cet ouvrage, qui va de « L'Arlésienne » aux « Sauterelles ». Elles fourniront donc un éclairage complémentaire sur les thèmes traités dans ces textes.

Daudet s'attache à y peindre des paysages et des types humains, la silhouette des seconds se découpant sur l'horizon des premiers. « En Camargue », « Les Étoiles » et « Les Oranges » sont des lettres qui décrivent le monde méditerranéen avec un rare talent de suggestion. Pareille dimension poétique se retrouve dans « L'Agonie de la Sémillante », où la rêverie se colore de mélancolie. Quant aux types humains campés dans les deux récits des « Vieux » et des « Deux Auberges », ils présentent la même nuance mélancolique, dans la mesure où ils évoquent tous deux le temps qui passe et qui sépare les êtres, la fragilité du bonheur humain. On retrouve cette tonalité dans « Nostalgies de caserne », voire dans « Le Portefeuille de Bixiou », deux lettres qui nous ramènent indirectement ou directement à Paris et présentent toutes deux l'artiste parisien comme un être sensible, voué peut-être à souffrir.

QUELQUES RAPPROCHEMENTS INTÉRESSANTS

Certaines mises en perspective semblent particulièrement s'imposer :
— « Le Portefeuille de Bixiou » et « L'Homme à la cervelle d'or »,
— « L'Agonie de la sémillante », « Le Phare des Sanguinaires » et « Les Douaniers »,
— « Les Deux Auberges » et « La Diligence de Beaucaire »,
— « Le Poète Mistral » et « Les Vieux »,
— « Les Oranges » et « Les Sauterelles ».

LES ÉTOILES

Récit d'un berger provençal

DU TEMPS que je gardais les bêtes sur le Luberon, je restais des semaines entières sans voir âme qui vive, seul dans le pâturage avec mon chien Labri et mes ouailles. De temps en temps, l'ermite du Mont-de-l'Ure passait par là pour chercher
5 des simples ou bien j'apercevais la face noire de quelque charbonnier du Piémont ; mais c'étaient des gens naïfs, silencieux à force de solitude, ayant perdu le goût de parler et ne sachant rien de ce qui se disait en bas dans les villages et les villes. Aussi, tous les quinze jours, lorsque j'entendais, sur le
10 chemin qui monte, les sonnailles du mulet de notre ferme m'apportant les provisions de quinzaine, et que je voyais apparaître peu à peu, au-dessus de la côte, la tête éveillée du petit *miarro* (garçon de ferme), ou la coiffe rousse de la vieille tante Norade, j'étais vraiment bien heureux. Je me faisais
15 raconter les nouvelles du pays d'en bas, les baptêmes, les mariages ; mais ce qui m'intéressait surtout, c'était de savoir ce que devenait la fille de mes maîtres, notre demoiselle Stéphanette, la plus jolie qu'il y eût à dix lieues à la ronde. Sans avoir l'air d'y prendre trop d'intérêt, je m'informais si elle
20 allait beaucoup aux fêtes, aux veillées, s'il lui venait toujours de nouveaux galants, et à ceux qui me demanderont ce que ces choses-là pouvaient me faire, à moi pauvre berger de la montagne, je répondrai que j'avais vingt ans et que cette Stéphanette était ce que j'avais vu de plus beau dans ma vie.
25   Or, un dimanche que j'attendais les vivres de quinzaine, il se trouva qu'ils n'arrivèrent que très tard. Le matin je me

disais : « C'est la faute de la grand-messe » ; puis, vers midi, il vint un gros orage, et je pensai que la mule n'avait pas pu se mettre en route à cause du mauvais état des chemins.
30 Enfin, sur les trois heures, le ciel étant lavé, la montagne luisante d'eau et de soleil, j'entendis parmi l'égouttement des feuilles et le débordement des ruisseaux gonflés les sonnailles de la mule, aussi gaies, aussi alertes qu'un grand carillon de cloches un jour de Pâques. Mais ce n'était pas le petit *miarro,*
35 ni la vieille Norade qui la conduisait. C'était... devinez qui !... notre demoiselle, mes enfants ! notre demoiselle en personne, assise droite entre les sacs d'osier, toute rose de l'air des montagnes et du rafraîchissement de l'orage.

Le petit était malade, tante Norade en vacances chez ses
40 enfants. La belle Stéphanette m'apprit tout ça, en descendant de sa mule, et aussi qu'elle arrivait tard parce qu'elle s'était perdue en route ; mais à la voir si bien endimanchée, avec son ruban à fleurs, sa jupe brillante et ses dentelles, elle avait plutôt l'air de s'être attardée à quelque danse que d'avoir
45 cherché son chemin dans les buissons. Ô la mignonne créature ! Mes yeux ne pouvaient se lasser de la regarder. Il est vrai que je ne l'avais jamais vue de si près. Quelquefois l'hiver, quand les troupeaux étaient descendus dans la plaine et que je rentrais le soir à la ferme pour souper, elle traversait
50 la salle vivement, sans guère parler aux serviteurs, toujours parée et un peu fière... Et maintenant je l'avais là devant moi, rien que pour moi ; n'était-ce pas à en perdre la tête ?

Quand elle eut tiré les provisions du panier, Stéphanette se mit à regarder curieusement autour d'elle. Relevant un peu
55 sa belle jupe du dimanche qui aurait pu s'abîmer, elle entra dans le *parc,* voulut voir le coin où je couchais, la crèche de paille avec la peau de mouton, ma grande cape accrochée au mur, ma crosse, mon fusil à pierre. Tout cela l'amusait.

« Alors, c'est ici que tu vis, mon pauvre berger ? Comme
60 tu dois t'ennuyer d'être toujours seul ! Qu'est-ce que tu fais ? À quoi penses-tu ?... »

J'avais envie de répondre : « À vous, maîtresse », et je

n'aurais pas menti ; mais mon trouble était si grand que je
ne pouvais pas seulement trouver une parole. Je crois bien
65 qu'elle s'en apercevait, et que la méchante prenait plaisir à
redoubler mon embarras avec ses malices :

« Et ta bonne amie, berger, est-ce qu'elle monte te voir
quelquefois ?... Ça doit être bien sûr la chèvre d'or, ou cette
fée Estérelle qui ne court qu'à la pointe des montagnes... »

70   Et elle-même, en me parlant, avait bien l'air de la fée Estérelle, avec le joli rire de sa tête renversée et sa hâte de s'en
aller qui faisait de sa visite une apparition.

« Adieu, berger.

— Salut, maîtresse. »

75   Et la voilà partie, emportant ses corbeilles vides.

Lorsqu'elle disparut dans le sentier en pente, il me semblait
que les cailloux, roulant sous les sabots de la mule, me tombaient un à un sur le cœur. Je les entendis longtemps, longtemps ; et jusqu'à la fin du jour, je restai comme ensommeillé,
80 n'osant bouger, de peur de faire en aller mon rêve. Vers le
soir, comme le fond des vallées commençait à devenir bleu
et que les bêtes se serraient en bêlant l'une contre l'autre pour
rentrer au *parc*, j'entendis qu'on m'appelait dans la descente,
et je vis paraître notre demoiselle, non plus rieuse ainsi que
85 tout à l'heure, mais tremblante de froid, de peur, de mouil-
lure. Il paraît qu'au bas de la côte elle avait trouvé la Sorgue
grossie par la pluie d'orage, et qu'en voulant passer à toute
force elle avait risqué de se noyer. Le terrible, c'est qu'à cette
heure de nuit il ne fallait plus songer à retourner à la ferme ;
90 car le chemin par la traverse, notre demoiselle n'aurait jamais
su s'y retrouver toute seule, et moi je ne pouvais pas quitter
le troupeau. Cette idée de passer la nuit sur la montagne la
tourmentait beaucoup, surtout à cause de l'inquiétude des
siens. Moi, je la rassurais de mon mieux :

95   « En juillet, les nuits sont courtes, maîtresse... Ce n'est
qu'un mauvais moment. »

Et j'allumai vite un grand feu pour sécher ses pieds et sa
robe toute trempée de l'eau de la Sorgue. Ensuite j'apportai

devant elle du lait, des fromageons ; mais la pauvre petite ne
100 songeait ni à se chauffer, ni à manger, et de voir les grosses
larmes qui montaient dans ses yeux, j'avais envie de pleurer,
moi aussi.

Cependant la nuit était venue tout à fait. Il ne restait plus
sur la crête des montagnes qu'une poussière de soleil, une
105 vapeur de lumière du côté du couchant. Je voulus que notre
demoiselle entrât se reposer dans le *parc*. Ayant étendu sur
la paille fraîche une belle peau toute neuve, je lui souhaitai
la bonne nuit, et j'allai m'asseoir dehors devant la porte...
Dieu m'est témoin que, malgré le feu d'amour qui me brûlait
110 le sang, aucune mauvaise pensée ne me vint ; rien qu'une
grande fierté de songer que dans un coin du *parc,* tout près
du troupeau curieux qui la regardait dormir, la fille de mes
maîtres — comme une brebis plus précieuse et plus blanche
que toutes les autres — reposait, confiée à ma garde. Jamais
115 le ciel ne m'avait paru si profond, les étoiles si brillantes...
Tout à coup, la claire-voie du *parc* s'ouvrit et la belle Stéphanette parut. Elle ne pouvait pas dormir. Les bêtes faisaient
crier la paille en remuant, ou bêlaient dans leurs rêves. Elle
aimait mieux venir près du feu. Voyant cela, je lui jetai ma
120 peau de bique sur les épaules, j'activai la flamme, et nous
restâmes assis l'un près de l'autre sans parler. Si vous avez
jamais passé la nuit à la belle étoile, vous savez qu'à l'heure
où nous dormons, un monde mystérieux s'éveille dans la solitude et le silence. Alors les sources chantent bien plus clair,
125 les étangs allument des petites flammes. Tous les esprits de la
montagne vont et viennent librement ; et il y a dans l'air des
frôlements, des bruits imperceptibles, comme si l'on entendait
les branches grandir, l'herbe pousser. Le jour, c'est la vie des
êtres ; mais la nuit, c'est la vie des choses. Quand on n'en a
130 pas l'habitude, ça fait peur... Aussi notre demoiselle était
toute frissonnante et se serrait contre moi au moindre bruit.
Une fois, un cri long, mélancolique, parti de l'étang qui luisait
plus bas, monta vers nous en ondulant. Au même instant une
belle étoile filante glissa par-dessus nos têtes dans la même

135 direction, comme si cette plainte que nous venions d'entendre portait une lumière avec elle.

« Qu'est-ce que c'est ? me demanda Stéphanette à voix basse.

— Une âme qui entre en paradis, maîtresse » ; et je fis le
140 signe de la croix.

Elle se signa aussi, et resta un moment la tête en l'air, très recueillie. Puis elle me dit :

« C'est donc vrai, berger, que vous êtes sorciers, vous autres ?

145 — Nullement, notre demoiselle. Mais ici nous vivons plus près des étoiles, et nous savons ce qui s'y passe mieux que des gens de la plaine. »

Elle regardait toujours en haut, la tête appuyée dans la main, entourée de la peau de mouton comme un petit pâtre
150 céleste :

« Qu'il y en a ! Que c'est beau ! Jamais je n'en avais tant vu... Est-ce que tu sais leurs noms, berger ?

— Mais oui, maîtresse... Tenez ! juste au-dessus de nous, voilà le *Chemin de saint Jacques* (la Voie lactée). Il va de
155 France droit sur l'Espagne. C'est saint Jacques de Galice qui l'a tracé pour montrer sa route au brave Charlemagne lorsqu'il faisait la guerre aux Sarrasins. Plus loin, vous avez le *Char des âmes* (la Grande Ourse) avec ses quatre essieux resplendissants. Les trois étoiles qui vont devant sont les
160 *Trois Bêtes,* et cette toute petite contre la troisième c'est le *Charretier.* Voyez-vous tout autour cette pluie d'étoiles qui tombent ? ce sont les âmes dont le bon Dieu ne veut pas chez lui... Un peu plus bas, voici le *Râteau* ou les *Trois Rois* (Orion). C'est ce qui nous sert d'horloge, à nous autres. Rien
165 qu'en les regardant, je sais maintenant qu'il est minuit passé. Un peu plus bas, toujours vers le midi, brille *Jean de Milan,* le flambeau des astres (Sirius). Sur cette étoile-là, voici ce que les bergers racontent. Il paraît qu'une nuit *Jean de Milan,* avec les *Trois Rois* et la *Poussinière* (la Pléiade), furent invités
170 à la noce d'une étoile de leurs amies. La *Poussinière,* plus

pressée, partit, dit-on, la première, et prit le chemin haut.
Regardez-la, là-haut, tout au fond du ciel. Les *Trois Rois*
coupèrent plus bas et la rattrapèrent ; mais ce paresseux de
Jean de Milan, qui avait dormi trop tard, resta tout à fait
175 derrière, et furieux, pour les arrêter, leur jeta son bâton. C'est
pourquoi les *Trois Rois* s'appellent aussi le *Bâton de Jean de
Milan...* Mais la plus belle de toutes les étoiles, maîtresse, c'est
la nôtre, c'est l'*Étoile du berger* qui nous éclaire à l'aube
quand nous sortons le troupeau, et aussi le soir quand nous
180 le rentrons. Nous la nommons encore *Maguelonne,* la belle
Maguelonne qui court après *Pierre de Provence* (Saturne) et
se marie avec lui tous les sept ans.
— Comment ! berger, il y a donc des mariages d'étoiles ?
— Mais oui, maîtresse. »
185 Et comme j'essayais de lui expliquer ce que c'était que ces
mariages, je sentis quelque chose de frais et de fin peser légèrement sur mon épaule. C'était sa tête alourdie de sommeil
qui s'appuyait contre moi avec un joli froissement de rubans,
de dentelles et de cheveux ondés. Elle resta ainsi sans bouger
190 jusqu'au moment où les astres du ciel pâlirent, effacés par le
jour qui montait. Moi, je la regardais dormir, un peu troublé
au fond de mon être, mais saintement protégé par cette claire
nuit qui ne m'a jamais donné que de belles pensées. Autour
de nous, les étoiles continuaient leur marche silencieuse,
195 dociles comme un grand troupeau ; et par moments je me
figurais qu'une de ces étoiles, la plus fine, la plus brillante,
ayant perdu sa route, était venue se poser sur mon épaule
pour dormir...

LE PHARE DES SANGUINAIRES

CETTE NUIT je n'ai pas pu dormir. Le mistral était en colère, et les éclats de sa grande voix m'ont tenu éveillé jusqu'au matin. Balançant lourdement ses ailes mutilées qui sifflaient à la bise comme les agrès d'un navire, tout le moulin craquait. Des tuiles s'envolaient de sa toiture en déroute. Au loin, les pins serrés dont la colline est couverte s'agitaient et bruissaient dans l'ombre. On se serait cru en pleine mer...

Cela m'a rappelé tout à fait mes belles insomnies d'il y a trois ans, quand j'habitais le phare des Sanguinaires, là-bas, sur la côte corse, à l'entrée du golfe d'Ajaccio.

Encore un joli coin que j'avais trouvé là pour rêver et pour être seul.

Figurez-vous une île rougeâtre et d'aspect farouche ; le phare à une pointe, à l'autre une vieille tour génoise, où, de mon temps, logeait un aigle. En bas, au bord de l'eau, un lazaret en ruine, envahi de partout par les herbes ; puis des ravins, des maquis, de grandes roches, quelques chèvres sauvages, de petits chevaux corses gambadant la crinière au vent ; enfin là-haut, tout en haut, dans un tourbillon d'oiseaux de mer, la maison du phare, avec sa plate-forme en maçonnerie blanche, où les gardiens se promènent de long en large, la porte verte en ogive, la petite tour de fonte, et au-dessus la grosse lanterne à facettes qui flambe au soleil et fait de la lumière même pendant le jour... Voilà l'île des Sanguinaires, comme je l'ai revue cette nuit, en entendant ronfler mes pins. C'était dans cette île enchantée qu'avant d'avoir un moulin, j'allais m'enfermer quelquefois, lorsque j'avais besoin de grand air et de solitude.

Ce que je faisais ?

Ce que je fais ici, moins encore. Quand le mistral ou la

tramontane ne soufflaient pas trop fort, je venais me mettre
entre deux roches au ras de l'eau, au milieu des goélands, des
merles, des hirondelles, et j'y restais presque tout le jour dans
cette espèce de stupeur et d'accablement délicieux que donne
35 la contemplation de la mer. Vous connaissez, n'est-ce pas,
cette jolie griserie de l'âme ? On ne pense pas, on ne rêve pas
non plus. Tout votre être vous échappe, s'envole, s'éparpille.
On est la mouette qui plonge, la poussière d'écume qui flotte
au soleil entre deux vagues, la fumée blanche de ce paquebot
40 qui s'éloigne, ce petit corailleur à voile rouge, cette perle
d'eau, ce flocon de brume, tout excepté soi-même... Oh ! que
j'en ai passé dans mon île de ces belles heures de demi-som-
meil et d'éparpillement !...

Les jours de grand vent, le bord de l'eau n'étant pas
45 tenable, je m'enfermais dans la cour du lazaret, une petite
cour mélancolique, tout embaumée de romarin et d'absinthe
sauvage, et là, blotti contre un pan de vieux mur, je me lais-
sais envahir doucement par le vague parfum d'abandon et de
tristesse qui flottait avec le soleil dans les logettes de pierre,
50 ouvertes tout autour comme d'anciennes tombes. De temps
en temps un battement de porte, un bond léger dans l'herbe...
c'était une chèvre qui venait brouter à l'abri du vent. En me
voyant, elle s'arrêtait interdite, et restait plantée devant moi,
l'air vif, la corne haute, me regardant d'un œil enfantin...

55 Vers cinq heures, le porte-voix des gardiens m'appelait
pour dîner. Je prenais alors un petit sentier dans le maquis
grimpant à pic au-dessus de la mer, et je revenais lentement
vers le phare, me retournant à chaque pas sur cet immense
horizon d'eau et de lumière qui semblait s'élargir à mesure
60 que je montais.

Là-haut, c'était charmant. Je vois encore cette belle salle à
manger à larges dalles, à lambris de chêne, la bouillabaisse
fumant au milieu, la porte grande ouverte sur la terrasse
blanche et tout le couchant qui entrait... Les gardiens étaient
65 là, m'attendant pour se mettre à table. Il y en avait trois, un
Marseillais et deux Corses, tous trois petits barbus, le même

visage tanné, crevassé, le même *pelone* (caban) en poil de chèvre, mais d'allure et d'humeur entièrement opposées.

À la façon de vivre de ces gens, on sentait tout de suite la
70 différence des deux races. Le Marseillais, industrieux et vif, toujours affairé, toujours en mouvement, courait l'île du matin au soir, jardinant, pêchant, ramassant des œufs de *gouailles*, s'embusquant dans le maquis pour traire une chèvre au passage ; et toujours quelque aïoli ou quelque
75 bouillabaisse en train.

Les Corses, eux, en dehors de leur service, ne s'occupaient absolument de rien ; ils se considéraient comme des fonctionnaires, et passaient toutes leurs journées dans la cuisine à jouer d'interminables parties de *scopa*, ne s'interrompant que
80 pour rallumer leurs pipes d'un air grave et hacher avec des ciseaux, dans le creux de leurs mains, de grandes feuilles de tabac vert...

Du reste, Marseillais et Corses, tous trois de bonnes gens, simples, naïfs, et pleins de prévenances pour leur hôte,
85 quoique au fond il dût leur paraître un monsieur bien extraordinaire...

Pensez donc ! venir s'enfermer au phare pour son plaisir !... Eux qui trouvent les journées si longues, et qui sont si heureux quand c'est leur tour d'aller à terre... Dans la belle sai-
90 son, ce grand bonheur leur arrive tous les mois. Dix jours de terre pour trente jours de phare, voilà le règlement ; mais avec l'hiver et les gros temps, il n'y a plus de règlement qui tienne. Le vent souffle, la vague monte, les Sanguinaires sont blanches d'écume, et les gardiens de service restent bloqués
95 deux ou trois mois de suite ; quelquefois même dans de terribles situations.

« Voici ce qui m'est arrivé, à moi, monsieur — me contait un jour le vieux Bartoli, pendant que nous dînions —, voici ce qui m'est arrivé il y a cinq ans, à cette même table où nous
100 sommes, un soir d'hiver, comme maintenant. Ce soir-là, nous n'étions que deux dans le phare, moi et un camarade qu'on appelait Tchéco... Les autres étaient à terre, malades, en

congé, je ne sais plus... Nous finissions de dîner, bien tranquilles... Tout à coup, voilà mon camarade qui s'arrête de
105 manger, me regarde un moment avec de drôles d'yeux, et,
pouf ! tombe sur la table, les bras en avant. Je vais à lui, je
le secoue, je l'appelle :

Oh ! Tché !... Oh ! Tché !... »

« Rien, il était mort... Vous jugez quelle émotion ! Je restai
110 plus d'une heure stupide et tremblant devant ce cadavre, puis,
subitement, cette idée me vient : "Et le phare !" Je n'eus que
le temps de monter dans la lanterne et d'allumer. La nuit était
déjà là... Quelle nuit, monsieur ! La mer, le vent n'avaient
plus leurs voix naturelles. À tout moment il me semblait que
115 quelqu'un m'appelait dans l'escalier. Avec cela une fièvre, une
soif ! Mais vous ne m'auriez pas fait descendre... j'avais trop
peur du mort. Pourtant, au petit jour, le courage me revint
un peu. Je portai mon camarade sur son lit ; un drap dessus,
un bout de prière, et puis vite aux signaux d'alarme.
120 Malheureusement, la mer était trop grosse ; j'eus beau
appeler, appeler, personne ne vint... Me voilà seul dans le
phare avec mon pauvre Tchéco, et Dieu sait pour combien
de temps... J'espérais pouvoir le garder près de moi jusqu'à
l'arrivée du bateau ! mais au bout de trois jours ce n'était
125 plus possible... Comment faire ? le porter dehors ? l'enterrer ?
La roche était trop dure, et il y a tant de corbeaux dans l'île.
C'était pitié de leur abandonner ce chrétien. Alors je songeai
à le descendre dans une des logettes du lazaret... Ça me prit
tout un après-midi, cette triste corvée-là, et je vous réponds
130 qu'il m'en fallut du courage. Tenez ! monsieur, encore
aujourd'hui, quand je descends ce côté de l'île par un après-
midi de grand vent, il me semble que j'ai toujours le mort
sur les épaules... »

Pauvre vieux Bartoli ! La sueur lui en coulait sur le front,
135 rien que d'y penser.

Nos repas se passaient ainsi à causer longuement : le phare,
la mer, des récits de naufrages, des histoires de bandits
corses... Puis, le jour tombant, le gardien du premier quart

allumait sa petite lampe, prenait sa pipe, sa gourde, un gros
140 Plutarque à tranche rouge, toute la bibliothèque des Sanguinaires, et disparaissait par le fond. Au bout d'un moment,
c'était dans tout le phare un fracas de chaîne, de poulies, de
gros poids d'horloges qu'on remontait.

Moi, pendant ce temps, j'allais m'asseoir dehors sur la ter-
145 rasse. Le soleil, déjà très bas, descendait vers l'eau de plus en
plus vite, entraînant tout l'horizon après lui. Le vent fraîchissait, l'île devenait violette. Dans le ciel, près de moi, un
gros oiseau passait lourdement : c'était l'aigle de la tour
génoise qui rentrait... Peu à peu la brume de mer montait.
150 Bientôt on ne voyait plus que l'ourlet blanc de l'écume autour
de l'île... Tout à coup, au-dessus de ma tête, jaillissait un
grand flot de lumière douce. Le phare était allumé. Laissant
toute l'île dans l'ombre, le clair rayon allait tomber au large
sur la mer, et j'étais là perdu dans la nuit, sous ces grandes
155 ondes lumineuses qui m'éclaboussaient à peine en passant...
Mais le vent fraîchissait encore. Il fallait rentrer. À tâtons, je
fermais la grosse porte, j'assurais les barres de fer ; puis, toujours tâtonnant je prenais un petit escalier de fonte qui tremblait et sonnait sous mes pas, et j'arrivais au sommet du
160 phare. Ici, par exemple, il y en avait de la lumière.

Imaginez une lampe Carcel gigantesque à six rangs de
mèches, autour de laquelle pivotent lentement les parois de
la lanterne, les unes remplies par une énorme lentille de cristal, les autres ouvertes sur un grand vitrage immobile qui met
165 la flamme à l'abri du vent... En entrant j'étais ébloui. Ces
cuivres, ces étains, ces réflecteurs de métal blanc, ces murs de
cristal bombé qui tournaient avec des grands cercles
bleuâtres, tout ce miroitement, tout ce cliquetis de lumières,
me donnait un moment de vertige.

170 Peu à peu, cependant, mes yeux s'y faisaient, et je venais
m'asseoir au pied même de la lampe, à côté du gardien qui
lisait son Plutarque à haute voix, de peur de s'endormir...

Au-dehors, le noir, l'abîme. Sur le petit balcon qui tourne
autour du vitrage, le vent court comme un fou, en hurlant.

175 Le phare craque, la mer ronfle. À la pointe de l'île, sur les brisants, les lames font comme des coups de canon... Par moments, un doigt invisible frappe aux carreaux : quelque oiseau de nuit, que la lumière attire, et qui vient se casser la tête contre le cristal... Dans la lanterne étincelante et chaude,
180 rien que le crépitement de la flamme, le bruit de l'huile qui s'égoutte, de la chaîne qui se dévide ; et une voix monotone psalmodiant la vie de Démétrius de Phalère...

À minuit, le gardien se levait, jetait un dernier coup d'œil à ses mèches, et nous descendions. Dans l'escalier on rencon-
185 trait le camarade du second quart qui montait en se frottant les yeux ; on lui passait la gourde, le Plutarque... Puis, avant de gagner nos lits, nous entrions un moment dans la chambre du fond, tout encombrée de chaîne, de gros poids, de réservoirs d'étain, de cordage, et là, à la lueur de sa petite lampe,
190 le gardien écrivait sur le grand livre du phare, toujours ouvert :

Minuit. Grosse mer. Tempête. Navire au large.

L'Agonie de la Sémillante

Puisque le mistral de l'autre nuit nous a jetés sur la côte corse, laissez-moi vous raconter une terrible histoire de mer dont les pêcheurs de là-bas parlent souvent à la veillée, et sur laquelle le hasard m'a fourni des renseignements fort curieux.

5 ... Il y a deux ou trois ans de cela.

Je courais la mer de Sardaigne en compagnie de sept ou huit matelots douaniers. Rude voyage pour un novice ! De tout le mois de mars, nous n'eûmes pas un jour de bon. Le vent d'est s'était acharné après nous, et la mer ne décolérait

10 pas.

Un soir que nous fuyions devant la tempête, notre bateau vint se réfugier à l'entrée du détroit de Bonifacio, au milieu d'un massif de petites îles... Leur aspect n'avait rien d'engageant : grands rocs pelés, couverts d'oiseaux, quelques touffes

15 d'absinthe, des maquis de lentisque, et çà et là, dans la vase, des pièces de bois en train de pourrir ; mais, ma foi, pour passer la nuit, ces roches sinistres valaient encore mieux que le rouf d'une vieille barque à demi pontée, où la lame entrait comme chez elle, et nous nous en contentâmes.

20 À peine débarqués, tandis que les matelots allumaient du feu pour la bouillabaisse, le patron m'appela, et me montrant un petit enclos de maçonnerie blanche perdu dans la brume au bout de l'île :

« Venez-vous au cimetière ? me dit-il.

25 — Un cimetière, patron Lionetti ! Où sommes-nous donc ?

— Aux îles Lavezzi, monsieur. C'est ici que sont enterrés les six cents hommes de la *Sémillante*, à l'endroit même où leur frégate s'est perdue, il y a dix ans... Pauvres gens ! ils ne reçoivent pas beaucoup de visites ; c'est bien le moins que

30 nous allions leur dire bonjour, puisque nous voilà...

— De tout mon cœur, patron. »

Qu'il était triste le cimetière de la *Sémillante* !... Je le vois encore avec sa petite muraille basse, sa porte de fer, rouillée, dure à ouvrir, sa chapelle silencieuse, et des centaines de croix
35 noires cachées par l'herbe... Pas une couronne d'immortelles, pas un souvenir ! rien... Ah ! les pauvres morts abandonnés, comme ils doivent avoir froid dans leur tombe de hasard !

Nous restâmes là un moment agenouillés. Le patron priait à haute voix. D'énormes goélands, seuls gardiens du cime-
40 tière, tournoyaient sur nos têtes et mêlaient leurs cris rauques aux lamentations de la mer.

La prière finie, nous revînmes tristement vers le coin de l'île où la barque était amarrée. En notre absence, les matelots n'avaient pas perdu leur temps. Nous trouvâmes un grand
45 feu flambant à l'abri d'une roche, et la marmite qui fumait. On s'assit en rond, les pieds à la flamme, et bientôt chacun eut sur ses genoux, dans une écuelle de terre rouge, deux tranches de pain noir arrosées largement. Le repas fut silencieux : nous étions mouillés, nous avions faim, et puis le voi-
50 sinage du cimetière... Pourtant, quand les écuelles furent vidées, on alluma les pipes et on se mit à causer un peu. Naturellement, on parlait de la *Sémillante*.

« Mais enfin, comment la chose s'est-elle passée ? » demandai-je au patron qui, la tête dans ses mains, regardait
55 la flamme d'un air pensif.

« Comment la chose s'est passée ? me répondit le bon Lionetti avec un gros soupir, hélas ! monsieur, personne au monde ne pourrait le dire. Tout ce que nous savons, c'est que la *Sémillante*, chargée de troupes pour la Crimée, était partie
60 de Toulon, la veille au soir, avec le mauvais temps. La nuit, ça se gâta encore. Du vent, de la pluie, la mer énorme comme on ne l'avait jamais vue... Le matin, le vent tomba un peu, mais la mer était toujours dans tous ses états, et avec cela une sacrée brume du diable à ne pas distinguer un fanal à
65 quatre pas... Ces brumes-là, monsieur, on ne se doute pas comme c'est traître... Ça ne fait rien, j'ai idée que la *Sémil-*

lante a dû perdre son gouvernail dans la matinée ; car, il n'y a pas de brume qui tienne, sans une avarie, jamais le capitaine ne serait venu s'aplatir ici contre. C'était un rude marin, que
70 nous connaissions tous. Il avait commandé la station en Corse pendant trois ans, et savait sa côte aussi bien que moi, qui ne sais pas autre chose.

— Et à quelle heure pense-t-on que la *Sémillante* a péri ?

— Ce doit être à midi ; oui, monsieur, en plein midi... Mais,
75 dame ! avec la brume de mer, ce plein midi-là ne valait guère mieux qu'une nuit noire comme la gueule d'un loup... Un douanier de la côte m'a raconté que ce jour-là, vers onze heures et demie, étant sorti de sa maisonnette pour rattacher ses volets, il avait eu sa casquette emportée d'un coup de vent,
80 et qu'au risque d'être enlevé lui-même par la lame, il s'était mis à courir après, le long du rivage, à quatre pattes. Vous comprenez ! les douaniers ne sont pas riches, et une casquette, ça coûte cher. Or, il paraîtrait qu'à un moment notre homme, en relevant la tête, aurait aperçu tout près de lui,
85 dans la brume, un gros navire à sec de toiles qui fuyait sous le vent du côté des îles Lavezzi. Ce navire allait si vite, si vite, que le douanier n'eut guère le temps de bien voir. Tout fait croire cependant que c'était la *Sémillante*, puisqu'une demi-heure après le berger des îles a entendu sur ces roches... Mais
90 précisément voici le berger dont je vous parle, monsieur ; il va vous conter la chose lui-même... Bonjour, Palombo !... viens te chauffer un peu ; n'aie pas peur. »

Un homme encapuchonné, que je voyais rôder depuis un moment autour de notre feu et que j'avais pris pour quel-
95 qu'un de l'équipage, car j'ignorais qu'il y eût un berger dans l'île, s'approcha de nous craintivement.

C'était un vieux lépreux, aux trois quarts idiot, atteint de je ne sais quel mal scorbutique qui lui faisait de grosses lèvres lippues, horribles à voir. On lui expliqua à grand-peine de
100 quoi il s'agissait. Alors, soulevant du doigt sa lèvre malade, le vieux nous raconta qu'en effet, le jour en question, vers midi, il entendit de sa cabane un craquement effroyable sur

les roches. Comme l'île était toute couverte d'eau, il n'avait
pas pu sortir, et ce fut le lendemain seulement qu'en ouvrant
105 sa porte il avait vu le rivage encombré de débris et de
cadavres laissés là par la mer. Épouvanté, il s'était enfui en
courant vers sa barque, pour aller à Bonifacio chercher du
monde.

Fatigué d'en avoir tant dit, le berger s'assit, et le patron
110 reprit la parole :

« Oui, monsieur, c'est ce pauvre vieux qui est venu nous
prévenir. Il était presque fou de peur ; et, de l'affaire, sa cervelle en est restée détraquée. Le fait est qu'il y avait de quoi...
Figurez-vous six cents cadavres en tas sur le sable, pêle-mêle
115 avec les éclats de bois et les lambeaux de toile... Pauvre *Sémillante* !... la mer l'avait broyée du coup, et si bien mise en
miettes que dans tous ses débris le berger Palombo n'a trouvé
qu'à grand-peine de quoi faire une palissade autour de sa
hutte... Quant aux hommes, presque tous défigurés, mutilés
120 affreusement... c'était pitié de les voir accrochés les uns aux
autres, par grappes... Nous trouvâmes le capitaine en grand
costume, l'aumônier son étole au cou ; dans un coin, entre
deux roches, un petit mousse, les yeux ouverts... on aurait
cru qu'il vivait encore ; mais non ! Il était dit que pas un n'en
125 réchapperait... »

Ici, le patron s'interrompit :

« Attention, Nardi ! cria-t-il, le feu s'éteint. »

Nardi jeta sur la braise deux ou trois morceaux de
planches goudronnées qui s'enflammèrent, et Lionetti
130 continua :

« Ce qu'il y a de plus triste dans cette histoire, le voici...
Trois semaines avant le sinistre, une petite corvette, qui allait
en Crimée comme la *Sémillante,* avait fait naufrage de la
même façon, presque au même endroit ; seulement, cette fois-
135 là, nous étions parvenus à sauver l'équipage et vingt soldats
du train qui se trouvaient à bord... Ces pauvres tringlots
n'étaient pas à leur affaire, vous pensez ! On les emmena à
Bonifacio et nous les gardâmes pendant deux jours avec nous,

à la *marine*... Une fois bien secs et remis sur pied, bonsoir !
140 bonne chance ! ils retournèrent à Toulon, où, quelque temps
après, on les embarqua de nouveau pour la Crimée... Devinez
sur quel navire !... Sur la *Sémillante*, monsieur... Nous les
avons retrouvés tous, tous les vingt, couchés parmi les morts,
à la place où nous sommes... Je relevais moi-même un joli
145 brigadier à fines moustaches, un blondin de Paris, que j'avais
couché à la maison et qui nous avait fait rire tout le temps
avec ses histoire... De le voir là, ça me creva le cœur... Ah !
Santa Madre !... »

Là-dessus, le brave Lionetti, tout ému, secoua les cendres
150 de sa pipe et se roula dans son caban en me souhaitant la
bonne nuit... Pendant quelque temps encore, les matelots cau-
sèrent entre eux à demi-voix... Puis, l'une après l'autre, les
pipes s'éteignirent... On ne parla plus... Le vieux berger s'en
alla... Et je restai seul à rêver au milieu de l'équipage endormi.
155 Encore sous l'impression du lugubre récit que je venais
d'entendre, j'essayais de reconstruire dans ma pensée le
pauvre navire défunt et l'histoire de cette agonie dont les goélands ont été seuls témoins. Quelques détails qui m'avaient
frappé, le capitaine en grand costume, l'étole de l'aumônier,
160 les vingt soldats du train, m'aidaient à deviner toutes les péri-
péties du drame... Je voyais la frégate partant de Toulon dans
la nuit... Elle sort du port. La mer est mauvaise, le vent terrible ; mais on a pour capitaine un vaillant marin, et tout le
monde est tranquille à bord...

165 Le matin, la brume de mer se lève. On commence à être
inquiet. Tout l'équipage est en haut. Le capitaine ne quitte
pas la dunette... Dans l'entrepont, où les soldats sont ren-
fermés, il fait noir ; l'atmosphère est chaude. Quelques-uns
sont malades, couchés sur leurs sacs. Le navire tangue hor-
170 riblement ; impossible de se tenir debout. On cause assis à
terre, par groupes, en se cramponnant aux bancs ; il faut crier
pour s'entendre. Il y en a qui commencent à avoir peur...
Écoutez donc ! les naufrages sont fréquents dans ces parages-
ci ; les tringlots sont là pour le dire, et ce qu'ils racontent

175 n'est pas rassurant. Leur brigadier surtout, un Parisien qui
blague toujours, vous donne la chair de poule avec ses
plaisanteries :

« Un naufrage !... mais c'est très amusant, un naufrage.
Nous en serons quittes pour un bain à la glace, et puis on
180 nous mènera à Bonifacio, histoire de manger des merles chez
le patron Lionetti. »

Et les tringlots de rire...

Tout à coup, un craquement... Qu'est-ce que c'est ? Qu'ar-
rive-t-il ?...

185 « Le gouvernail vient de partir, dit un matelot tout mouillé
qui traverse l'entrepont en courant.

— Bon voyage ! » crie cet enragé de brigadier ; mais cela ne
fait plus rire personne.

Grand tumulte sur le pont. La brume empêche de se voir.
190 Les matelots vont et viennent, effrayés, à tâtons... Plus de
gouvernail ! La manœuvre est impossible... La *Sémillante*, en
dérive, file comme le vent... C'est à ce moment que le douanier la voit passer ; il est onze heures et demi. À l'avant de
la frégate, on entend comme un coup de canon... Les bri-
195 sants ! les brisants !... C'est fini, il n'y a plus d'espoir, on va
droit à la côte... Le capitaine descend dans sa cabine... Au
bout d'un moment, il vient reprendre sa place sur la dunette
— en grand costume... Il a voulu se faire beau pour mourir.

Dans l'entrepont, les soldats, anxieux, se regardent, sans
200 rien dire... Les malades essaient de se redresser... le petit brigadier ne rit plus... C'est alors que la porte s'ouvre et que
l'aumônier paraît sur le seuil avec son étole :

« À genoux, mes enfants ! »

Tout le monde obéit. D'une voix retentissante, le prêtre
205 commence la prière des agonisants.

Soudain, un choc formidable, un cri, un seul cri, un cri
immense, des bras tendus, des mains qui se cramponnent, des
regards effarés où la vision de la mort passe comme un
éclair...

210 Miséricorde !...

C'est ainsi que je passai toute la nuit à rêver, évoquant, à dix ans de distance, l'âme du pauvre navire dont les débris m'entouraient... Au loin, dans le détroit, la tempête faisait rage ; la flamme du bivac se courbait sous la rafale ; et j'en-
215 tendais notre barque danser au pied des roches en faisant crier son amarre.

LES VIEUX

« UNE LETTRE, père Azan ?

— Oui, monsieur... ça vient de Paris. »

Il était tout fier que ça vînt de Paris, ce brave père Azan...
Pas moi. Quelque chose me disait que cette Parisienne de la
5 rue Jean-Jacques, tombant sur ma table à l'improviste et de
si grand matin, allait me faire perdre toute ma journée. Je ne
me trompais pas, voyez plutôt :

Il faut que tu me rendes un service, mon ami. Tu vas fer-
mer ton moulin pour un jour et t'en aller tout de suite à
10 *Eyguières... Eyguières est un gros bourg à trois ou quatre*
lieues de chez toi — une promenade. En arrivant, tu deman-
deras le couvent des Orphelines. La première maison après
le couvent est une maison basse à volets gris avec un jardinet
derrière. Tu entreras sans frapper — la porte est toujours
15 *ouverte — et, en entrant, tu crieras bien fort : « Bonjour,*
braves gens ! Je suis l'ami de Maurice... » Alors, tu verras
deux petits vieux, oh ! mais vieux, vieux, archivieux, te
tendre les bras du fond de leurs grands fauteuils, et tu les
embrasseras de ma part, avec tout ton cœur, comme s'ils
20 *étaient à toi. Puis vous causerez ; ils te parleront de moi, rien*
que de moi ; ils te raconteront mille folies que tu écouteras
sans rire... Tu ne riras pas, hein ?... Ce sont mes grands-
parents, deux êtres dont je suis toute la vie et qui ne m'ont
pas vu depuis dix ans... Dix ans, c'est long ! Mais que veux-
25 *tu ! moi, Paris me tient ; eux, c'est le grand âge... Ils sont si*
vieux, s'ils venaient me voir, ils se casseraient en route... Heu-
reusement, tu es là-bas, mon cher meunier, et, en t'embras-
sant, les pauvres gens croiront m'embrasser un peu moi-
même... Je leur ai si souvent parlé de nous et de cette bonne
30 *amitié dont...*

Le diable soit de l'amitié ! Justement ce matin-là il faisait un temps admirable, mais qui ne valait rien pour courir les routes : trop de mistral et trop de soleil, une vraie journée de Provence. Quand cette maudite lettre arriva, j'avais déjà
35 choisi mon *cagnard* (abri) entre deux roches, et je rêvais de rester là tout le jour, comme un lézard, à boire de la lumière, en écoutant chanter les pins... Enfin, que voulez-vous faire ? Je fermai le moulin en maugréant, je mis la clef sous la chatière. Mon bâton, ma pipe, et me voilà parti.
40 J'arrivai à Eyguières vers deux heures. Le village était désert, tout le monde aux champs. Dans les ormes du cours, blancs de poussière, les cigales chantaient comme en pleine Crau. Il y avait bien sur la place de la mairie un âne qui prenait le soleil, un vol de pigeons sur la fontaine de l'église,
45 mais personne pour m'indiquer l'orphelinat. Par bonheur une vieille fée m'apparut tout à coup, accroupie et filant dans l'encoignure de sa porte ; je lui dis ce que je cherchais ; et comme cette fée était très puissante, elle n'eut qu'à lever sa quenouille : aussitôt le couvent des Orphelines se dressa
50 devant moi comme par magie... C'était une grande maison maussade et noire, toute fière de montrer au-dessus de son portail en ogive une vieille croix de grès rouge avec un peu de latin autour. À côté de cette maison, j'en aperçus une autre plus petite. Des volets gris, le jardin derrière... Je la reconnus
55 tout de suite, et j'entrai sans frapper.
Je reverrai toute ma vie ce long corridor frais et calme, la muraille peinte en rose, le jardinet qui tremblait au fond à travers un store de couleur claire, et sur tous les panneaux des fleurs et des violons fanés. Il me semblait que j'arrivais
60 chez quelque vieux bailli du temps de Sedaine... Au bout du couloir, sur la gauche, par une porte entrouverte, on entendait le tic-tac d'une grosse horloge et une voix d'enfant, mais d'enfant à l'école, qui lisait en s'arrêtant à chaque syllabe : A...LORS... SAINT... I...RÉ...NÉE S'É...CRI...A... JE... SUIS... LE...
65 FRO...MENT... DU... SEIGNEUR... IL... FAUT... QUE... JE... SOIS...

MOU...LU... PAR... LA... DENT... DE... CES... A...NI...MAUX... Je m'approchai doucement de cette porte et je regardai...

Dans le calme et le demi-jour d'une petite chambre, un bon vieux à pommettes roses, ridé jusqu'au bout des doigts, dor-
70 mait au fond d'un fauteuil, la bouche ouverte, les mains sur ses genoux. À ses pieds, une fillette habillée de bleu — grande pèlerine et petit béguin, le costume des orphelines — lisait la vie de saint Irénée dans un livre plus gros qu'elle... Cette lecture miraculeuse avait opéré sur toute la maison. Le vieux
75 dormait dans son fauteuil, les mouches au plafond, les canaris dans leur cage, là-bas, sur la fenêtre. La grosse horloge ronflait, tic tac, tic tac. Il n'y avait d'éveillé dans toute la chambre qu'une grande bande de lumière qui tombait droite et blanche entre les volets clos, pleine d'étincelles vivantes et
80 de valses microscopiques... Au milieu de l'assoupissement général, l'enfant continuait sa lecture d'un air grave : AUS...SI...TÔT... DEUX... LIONS... SE... PRÉ...CI...PI...TÈRENT... SUR... LUI... ET... LE... DÉ...VO...RÈ...RENT... C'est à ce moment que j'entrai... Les lions de saint Irénée se précipitant
85 dans la chambre n'y auraient pas produit plus de stupeur que moi. Un vrai coup de théâtre ! La petite pousse un cri, le gros livre tombe, les canaris, les mouches se réveillent, la pendule sonne, le vieux se dresse en sursaut, tout effaré, et moi-même, un peu troublé, je m'arrête sur le seuil en criant bien fort :
90 « Bonjour, braves gens ! je suis l'ami de Maurice ! »

Oh ! alors, si vous l'aviez vu, le pauvre vieux, si vous l'aviez vu venir vers moi les bras tendus, m'embrasser, me serrer les mains, courir égaré dans la chambre, en faisant :

« Mon Dieu ! mon Dieu !... »
95 Toutes les rides de son visage riaient. Il était rouge. Il bégayait :

« Ah ! monsieur... ah ! monsieur... »

Puis il allait vers le fond en appelant :

« Mamette ! »
100 Une porte qui s'ouvre, un trot de souris dans le couloir... c'était Mamette. Rien de joli comme cette petite vieille avec

son bonnet à coque, sa robe carmélite, et son mouchoir brodé qu'elle tenait à la main pour me faire honneur, à l'ancienne mode... Chose attendrissante ! ils se ressemblaient. Avec un
105 tour et des coques jaunes, il aurait pu s'appeler Mamette, lui aussi. Seulement la vraie Mamette avait dû beaucoup pleurer dans sa vie, et elle était encore plus ridée que l'autre. Comme l'autre aussi, elle avait près d'elle une enfant de l'orphelinat, petite garde en pèlerine bleue, qui ne la quittait jamais ; et de
110 voir ces vieillards protégés par ces orphelines, c'était ce qu'on peut imaginer de plus touchant.

En entrant, Mamette avait commencé par me faire une grande révérence, mais d'un mot le vieux lui coupa sa révérence en deux :
115 « C'est l'ami de Maurice... »

Aussitôt la voilà qui tremble, qui pleure, perd son mouchoir, qui devient rouge, toute rouge, encore plus rouge que lui... Ces vieux ! ça n'a qu'une goutte de sang dans les veines, et à la moindre émotion elle leur saute au visage...
120 « Vite, vite, une chaise..., dit la vieille à sa petite.
— Ouvre les volets... », crie le vieux à la sienne.

Et, me prenant chacun par une main, ils m'emmenèrent en trottinant jusqu'à la fenêtre, qu'on a ouverte toute grande pour mieux me voir. On approche les fauteuils, je m'installe
125 entre les deux sur un pliant, les petites bleues derrière nous, et l'interrogatoire commence :

« Comment va-t-il ? Qu'est-ce qu'il fait ? Pourquoi ne vient-il pas ? Est-ce qu'il est content ?... »

Et patati ! et patata ! Comme cela pendant des heures.
130 Moi, je répondais de mon mieux à toutes leurs questions, donnant sur mon ami les détails que je savais, inventant effrontément ceux que je ne savais pas, me gardant surtout d'avouer que je n'avais jamais remarqué si ses fenêtres fermaient bien ou de quelle couleur était le papier de sa
135 chambre.

« Le papier de sa chambre !... Il est bleu, madame, bleu clair, avec des guirlandes...

— Vraiment ? » faisait la pauvre vieille attendrie ; et elle ajoutait en se tournant vers son mari : « C'est un si brave
140 enfant !

— Oh ! oui, c'est un brave enfant ! » reprenait l'autre avec enthousiasme.

Et, tout le temps que je parlais, c'étaient entre eux des hochements de tête, de petits rires fins, des clignements
145 d'yeux, des airs entendus, ou bien encore le vieux qui se rapprochait pour me dire :

« Parlez plus fort... Elle a l'oreille un peu dure. »

Et elle de son côté :

« Un peu plus haut, je vous prie !... Il n'entend pas très
150 bien... »

Alors j'élevais la voix ; et tous deux me remerciaient d'un sourire ; et dans ces sourires fanés qui se penchaient vers moi, cherchant jusqu'au fond de mes yeux l'image de leur Maurice, moi, j'étais tout ému de la retrouver cette image, vague,
155 voilée, presque insaisissable, comme si je voyais mon ami me sourire, très loin, dans un brouillard.

Tout à coup le vieux se dresse sur son fauteuil :

« Mais j'y pense, Mamette... il n'a peut-être pas déjeuné ! »

Et Mamette, effarée, les bras au ciel :
160 « Pas déjeuné !... Grand Dieu ! »

Je croyais qu'il s'agissait encore de Maurice, et j'allais répondre que ce brave enfant n'attendait jamais plus tard que midi pour se mettre à table. Mais non, c'était bien de moi qu'on parlait ; et il faut voir quel branle-bas quand j'avouai
165 que j'étais encore à jeun :

« Vite le couvert, petites bleues ! La table au milieu de la chambre, la nappe du dimanche, les assiettes à fleurs. Et ne rions pas tant, s'il vous plaît, et dépêchons-nous... »

Je crois bien qu'elles se dépêchaient. À peine le temps de
170 casser trois assiettes, le déjeuner se trouva servi.

« Un bon petit déjeuner ! me disait Mamette en me conduisant à table ; seulement vous serez tout seul... Nous autres, nous avons déjà mangé ce matin. »

Ces pauvres vieux ! à quelque heure qu'on les prenne, ils
175 ont toujours mangé le matin.

Le bon petit déjeuner de Mamette, c'était deux doigts de
lait, des dattes et une *barquette*, quelque chose comme un
échaudé ; de quoi la nourrir elle et ses canaris au moins pendant huit jours... Et dire qu'à moi seul je vins à bout de toutes
180 ces provisions !... Aussi quelle indignation autour de la table !
Comme les petites bleues chuchotaient en se poussant du
coude, et là-bas, au fond de leur cage, comme les canaris
avaient l'air de se dire : « Oh ! ce monsieur qui mange toute
la *barquette* ! »

185 Je la mangeai toute, en effet, et presque sans m'en apercevoir, occupé que j'étais à regarder autour de moi dans cette
chambre claire et paisible où flottait comme une odeur de
choses anciennes... Il y avait surtout deux petits lits dont je
ne pouvais pas détacher mes yeux. Ces lits, presque deux
190 berceaux, je me les figurais le matin, au petit jour, quand ils
sont encore enfouis sous leurs grands rideaux à franges. Trois
heures sonnent. C'est l'heure où tous les vieux se réveillent :

« Tu dors, Mamette ?

— Non, mon ami.

195 — N'est-ce pas que Maurice est un brave enfant ?

— Oh ! oui, c'est un brave enfant. »

Et j'imaginais comme cela toute une causerie, rien que pour
avoir vu ces deux petits lits de vieux, dressés l'un à côté de
l'autre...

200 Pendant ce temps, un drame terrible se passait à l'autre
bout de la chambre, devant l'armoire. Il s'agissait d'atteindre
là-haut, sur le dernier rayon, certain bocal de cerises à l'eau-
de-vie qui attendait Maurice depuis dix ans et dont on voulait
me faire l'ouverture. Malgré les supplications de Mamette, le
205 vieux avait tenu à aller chercher ses cerises lui-même ; et,
monté sur une chaise au grand effroi de sa femme, il essayait
d'arriver là-haut... Vous voyez le tableau d'ici, le vieux qui
tremble et qui se hisse, les petites bleues cramponnées à sa
chaise, Mamette derrière lui haletante, les bras tendus, et sur

210 tout cela un léger parfum de bergamote qui s'exhale de l'armoire ouverte et des grandes piles de linge roux... C'était charmant.

Enfin, après bien des efforts, on parvint à le tirer de l'armoire, ce fameux bocal, et avec lui une vieille timbale d'argent toute bosselée, la timbale de Maurice quand il était petit.
215 On me la remplit de cerises jusqu'au bord ; Maurice les aimait tant, les cerises ! Et tout en me servant, le vieux me disait à l'oreille d'un air de gourmandise :

« Vous êtes bien heureux, vous, de pouvoir en manger !...
220 C'est ma femme qui les a faites... Vous allez goûter quelque chose de bon. »

Hélas ! sa femme les avait faites, mais elle avait oublié de les sucrer. Que voulez-vous ! on devient distrait en vieillissant. Elles étaient atroces, vos cerises, ma pauvre Mamette...
225 Mais cela ne m'empêcha pas de les manger jusqu'au bout, sans sourciller.

Le repas terminé, je me levai pour prendre congé de mes hôtes. Ils auraient bien voulu me garder encore un peu pour causer du brave enfant, mais le jour baissait, le moulin était
230 loin, il fallait partir.

Le vieux s'était levé en même temps que moi.

« Mamette, mon habit !... Je veux le conduire jusqu'à la place. »

Bien sûr qu'au fond d'elle-même Mamette trouvait qu'il
235 faisait déjà un peu frais pour me conduire jusqu'à la place ; mais elle n'en laissa rien paraître. Seulement, pendant qu'elle l'aidait à passer les manches de son habit, un bel habit tabac d'Espagne à boutons de nacre, j'entendais la chère créature qui lui disait doucement :
240 « Tu ne rentreras pas trop tard, n'est-ce pas ? »

Et lui, d'un petit air malin :

« Hé ! Hé !... je ne sais pas... peut-être... »

Là-dessus, ils se regardaient en riant, et les petites bleues riaient de les voir rire, et dans leur coin les canaris riaient

245 aussi à leur manière... Entre nous, je crois que l'odeur des
cerises les avait tous un peu grisés.

... La nuit tombait, quand nous sortîmes, le grand-père et
moi. La petite bleue nous suivait de loin pour le ramener ;
mais lui ne la voyait pas, et il était tout fier de marcher à
250 mon bras, comme un homme. Mamette, rayonnante, voyait
cela du pas de sa porte, et elle avait en nous regardant de
jolis hochements de tête qui semblaient dire : « Tout de
même, mon pauvre homme !... il marche encore. »

LE PORTEFEUILLE DE BIXIOU

UN MATIN du mois d'octobre, quelques jours avant de quitter Paris, je vis arriver chez moi — pendant que je déjeunais — un vieil homme en habit râpé, cagneux, crotté, l'échine basse, grelottant sur ses longues jambes comme un
5 échassier déplumé. C'était Bixiou. Oui, Parisiens, votre Bixiou, le féroce et charmant Bixiou, ce railleur enragé qui vous a tant réjouis depuis quinze ans avec ses pamphlets et ses caricatures... ah ! le malheureux, quelle détresse ! Sans une grimace qu'il fit en entrant, jamais je ne l'aurais reconnu.
10 La tête inclinée sur l'épaule, sa canne aux dents comme une clarinette, l'illustre et lugubre farceur s'avança jusqu'au milieu de la chambre et vint se jeter contre ma table en disant d'une voix dolente :

« Ayez pitié d'un pauvre aveugle !... »

15 C'était si bien imité que je ne pus m'empêcher de rire. Mais lui, très froidement :

« Vous croyez que je plaisante... regardez mes yeux. »

Et il tourna vers moi deux grandes prunelles blanches sans un regard.

20 « Je suis aveugle, mon cher, aveugle pour la vie... Voilà ce que c'est que d'écrire avec du vitriol. Je me suis brûlé les yeux à ce joli métier ; mais là, brûlé à fond... jusqu'aux bobèches ! » ajouta-t-il en me montrant ses paupières calcinées où ne restait plus l'ombre d'un cil.

25 J'étais si ému que je ne trouvai rien à lui dire. Mon silence l'inquiéta :

« Vous travaillez ?

— Non, Bixiou, je déjeune. Voulez-vous en faire autant ? »

Il ne répondit pas, mais au frémissement de ses narines, je

30 vis bien qu'il mourait d'envie d'accepter. Je le pris par la
main, et je le fis asseoir près de moi.

Pendant qu'on le servait, le pauvre diable flairait la table
avec un petit rire :

« Ça a l'air bon tout ça. Je vais me régaler ; il y a si long-
35 temps que je ne déjeune plus ! Un pain d'un sou tous les
matins, en courant les ministères... car, vous savez, je cours
les ministères, maintenant ; c'est ma seule profession. J'essaie
d'accrocher un bureau de tabac... Qu'est-ce que vous voulez !
il faut qu'on mange à la maison. Je ne peux plus dessiner ;
40 je ne peux plus écrire... Dicter ?... Mais quoi ?... Je n'ai rien
dans la tête, moi ; je n'invente rien... Mon métier, c'était de
voir les grimaces de Paris et de les faire ; à présent il n'y a
plus moyen... Alors j'ai pensé à un bureau de tabac ; pas sur
les boulevards, bien entendu. Je n'ai pas droit à cette faveur,
45 n'étant ni mère de danseuse, ni veuve d'officier sperrior.
Non ! simplement un petit bureau de province, quelque part,
bien loin, dans un coin des Vosges. J'aurai une forte pipe en
porcelaine ; je m'appellerai Hanz ou Zébédé, comme dans
Erckmann-Chatrian, et je me consolerai de ne plus écrire en
50 faisant des cornets de tabac avec les œuvres de mes
contemporains.

« Voilà tout ce que je demande. Pas grand-chose, n'est-ce
pas ?... Eh bien, c'est le diable pour y arriver... Pourtant les
protections ne devraient pas me manquer. J'étais très lancé
55 autrefois. Je dînai chez le maréchal, chez le prince, chez les
ministres ; tous ces gens-là voulaient m'avoir parce que je les
amusais ou qu'ils avaient peur de moi. À présent, je ne fais
plus peur à personne. Ô mes yeux ! mes pauvres yeux ! Et
l'on ne m'invite nulle part. C'est si triste une tête d'aveugle à
60 table. Passez-moi le pain, je vous prie... Ah ! les bandits ; ils
me l'auront fait payer cher ce malheureux bureau de tabac.
Depuis six mois, je me promène dans tous les ministères avec
ma pétition. J'arrive le matin, à l'heure où l'on allume les
poêles et où l'on fait faire un tour aux chevaux de Son Excel-
65 lence sur le sable de la cour ; je ne m'en vais qu'à la nuit,

quand on apporte les grosses lampes et que les cuisines commencent à sentir bon...

Toute ma vie se passe sur les coffres à bois des antichambres. Aussi les huissiers me connaissent, allez ! À l'Intérieur, ils m'appellent : "Ce bon monsieur !" Et moi, pour gagner leur protection, je fais des calembours, ou je dessine d'un trait sur un coin de leur buvard de grosses moustaches qui les font rire... Voilà où j'en suis arrivé après vingt ans de succès tapageurs, voilà la fin d'une vie d'artiste !... Et dire qu'ils sont en France quarante mille galopins à qui notre profession fait venir l'eau à la bouche ! Dire qu'il y a tous les jours, dans les départements, une locomotive qui chauffe pour nous apporter des panerées d'imbéciles affamés de littérature et de bruit imprimé !... Ah ! province romanesque, si la misère de Bixiou pouvait te servir de leçon ! »

Là-dessus il se fourra le nez dans son assiette et se mit à manger avidement, sans dire un mot. C'était pitié de le voir faire. À chaque minute, il perdait son pain, sa fourchette, tâtonnait pour trouver son verre. Pauvre homme ! il n'avait pas encore l'habitude.

Au bout d'un moment, il reprit :

« Savez-vous ce qu'il y a encore de plus horrible pour moi ? C'est de ne plus pouvoir lire mes journaux. Il faut être du métier pour comprendre cela... Quelquefois le soir, en rentrant, j'en achète un, rien que pour sentir cette odeur de papier humide et de nouvelles fraîches... C'est si bon ! et personne pour me les lire ! Ma femme pourrait bien, mais elle ne veut pas : elle prétend qu'on trouve dans les faits divers des choses qui ne sont pas convenables... Ah ! ces anciennes maîtresses, une fois mariées, il n'y a pas plus bégueules qu'elles. Depuis que j'en ai fait Mme Bixiou, celle-là s'est crue obligée de devenir bigote, mais à un point !... Est-ce qu'elle ne voulait pas me faire frictionner les yeux avec l'eau de la Salette ! Et puis, le pain bénit, les quêtes, la Sainte-Enfance, les petits Chinois, que sais-je encore ?... Nous sommes dans les bonnes œuvres jusqu'au cou... Ce serait cependant une

bonne œuvre de me lire mes journaux. Eh bien, non, elle ne veut pas... Si ma fille était chez nous, elle me les lirait, elle ; mais depuis que je suis aveugle, je l'ai fait entrer à Notre-
105 Dame-des-Arts, pour avoir une bouche de moins à nourrir...

Encore une qui me donne de l'agrément, celle-là ! Il n'y a pas neuf ans qu'elle est au monde, elle a déjà eu toutes les maladies... Et triste ! et laide ! plus laide que moi, si c'est possible... un monstre ! Que voulez-vous ! je n'ai jamais su
110 faire que des charges... Ah ça, mais je suis bon, moi, de vous raconter mes histoires de famille. Qu'est-ce que cela peut vous faire à vous ?... Allons, donnez-moi encore un peu de cette eau-de-vie. Il faut que je me mette en train. En sortant d'ici je vais à l'Instruction publique, et les huissiers n'y sont
115 pas faciles à dérider. C'est tous d'anciens professeurs. »

Je lui versai son eau-de-vie. Il commença à la déguster par petites fois, d'un air attendri... Tout à coup, je ne sais quelle fantaisie le piquant, il se leva, son verre à la main, promena un instant autour de lui sa tête de vipère aveugle, avec le
120 sourire aimable du monsieur qui va parler, puis, d'une voix stridente, comme pour haranguer un banquet de deux cents couverts :

« Aux arts ! Aux lettres ! À la presse ! »

Et le voilà parti sur un toast de dix minutes, la plus folle
125 et la plus merveilleuse improvisation qui soit jamais sortie de cette cervelle de pitre.

Figurez-vous une revue de fin d'année intitulée : *le Pavé des lettres en 186* ; nos assemblées soi-disant littéraires, nos papotages, nos querelles, toutes les cocasseries d'un monde
130 excentrique, fumier d'encre, enfer sans grandeur, où l'on s'égorge, où l'on s'étripe, où l'on se détrousse, où l'on parle intérêts et gros sous bien plus que chez les bourgeois, ce qui n'empêche pas qu'on y meure de faim plus qu'ailleurs ; toutes nos lâchetés, toutes nos misères ; le vieux baron T... de la
135 Tombola s'en allant faire « gna... gna... gna... » aux Tuileries avec sa sébile et son habit barbeau ; puis nos morts de l'an-née, les enterrements à réclames, l'oraison funèbre de mon-

sieur le délégué, toujours la même : « Cher et regretté !
pauvre cher ! » à un malheureux dont on refuse de payer la
140 tombe ; et ceux qui se sont suicidés, et ceux qui sont devenus
fous ; figurez-vous tout cela, raconté, détaillé, gesticulé par
un grimacier de génie, vous aurez alors une idée de ce que
fut l'improvisation de Bixiou.

Son toast fini, son verre bu, il me demanda l'heure et s'en
145 alla, d'un air farouche, sans me dire adieu... J'ignore
comment les huissiers de M. Duruy se trouvèrent de sa visite
ce matin-là ; mais je sais bien que jamais de ma vie je ne me
suis senti si triste, si mal en train qu'après le départ de ce
terrible aveugle. Mon encrier m'écœurait, ma plume me fai-
150 sait horreur. J'aurais voulu m'en aller loin, courir, voir des
arbres, sentir quelque chose de bon... Quelle haine, grand
Dieu ! que de fiel ! quel besoin de baver sur tout, de tout
salir ! Ah ! le misérable...

Et j'arpentais ma chambre avec fureur, croyant toujours
155 entendre le ricanement de dégoût qu'il avait eu en me parlant
de sa fille.

Tout à coup, près de la chaise où l'aveugle s'était assis, je
sentis quelque chose rouler sous mon pied. En me baissant,
je reconnus son portefeuille, un gros portefeuille luisant, à
160 coins cassés, qui ne le quitte jamais et qu'il appelle en riant
sa poche à venin. Cette poche, dans notre monde, était aussi
renommée que les fameux cartons de M. Girardin. On disait
qu'il y avait des choses terribles là-dedans... L'occasion se
présentait belle pour m'en assurer. Le vieux portefeuille, trop
165 gonflé, s'était crevé en tombant, et tous les papiers avaient
roulé sur le tapis ; il me fallut les ramasser l'un après l'autre...

Un paquet de lettres écrites sur du papier à fleurs, commen-
çant toutes : *Mon cher papa,* et signées : *Céline Bixiou, des
enfants de Marie.*

170 D'anciennes ordonnances pour des maladies d'enfants :
croup, convulsions, scarlatine, rougeole... (la pauvre petite
n'en avait pas échappé une !).

Enfin, une grande enveloppe cachetée d'où sortaient,

comme d'un bonnet de fillette, deux ou trois crins jaunes tout
175 frisés ; et sur l'enveloppe, en grosse écriture tremblée, une
écriture d'aveugle :

Cheveux de Céline, coupés le 13 mai, le jour de son entrée là-bas.

Voilà ce qu'il y avait dans le portefeuille de Bixiou.

180 Allons, Parisiens, vous êtes tous les mêmes. Le dégoût,
l'ironie, un rire infernal, des blagues féroces, et puis pour
finir : ...*Cheveux de Céline coupés le 13 mai.*

LES ORANGES

Fantaisie

À PARIS, les oranges ont l'air triste de fruits tombés ramassés sous l'arbre. À l'heure où elles vous arrivent, en plein hiver pluvieux et froid, leur écorce éclatante, leur parfum exagéré dans ces pays de saveurs tranquilles, leur donnent un
5 aspect étrange, un peu bohémien. Par les soirées brumeuses, elles longent tristement les trottoirs, entassées dans leurs petites charrettes ambulantes, à la lueur sourde d'une lanterne en papier rouge. Un cri monotone et grêle les escorte, perdu dans le roulement des voitures, le fracas des omnibus :
10 « À deux sous la Valence ! »

Pour les trois quarts des Parisiens, ce fruit cueilli au loin, banal dans sa rondeur, où l'arbre n'a rien laissé qu'une mince attache verte, tient de la sucrerie, de la confiserie. Le papier de soie qui l'entoure, les fêtes qu'il accompagne, contribuent
15 à cette impression. Aux approches de janvier surtout, les milliers d'oranges disséminées par les rues, toutes ces écorces traînant dans la boue du ruisseau, font songer à quelque arbre de Noël gigantesque qui secouerait sur Paris ses branches chargées de fruits factices. Pas un coin où on ne les
20 rencontre. À la vitrine claire des étalages, choisies et parées ; à la porte des prisons et des hospices, parmi les paquets de biscuits, les tas de pommes ; devant l'entrée des bals, des spectacles du dimanche. Et leur parfum exquis se mêle à l'odeur du gaz, au bruit des crincrins, à la poussière des ban-
25 quettes du paradis... On en vient à oublier qu'il faut des orangers pour produire des oranges, car pendant que le fruit nous

arrive directement du Midi à pleines caisses, l'arbre, taillé,
transformé, déguisé, de la serre chaude où il passe l'hiver, ne
fait qu'une courte apparition au plein air des jardins publics.
30 Pour bien connaître les oranges, il faut les avoir vues chez
elles, aux îles Baléares, en Sardaigne, en Corse, en Algérie,
dans l'air bleu doré, l'atmosphère tiède de la Méditerranée.
Je me rappelle un petit bois d'orangers, aux portes de Blidah,
c'est là qu'elles étaient belles ! Dans le feuillage sombre,
35 lustré, vernissé, les fruits avaient l'éclat de verres de couleur,
et doraient l'air environnant avec cette auréole de splendeur
qui entoure les fleurs éclatantes. Çà et là des éclaircies lais-
saient voir à travers les branches les remparts de la petite
ville, le minaret d'une mosquée, le dôme d'un marabout, et
40 au-dessus l'énorme masse de l'Atlas, verte à sa base, couron-
née de neige comme d'une fourrure blanche, avec des mou-
tonnements, un flou de flocons tombés.
   Une nuit, pendant que j'étais là, je ne sais par quel phé-
nomène ignoré depuis trente ans, cette zone de frimas et
45 d'hiver se secoua sur la ville endormie, et Blidah se réveilla
transformée, poudrée à blanc. Dans cet air algérien si léger,
si pur, la neige semblait une poussière de nacre. Elle avait des
reflets de plumes de paon blanc. Le plus beau, c'était le bois
d'orangers. Les feuilles solides gardaient la neige intacte et
50 droite comme des sorbets sur des plateaux de laque, et tous
les fruits poudrés à frimas avaient une douceur splendide, un
rayonnement discret comme de l'or voilé de claires étoffes
blanches. Cela donnait vaguement l'impression d'une fête
d'église, de soutanes rouges sous des robes de dentelles, de
55 dorures d'autel enveloppées de guipures...
   Mais mon meilleur souvenir d'oranges me vient encore de
Barbicaglia, un grand jardin auprès d'Ajaccio où j'allais faire
la sieste aux heures de chaleur. Ici les orangers, plus hauts,
plus espacés qu'à Blidah, descendaient jusqu'à la route, dont
60 le jardin n'était séparé que par une haie vive et un fossé. Tout
de suite après, c'était la mer, l'immense mer bleue... Quelles
bonnes heures j'ai passées dans ce jardin ! Au-dessus de ma

tête, les orangers en fleur et en fruit brûlaient leurs parfums
d'essences. De temps en temps, une orange mûre, détachée
65 tout à coup, tombait près de moi comme alourdie de chaleur,
avec un bruit mat, sans écho, sur la terre pleine. Je n'avais
qu'à allonger la main. C'étaient des fruits superbes, d'un
rouge pourpre à l'intérieur. Ils me paraissaient exquis, et puis
l'horizon était si beau ! Entre les feuilles, la mer mettait des
70 espaces bleus éblouissants comme des morceaux de verre
brisé qui miroitaient dans la brume de l'air. Avec cela le mouvement du flot agitant l'atmosphère à de grandes distances,
ce murmure cadencé qui vous berce comme dans une barque
invisible, la chaleur, l'odeur des oranges... Ah ! qu'on était
75 bien pour dormir dans le jardin de Barbicaglia !

Quelquefois cependant, au meilleur moment de la sieste,
des éclats de tambour me réveillaient en sursaut. C'étaient de
malheureux tapins qui venaient s'exercer en bas, sur la route.
À travers les trous de la haie, j'apercevais le cuivre des tam-
80 bours et les grands tabliers blancs sur les pantalons rouges.
Pour s'abriter un peu de la lumière aveuglante que la poussière de la route leur renvoyait impitoyablement, les pauvres
diables venaient se mettre au pied du jardin, dans l'ombre
courte de la haie. Et ils tapaient ! et ils avaient chaud ! Alors
85 m'arrachant de force à mon hypnotisme, je m'amusais à leur
jeter quelques-uns de ces beaux fruits d'or rouge qui pen-
daient près de ma main. Le tambour visé s'arrêtait. Il y avait
une minute d'hésitation, un regard circulaire pour voir d'où
venait la superbe orange roulant devant lui dans le fossé ;
90 puis il la ramassait bien vite et mordait à pleines dents sans
même enlever l'écorce.

Je me souviens aussi que tout à côté de Barbicaglia, et
séparé seulement par un petit mur bas, il y avait un jardinet
assez bizarre que je dominais de la hauteur où je me trouvais.
95 C'était un petit coin de terre bourgeoisement dessiné. Ses
allées blondes de sable, bordées de buis très verts, les deux
cyprès de sa porte d'entrée, lui donnaient l'aspect d'une bas-
tide marseillaise. Pas une ligne d'ombre. Au fond, un bâti-

ment de pierre blanche avec des jours de caveau au ras du
100 sol. J'avais d'abord cru à une maison de campagne ; mais,
en y regardant mieux, la croix qui la surmontait, une inscription que je voyais de loin creusée dans la pierre, sans en
distinguer le texte, me firent reconnaître un tombeau de
famille corse. Tout autour d'Ajaccio, il y a beaucoup de ces
105 petites chapelles mortuaires, dressées au milieu de jardins à
elles seules. La famille y vient, le dimanche, rendre visite à
ses morts. Ainsi comprise, la mort est moins lugubre que dans
la confusion des cimetières. Des pas amis troublent seuls le
silence.
110 De ma place, je voyais un bon vieux trottiner tranquillement par les allées. Tout le jour il taillait les arbres, bêchait,
arrosait, enlevait les fleurs fanées avec un soin minutieux ;
puis, au soleil couchant, il entrait dans la petite chapelle où
dormaient les morts de sa famille ; il resserrait la bêche, les
115 râteaux, les grands arrosoirs ; tout cela avec la tranquillité,
la sérénité d'un jardinier de cimetière. Pourtant, sans qu'il
s'en rendît bien compte, ce brave homme travaillait avec un
certain recueillement, tous les bruits amortis et la porte du
caveau refermée chaque fois discrètement, comme s'il eût
120 craint de réveiller quelqu'un. Dans le grand silence radieux,
l'entretien de ce petit jardin ne troublait pas un oiseau, et son
voisinage n'avait rien d'attristant. Seulement la mer en parais-
sait plus immense, le ciel plus haut, et cette sieste sans fin
mettait tout autour d'elle, parmi la nature troublante, acca-
125 blante à force de vie, le sentiment de l'éternel repos...

Les Deux Auberges

C'ÉTAIT en revenant de Nîmes, un après-midi de juillet. Il faisait une chaleur accablante. À perte de vue, la route blanche, embrasée, poudroyait entre les jardins d'oliviers et de petits chênes, sous un grand soleil d'argent mat qui remplissait tout le ciel. Pas une tache d'ombre, pas un souffle de vent. Rien que la vibration de l'air chaud et le cri strident des cigales, musique folle, assourdissante, à temps pressés, qui semble la sonorité même de cette immense vibration lumineuse... Je marchais en plein désert depuis deux heures, quand tout à coup, devant moi, un groupe de maisons blanches se dégagea de la poussière de la route. C'était ce qu'on appelle le relais de Saint-Vincent : cinq ou six *mas*, de longues granges à toiture rouge, un abreuvoir sans eau dans un bouquet de figuiers maigres, et, tout au bout du pays, deux grandes auberges qui se regardent face à face de chaque côté du chemin.

Le voisinage de ces auberges avait quelque chose de saisissant. D'un côté, un grand bâtiment neuf, plein de vie, d'animation, toutes les portes ouvertes, la diligence arrêtée devant, les chevaux fumants qu'on dételait, les voyageurs descendus buvant à la hâte sur la route dans l'ombre courte des murs ; la cour encombrée de mulets, de charrettes ; des rouliers couchés sous les hangars en attendant *la fraîche*. À l'intérieur, des cris, des jurons, des coups de poing sur les tables, le choc des verres, le fracas des billards, les bouchons de limonade qui sautaient, et, dominant tout ce tumulte, une voix joyeuse, éclatante, qui chantait à faire trembler les vitres :

La belle Margoton
Tant matin s'est levée,
A pris son broc d'argent,
À l'eau s'en est allée...

... L'auberge d'en face, au contraire, était silencieuse et comme abandonnée. De l'herbe sous le portail, des volets cassés, sur la porte un rameau de petit houx tout rouillé qui pendait comme un vieux panache, les marches du seuil calées
35 avec des pierres de la route... Tout cela si pauvre, si pitoyable, que c'était charité vraiment de s'arrêter là pour boire un coup.

En entrant, je trouvai une longue salle déserte et morne, que le jour éblouissant de trois grandes fenêtres sans rideaux
40 fait plus morne et plus déserte encore. Quelques tables boiteuses où traînaient des verres ternis par la poussière, un billard crevé qui tendait ses quatre blouses comme des sébiles, un divan jaune, un vieux comptoir, dormaient là dans une chaleur malsaine et lourde. Et des mouches ! des mouches !
45 jamais je n'en avais tant vu : sur le plafond, collées aux vitres, dans les verres, par grappes... Quand j'ouvris la porte, ce fut un bourdonnement, un frémissement d'ailes comme si j'entrais dans une ruche.

Au fond de la salle, dans l'embrasure d'une croisée, il y
50 avait une femme debout contre la vitre, très occupée à regarder dehors. Je l'appelais deux fois :

« Hé ! l'hôtesse ! »

Elle se retourna lentement, et me laissa voir une pauvre figure de paysanne, ridée, crevassée, couleur de terre, enca-
55 drée dans de longues barbes de dentelle rousse comme en portent les vieilles de chez nous. Pourtant ce n'était pas une vieille femme ; mais les larmes l'avaient toute fanée.

« Qu'est-ce que vous voulez ? me demanda-t-elle en essuyant ses yeux.
60 — M'asseoir un moment et boire quelque chose... »

Elle me regarda très étonnée, sans bouger de sa place, comme si elle ne comprenait pas.

« Ce n'est donc pas une auberge ici ? »

La femme soupira :
65 « Si... c'est une auberge, si vous voulez... Mais pourquoi

n'allez-vous pas en face comme les autres ? C'est bien plus gai...

— C'est trop gai pour moi... J'aime mieux rester chez vous. »

Et sans attendre sa réponse, je m'installai devant une table.

70 Quand elle fut bien sûre que je parlais sérieusement, l'hôtesse se mit à aller et venir d'un air très affairé, ouvrant des tiroirs, remuant des bouteilles, essuyant des verres, dérangeant les mouches... On sentait que ce voyageur à servir était tout un événement. Par moments la malheureuse s'arrêtait, et
75 se prenait la tête comme si elle désespérait d'en venir à bout.

Puis elle passait dans la pièce du fond ; je l'entendais remuer de grosses clefs, tourmenter des serrures, fouiller dans la huche au pain, souffler, épousseter, laver des assiettes.

De temps en temps, un gros soupir, un sanglot mal
80 étouffé...

Après un quart d'heure de ce manège, j'eus devant moi une assiettée de *passerilles* (raisins secs), un vieux pain de Beaucaire aussi dur que du grès, et une bouteille de piquette.

« Vous êtes servi », dit l'étrange créature ; et elle retourna
85 bien vite prendre sa place devant la fenêtre.

Tout en buvant, j'essayai de la faire causer.

« Il ne vous vient pas souvent du monde, n'est-ce pas, ma pauvre femme ?

— Oh ! non, monsieur, jamais personne... Quand nous
90 étions seuls dans le pays, c'était différent : nous avions le relais, des repas de chasse pendant le temps des macreuses, des voitures toute l'année... Mais depuis que les voisins sont venus s'établir, nous avons tout perdu. Le monde aime mieux aller en face. Chez nous, on trouve que c'est trop triste... Le
95 fait est que la maison n'est pas bien agréable. Je ne suis pas belle, j'ai les fièvres, mes deux petites sont mortes... Là-bas, au contraire, on rit tout le temps. C'est une Arlésienne qui tient l'auberge, une belle femme avec des dentelles et trois tours de chaîne d'or au cou. Le conducteur, qui est son
100 amant, lui amène la diligence. Avec ça un tas d'enjôleuses pour chambrières... Aussi, il lui en vient de la pratique ! Elle

a toute la jeunesse de Bezouces, de Redessan, de Jonquières.
Les rouliers font un détour pour passer par chez elle... Moi,
je reste ici tout le jour, sans personne, à me consumer... »

105   Elle disait cela d'une voix distraite, indifférente, le front
toujours appuyé contre la vitre. Il y avait évidemment dans
l'auberge d'en face quelque chose qui la préoccupait...

    Tout à coup, de l'autre côté de la route, il se fit un grand
mouvement. La diligence s'ébranlait dans la poussière. On
110 entendait des coups de fouet, les fanfares du postillon, les
filles accourues sur la porte qui criaient :

    « Adiousias !... adiousias !... » et par là-dessus la formi-
dable voix de tantôt reprenant de plus belle :

A pris son broc d'argent.
115 *À l'eau s'en est allée,*
De là n'a vu venir
Trois chevaliers d'armée...

    ... À cette voix, l'hôtesse frissonna de tout son corps, et se
tournant vers moi :

120   « Entendez-vous, me dit-elle tout bas, c'est mon mari...
N'est-ce pas qu'il chante bien ? »

    Je la regardai, stupéfait :

    « Comment ? votre mari !... Il va donc là-bas, lui aussi ? »

    Alors elle, d'un air navré, mais avec une grande douceur :
125   « Qu'est-ce que vous voulez, monsieur ? Les hommes sont
comme ça, ils n'aiment pas voir pleurer ; et moi je pleure
toujours depuis la mort des petites... Puis, c'est si triste cette
grande baraque où il n'y a jamais personne... Alors, quand il
s'ennuie trop, mon pauvre José va boire en face, et comme il
130 a une belle voix, l'Arlésienne le fait chanter. Chut !... le voilà
qui recommence. »

    Et, tremblante, les mains en avant, avec de grosses larmes
qui la faisaient encore plus laide, elle était là comme en extase
devant la fenêtre à écouter son José chanter pour
135 l'Arlésienne :

Le premier lui a dit :
« Bonjour, belle mignonne ! »

En Camargue

1. Le Départ

Grande rumeur au château. Le messager vient d'apporter un mot du garde, moitié en français, moitié en provençal, annonçant qu'il y a eu déjà deux ou trois beaux passages de *galéjons*, de *charlottines,* et que les *oiseaux de prime* non plus
5 ne manquaient pas.

« Vous êtes des nôtres ! » m'ont écrit mes aimables voisins ; et ce matin, au petit jour de cinq heures, leur grand break chargé de fusils, de chiens, de victuailles, est venu me prendre au bas de la côte. Nous voilà roulant sur la route
10 d'Arles, un peu sèche, un peu dépouillée, par ce matin de décembre où la verdure pâle des oliviers est à peine visible, et la verdure crue des chênes-kermès un peu trop hivernale et factice. Les étables se remuent. Il y a des réveils avant le jour qui allument la vitre des fermes ; et dans les découpures
15 de pierre de l'abbaye de Montmajour, des orfraies encore engourdies de sommeil battent de l'aile parmi les ruines. Pourtant nous croisons déjà, le long des fossés, de vieilles paysannes qui vont au marché au trot de leurs bourriquets. Elles viennent de la Ville-des-Baux. Six grandes lieues pour
20 s'asseoir une heure sur les marches de Saint-Trophyme et vendre des petits paquets de simples ramassés dans la montagne !...

Maintenant voici les remparts d'Arles ; des remparts bas et crénelés, comme on en voit sur les anciennes estampes où des
25 guerriers armés de lances apparaissent en haut de talus moins grands qu'eux. Nous traversons au galop cette merveilleuse

petite ville, une des plus pittoresques de France, avec ses bal-
cons sculptés, arrondis, s'avançant comme des moucharabiés
jusqu'au milieu des rues étroites, avec ses vieilles maisons
30 noires aux petites portes moresques, ogivales et basses, qui
vous reportent au temps de Guillaume Court-Nez et des Sarrasins. À cette heure, il n'y a encore personne dehors. Le quai
du Rhône seul est animé. Le bateau à vapeur qui fait le service de la Camargue chauffe au bas des marches, prêt à par-
35 tir. Des *ménagers* en veste de cadis roux, des filles de la
Roquette qui vont se louer pour des travaux de fermes,
montent sur le pont avec nous, causant et riant entre eux.
Sous les longues mantes brunes rabattues à cause de l'air vif
du matin, la haute coiffure arlésienne fait la tête élégante et
40 petite avec un joli grain d'effronterie, une envie de se dresser
pour lancer le rire ou la malice plus loin... La cloche sonne ;
nous partons. Avec la triple vitesse du Rhône, de l'hélice, du
mistral, les deux rivages se déroulent. D'un côté c'est la Crau,
une plaine aride, pierreuse. De l'autre, la Camargue, plus
45 verte, qui prolonge jusqu'à la mer son herbe courte et ses
marais pleins de roseaux.

De temps en temps le bateau s'arrête près d'un ponton, à
gauche ou à droite, à Empire ou à Royaume, comme on disait
au Moyen Âge, du temps du Royaume d'Arles, et comme les
50 vieux mariniers du Rhône disent encore aujourd'hui. À
chaque ponton, une ferme blanche, un bouquet d'arbres. Les
travailleurs descendent chargés d'outils, les femmes leur
panier au bras, droites sur la passerelle. Vers Empire ou vers
Royaume peu à peu le bateau se vide, et quand il arrive au
55 ponton du Mas-de-Giraud où nous descendons, il n'y a
presque plus personne à bord.

Le Mas-de-Giraud est une vieille ferme des seigneurs de
Barbentane, où nous entrons pour attendre le garde qui doit
venir nous chercher. Dans la haute cuisine, tous les hommes
60 de la ferme, laboureurs, vignerons, bergers, bergerots, sont
attablés, graves, silencieux, mangeant lentement, et servis par
les femmes qui ne mangeront qu'après. Bientôt le garde paraît

avec la carriole. Vrai type à la Fenimore, trappeur de terre et
d'eau, garde-pêche et garde-chasse, les gens du pays l'appel-
65 lent *lou roudeïroù* (le rôdeur), parce qu'on le voit toujours,
dans les brumes d'aube ou de jour tombant, caché pour
l'affût parmi les roseaux ou bien immobile dans son petit
bateau, occupé à surveiller ses nasses sur les *clairs* (les étangs)
et les *roubines* (canaux d'irrigation). C'est peut-être ce métier
70 d'éternel guetteur qui le rend aussi silencieux, aussi concentré.
Pourtant, pendant que la petite carriole chargée de fusils et
de paniers marche devant nous, il nous donne des nouvelles
de la chasse, le nombre des passages, les quartiers où les
oiseaux voyageurs se sont abattus. Tout en causant, on
75 s'enfonce dans le pays.

Les terres cultivées dépassées, nous voici en pleine
Camargue sauvage. À perte de vue, parmi les pâturages, des
marais, des roubines luisent dans les salicornes. Des bouquets
de tamaris et de roseaux font des îlots comme sur une mer
80 calme. Pas d'arbres hauts. L'aspect uni, immense de la plaine,
n'est pas troublé. De loin en loin, des parcs de bestiaux étendent leurs toits bas presque au ras de terre. Des troupeaux
dispersés, couchés dans les herbes salines, ou cheminant
serrés autour de la cape rousse du berger, n'interrompent pas
85 la grande ligne uniforme, amoindris qu'ils sont par cet espace
infini d'horizons bleus et de ciel ouvert. Comme de la mer
unie malgré ses vagues, il se dégage de cette plaine un sentiment de solitude, d'immensité, accru encore par le mistral qui
souffle sans relâche, sans obstacle, et qui, de son haleine puis-
90 sante, semble aplanir, agrandir le paysage. Tout se courbe
devant lui. Les moindres arbustes gardent l'empreinte de son
passage, en restent tordus, couchés vers le sud dans l'attitude
d'une fuite perpétuelle...

2. La Cabane

Un toit de roseaux, des murs de roseaux desséchés et
95 jaunes, c'est la cabane. Ainsi s'appelle notre rendez-vous de
chasse. Type de la maison camarguaise, la cabane se compose
d'une unique pièce, haute, vaste, sans fenêtre et prenant jour
par une porte vitrée qu'on ferme le soir avec des volets pleins.
Tour le long des grands murs crépis, blanchis à la chaux, des
100 râteliers attendent les fusils, les carniers, les bottes de marais.
Au fond, cinq ou six berceaux sont rangés autour d'un vrai
mât planté au sol et montant jusqu'au toit auquel il sert
d'appui. La nuit, quand le mistral souffle et que la maison
craque de partout, avec la mer lointaine et le vent qui la
105 rapproche, porte son bruit, le continue en l'enflant, on se
croirait couché dans la chambre d'un bateau.

Mais c'est l'après-midi surtout que la cabane est charmante. Par nos belles journées d'hiver méridional, j'aime rester tout seul près de la haute cheminée où fument quelques
110 pieds de tamaris. Sous les coups du mistral ou de la tramontane, la porte saute, les roseaux crient, et toutes ces secousses
sont un bien petit écho du grand ébranlement de la nature
autour de moi. Le soleil d'hiver fouetté par l'énorme courant
s'éparpille, joint ses rayons, les disperse. De grandes ombres
115 courent sous un ciel bleu admirable. La lumière arrive par
saccades, les bruits aussi ; et les sonnailles des troupeaux
entendues tout à coup, puis oubliées, perdues dans le vent,
reviennent chanter sous la porte ébranlée avec le charme d'un
refrain... L'heure exquise, c'est le crépuscule, un peu avant
120 que les chasseurs n'arrivent. Alors le vent s'est calmé. Je sors
un moment. En paix le grand soleil rouge descend, enflammé,
sans chaleur. La nuit tombe, vous frôle en passant de son aile
noire tout humide. Là-bas, au ras du sol, la lumière d'un
coup de feu passe avec l'éclat d'une étoile rouge avivée par
125 l'ombre environnante. Dans ce qui reste de jour, la vie se
hâte. Un long triangle de canards vole très bas, comme s'ils
voulaient prendre terre ; mais tout à coup la cabane, où le

caleil est allumé, les éloigne : celui qui tient la tête de la colonne dresse le cou, remonte, et tous les autres derrière lui
130 s'emportent plus haut avec des cris sauvages.

Bientôt un piétinement immense se rapproche, pareil à un bruit de pluie. Des milliers de moutons, rappelés par les bergers, harcelés par les chiens, dont on entend le galop confus et l'haleine haletante, se pressent vers les parcs, peureux et
135 indisciplinés. Je suis envahi, frôlé, confondu dans ce tourbillon de laines frisées, de bêlements ; une houle véritable où les bergers semblent portés avec leur ombre par des flots bondissants... Derrière les troupeaux, voici des pas connus, des voix joyeuses. La cabane est pleine, animée, bruyante. Les
140 sarments flambent. On rit d'autant plus qu'on est plus las. C'est un étourdissement d'heureuse fatigue, les fusils dans un coin, les grandes bottes jetées pêle-mêle, les carniers vides, et à côté les plumages roux, dorés, verts, argentés, tout tachés de sang. La table est mise ; et dans la fumée d'une bonne
145 soupe d'anguilles, le silence se fait, le grand silence des appétits robustes, interrompu seulement par les grognements féroces des chiens qui lapent leur écuelle à tâtons devant la porte...

La veillée sera courte. Déjà, près du feu, clignotant lui
150 aussi, il ne reste plus que le garde et moi. Nous causons, c'est-à-dire nous nous jetons de temps en temps l'un à l'autre des demi-mots à la façon des paysans, de ces interjections presque indiennes, courtes et vite éteintes comme les dernières étincelles des sarments consumés. Enfin le garde se lève, allume
155 sa lanterne, et j'écoute son pas lourd qui se perd dans la nuit...

3. À l'espère (à l'affût)

L'espère ! quel joli nom pour désigner l'affût, l'attente du chasseur embusqué, et ces heures indécises où tout attend, *espère,* hésite entre le jour et la nuit. L'affût du matin un peu
160 avant le lever du soleil, l'affût du soir au crépuscule. C'est ce dernier que je préfère, surtout dans ces pays marécageux où l'eau des *clairs* garde si longtemps la lumière...

Quelquefois on tient l'affût dans le *negochin* (le naye-chien), un tout petit bateau sans quille, étroit, roulant au
165 moindre mouvement. Abrité par les roseaux, le chasseur guette les canards du fond de sa barque, que dépassent seulement la visière d'une casquette, le canon du fusil et la tête du chien flairant le vent, happant les moustiques, ou bien de ses grosses pattes étendues penchant tout le bateau d'un côté
170 et le remplissant d'eau. Cet affût-là est trop compliqué pour mon inexpérience. Aussi, le plus souvent, je vais à l'*espère* à pied, barbotant en plein marécage, avec d'énormes bottes taillées dans toute la longueur du cuir. Je marche lentement, prudemment, de peur de m'envaser. J'écarte les roseaux
175 pleins d'odeurs saumâtres et de sauts de grenouilles...

Enfin, voici un îlot de tamaris, un coin de terre sèche où je m'installe. Le garde, pour me faire honneur, a laissé son chien avec moi ; un énorme chien des Pyrénées à grande toison blanche, chasseur et pêcheur de premier ordre, et dont
180 la présence ne laisse pas que de m'intimider un peu. Quand une poule d'eau passe à ma portée, il a une certaine façon ironique de me regarder en rejetant en arrière, d'un coup de tête à l'artiste, deux longues oreilles flasques qui lui pendent dans les yeux ; puis des poses à l'arrêt, des frétillements de
185 queue, toute une mimique d'impatience pour me dire :

« Tire... tire donc ! »

Je tire, je manque. Alors, allongé de tout son corps, il bâille et s'étire d'un air las, découragé, et insolent...

Eh bien ! oui, j'en conviens, je suis un mauvais chasseur.
190 L'affût, pour moi, c'est l'heure qui tombe, la lumière dimi-

nuée, réfugiée dans l'eau, les étangs qui luisent, polissant jusqu'au ton de l'argent fin la teinte grise du ciel assombri. J'aime cette odeur d'eau, ce frôlement mystérieux des insectes dans les roseaux, ce petit murmure des longues feuilles qui
195 frissonnent. De temps en temps, une note triste passe et roule dans le ciel comme un ronflement de conque marine. C'est le butor qui plonge au fond de l'eau son bec immense d'oiseau-pêcheur et souffle... rrrououou ! Des vols de grues filent sur ma tête. J'entends le froissement des plumes, l'ébouriffement
200 du duvet dans l'air vif, et jusqu'au craquement de la petite armature surmenée. Puis, plus rien. C'est la nuit, la nuit profonde, avec un peu de jour resté sur l'eau...

Tout à coup j'éprouve un tressaillement, une espèce de gêne nerveuse, comme si j'avais quelqu'un derrière moi. Je
205 me retourne, et j'aperçois le compagnon des belles nuits, la lune, une large lune toute ronde, qui se lève doucement, avec un mouvement d'ascension d'abord très sensible, et se ralentissant à mesure qu'elle s'éloigne de l'horizon.

Déjà un premier rayon est distinct près de moi, puis un
210 autre un peu plus loin... Maintenant tout le marécage est allumé. La moindre touffe d'herbe a son ombre. L'affût est fini, les oiseaux nous voient : il faut rentrer. On marche au milieu d'une inondation de lumière bleue, légère, poussiéreuse ; et chacun de nos pas dans les *clairs*, dans les *roubines*,
215 y remue des tas d'étoiles tombées et des rayons de lune qui traversent l'eau jusqu'au fond.

4. Le Rouge et le Blanc

Tout près de chez nous, à une portée de fusil de la cabane, il y en a une autre qui lui ressemble, mais plus rustique. C'est là que notre garde habite avec sa femme et ses deux aînés :
220 la fille, qui soigne le repas des hommes, raccommode les filets de pêche ; le garçon, qui aide son père à relever les nasses, à surveiller les *martilières* (vannes) des étangs. Les deux plus jeunes sont à Arles, chez la grand-mère ; et ils y resteront jusqu'à ce qu'ils aient appris à lire et qu'ils aient fait leur *bon*
225 *jour* (première communion), car ici on est trop loin de l'église et de l'école, et puis l'air de la Camargue ne vaudrait rien pour ces petits. Le fait est que, l'été venu, quand les marais sont à sec et que la vase blanche des *roubines* se crevasse à la grande chaleur, l'île n'est vraiment pas habitable.
230 J'ai vu cela une fois au mois d'août, en venant tirer les hallebrands, et je n'oublierai jamais l'aspect triste et féroce de ce paysage embrasé. De place en place, les étangs fumaient au soleil comme d'immenses cuves, gardant tout au fond un reste de vie qui s'agitait, un grouillement de salamandres,
235 d'araignées, de mouches d'eau cherchant des coins humides. Il y avait là un air de peste, une brume de miasmes lourdement flottante qu'épaississaient encore d'innombrables tourbillons de moustiques. Chez le garde, tout le monde grelottait, tout le monde avait la fièvre, et c'était pitié de voir les
240 visages jaunes, tirés, les yeux cerclés trop grands, de ces malheureux condamnés à se traîner, pendant trois mois, sous ce plein soleil inexorable qui brûle les fiévreux sans les réchauffer... Triste et pénible vie que celle de garde-chasse en Camargue ! Encore celui-là a sa femme et ses enfants près de
245 lui ; mais à deux lieues plus loin, dans le marécage, demeure un gardien de chevaux qui, lui, vit absolument seul d'un bout de l'année à l'autre et mène une véritable existence de Robinson. Dans sa cabane de roseaux, qu'il a construite lui-même, pas un ustensile qui ne soit son ouvrage, depuis le hamac
250 d'osier tressé, les trois pierres noires assemblées en foyer, les

pieds de tamaris taillés en escabeaux, jusqu'à la serrure et la clé de bois blanc fermant cette singulière habitation.

L'homme est au moins aussi étrange que son logis. C'est une espèce de philosophe silencieux comme les solitaires,
255 abritant sa méfiance de paysan sous d'épais sourcils en broussaille. Quand il n'est pas dans le pâturage, on le trouve assis devant sa porte, déchiffrant lentement, avec une application enfantine et touchante, une de ces petites brochures roses, bleues ou jaunes, qui entourent les fioles pharmaceutiques
260 dont il se sert pour ses chevaux. Le pauvre diable n'a pas d'autre distraction que la lecture, ni d'autres livres que ceux-là. Quoique voisins de cabane, notre garde et lui ne se voient pas. Ils évitent même de se rencontrer. Un jour que je demandais au *roudeïroù* la raison de cette antipathie, il me répondit
265 d'un air grave :

« C'est à cause des opinions... Il est rouge, et moi je suis blanc. »

Ainsi, même dans ce désert dont la solitude aurait dû les rapprocher, ces deux sauvages, aussi ignorants, aussi naïfs
270 l'un que l'autre, ces deux bouviers de Théocrite, qui vont à la ville à peine une fois par an et à qui les petits cafés d'Arles, avec leurs dorures et leurs glaces, donnent l'éblouissement du palais des Ptolémées, ont trouvé moyen de se haïr au nom de leurs convictions politiques !

5. Le Vaccarès

Ce qu'il y a de plus beau en Camargue, c'est le Vaccarès. Souvent, abandonnant la chasse, je viens m'asseoir au bord de ce lac salé, une petite mer qui semble un morceau de la grande, enfermé dans les terres et devenu familier par sa cap-
280 tivité même. Au lieu de ce dessèchement, de cette aridité qui attristent d'ordinaire les côtes, le Vaccarès, sur son rivage un peu haut, tout vert d'herbe fine, veloutée, étale une flore originale et charmante : des centaurées, des trèfles d'eau, des gentianes, et ces jolies *saladelles,* bleues en hiver, rouges en
285 été, qui transforment leur couleur au changement d'atmosphère, et dans une floraison ininterrompue marquent les saisons de leurs tons divers.

Vers cinq heures du soir, à l'heure où le soleil décline, ces trois lieues d'eau sans une barque, sans une voile pour limi-
290 ter, transformer leur étendue, ont un aspect admirable. Ce n'est plus le charme intime des *clairs,* des *roubines,* apparaissant de distance en distance entre les plis d'un terrain marneux sous lequel on sent l'eau filtrer partout, prête à se montrer à la moindre dépression du sol. Ici, l'impression est
295 grande, large.

De loin, ce rayonnement de vagues attire des troupes de macreuses, des hérons, des butors, des flamants au ventre blanc, aux ailes roses, s'alignant pour pêcher tout le long du rivage, de façon à disposer leurs teintes diverses en une
300 longue bande égale ; et puis des ibis, de vrais ibis d'Égypte, bien chez eux dans ce soleil splendide et ce paysage muet. De ma place, en effet, je n'entends rien que l'eau qui clapote, et la voix du gardien qui rappelle ses chevaux dispersés sur le bord. Ils ont tous des noms retentissants : « Cifer !... (Luci-
305 fer)... L'Estello !... L'Estournello !... » Chaque bête, en s'entendant nommer, accourt, la crinière au vent, et vient manger l'avoine dans la main du gardien...

Plus loin, toujours sur la même rive, se trouve une grande *manado* (troupeau) de bœufs paissant en liberté comme les

310 chevaux. De temps en temps, j'aperçois au-dessus d'un bouquet de tamaris l'arête de leurs dos courbés et leurs petites
cornes en croissant qui se dressent. La plupart de ces bœufs
de Camargue sont élevés pour courir dans les *ferrades*, les
fêtes de villages ; et quelques-uns ont des noms déjà célèbres
315 par tous les cirques de Provence et de Languedoc. C'est ainsi
que la *manado* voisine compte entre autres un terrible
combattant, appelé le *Romain,* qui a décousu je ne sais
combien d'hommes et de chevaux aux courses d'Arles, de
Nîmes, de Tarascon. Aussi ses compagnons l'ont-ils pris pour
320 chef ; car, dans ces étranges troupeaux, les bêtes se gou-
vernent elles-mêmes, groupées autour d'un vieux taureau
qu'elles adoptent comme conducteur. Quand un ouragan
tombe sur la Camargue, terrible dans cette grande plaine où
rien ne le détourne, ne l'arrête, il faut voir la *manado* se serrer
325 derrière son chef, toutes les têtes baissées tournant du côté
du vent ces larges fronts où la force du bœuf se condense.
Nos berger provençaux appellent cette manœuvre : *vira la
bano au giscle* — tourner la corne au vent. Et malheur aux
troupeaux qui ne s'y conforment pas ! Aveuglée par la pluie,
330 entraînée par l'ouragan, la *manado* en déroute tourne sur
elle-même, s'effare, se disperse, et les bœufs éperdus, courant
devant eux pour échapper à la tempête, se précipitent dans
le Rhône, dans le Vaccarès ou dans la mer.

Nostalgies de caserne

Ce matin, aux premières clartés de l'aube, un formidable roulement de tambour me réveille en sursaut... Ran plan plan ! Ran plan plan !...

Un tambour dans mes pins à pareille heure !... Voilà qui est singulier, par exemple.

Vite, vite je me jette à bas de mon lit et je cours ouvrir la porte.

Personne ! Le bruit s'est tu... Du milieu des lambrusques mouillées, deux ou trois courlis s'envolent en secouant leurs ailes... Un peu de brise chante dans les arbres... Vers l'orient, sur la crête fine des Alpilles, s'entasse une poussière d'or d'où le soleil sort lentement... Un premier rayon frise déjà le toit du moulin. Au même moment, le tambour, invisible, se met à battre aux champs sous le couvert... Ran... plan... plan, plan, plan !

Le diable soit de la peau d'âne ! Je l'avais oubliée. Mais enfin, quel est donc le sauvage qui vient saluer l'aurore au fond des bois avec un tambour ?... J'ai beau regarder, je ne vois rien... rien que les touffes de lavande, et les pins qui dégringolent jusqu'en bas sur la route... Il y a peut-être par là, dans le fourré, quelque lutin caché en train de se moquer de moi... C'est Ariel, sans doute, ou maître Puck. Le drôle se sera dit, en passant devant mon moulin :

« Ce Parisien est trop tranquille là-dedans, allons lui donner l'aubade. »

Sur quoi, il aura pris un gros tambour, et... ran plan plan !... ran plan plan !... Te tairas-tu, gredin de Puck ! tu vas réveiller mes cigales.

Ce n'était pas Puck.

C'était Gouguet François, dit Pistolet, tambour au 31ᵉ de

ligne, et pour le moment en congé de semestre. Pistolet
s'ennuie au pays, il a des nostalgies, ce tambour, et — quand
on veut bien lui prêter l'instrument de la commune — il s'en
va, mélancolique, battre la caisse dans les bois, en rêvant de
35 la caserne du Prince-Eugène.

C'est sur ma petite colline verte qu'il est venu rêver aujour-
d'hui... Il est là, debout contre un pin, son tambour entre ses
jambes et s'en donnant à cœur joie... Des vols de perdreaux
effarouchés partent à ses pieds sans qu'il s'en aperçoive. La
40 férigoule embaume autour de lui, il ne la sent pas.

Il ne voit pas non plus les fines toiles d'araignées qui
tremblent au soleil entre les branches, ni les aiguilles de pin
qui sautillent sur son tambour. Tout entier à son rêve et à sa
musique, il regarde amoureusement voler ses baguettes, et sa
45 grosse face niaise s'épanouit de plaisir à chaque roulement.

Ran plan plan ! Ran plan plan !...

« Qu'elle est belle, la grande caserne, avec sa cour aux
larges dalles, ses rangées de fenêtres bien alignées, son peuple
en bonnet de police, et ses arcades basses pleines du bruit des
50 gamelles !... »

Ran plan plan ! Ran plan plan !...

« Oh ! l'escalier sonore, les corridors peints à la chaux, la
chambrée odorante, les ceinturons qu'on astique, la planche
au pain, les pots de cirage, les couchettes de fer à couverture
55 grise, les fusils qui reluisent au râtelier ! »

Ran plan plan ! Ran plan plan !...

« Oh ! les bonnes journées du corps de garde, les cartes
qui poissent aux doigts, la dame de pique hideuse avec des
agréments à la plume, le vieux Pigault-Lebrun dépareillé qui
60 traîne sur le lit de camp !... »

Ran plan plan ! Ran plan plan !...

« Oh ! les longues nuits de faction à la porte des ministères,
la vieille guérite où la pluie entre, les pieds qui ont froid !...
les voitures de gala qui vous éclaboussent en passant !... Oh !
65 la corvée supplémentaire, les jours de bloc, le baquet puant,
l'oreiller de planche, la diane froide par les matins pluvieux,

la retraite dans les brouillards à l'heure où le gaz s'allume, l'appel du soir où l'on arrive essoufflé ! »

Ran plan plan ! Ran plan plan !...

70 « Oh ! le bois de Vincennes, les gros gants de coton blanc, les promenades sur les fortifications... Oh ! la barrière de l'École, les filles à soldats, le piston du Salon de Mars, l'absinthe dans les bouis-bouis, les confidences entre deux hoquets, les briquets qu'on dégaine, la romance sentimentale 75 chantée une main sur le cœur !... »

Rêve, rêve, pauvre homme ! ce n'est pas moi qui t'en empêcherai... tape hardiment sur ta caisse, tape à tour de bras. Je n'ai pas le droit de te trouver ridicule.

Si tu as la nostalgie de ta caserne, est-ce que, moi, je n'ai 80 pas la nostalgie de la mienne ?

Mon Paris me poursuit jusqu'ici comme le tien. Tu joues du tambour sous les pins, toi ! Moi, j'y fais de la copie... Ah ! les bons Provençaux que nous faisons ! Là-bas, dans les casernes de Paris, nous regrettons nos Alpilles bleues et 85 l'odeur sauvage des lavandes ; maintenant, ici, en pleine Provence, la caserne nous manque, et tout ce qui la rappelle nous est cher !...

Huit heures sonnent au village. Pistolet, sans lâcher ses baguettes, s'est mis en route pour rentrer... On l'entend des- 90 cendre sous le bois, jouant toujours... Et moi, couché dans l'herbe, malade de nostalgie, je crois voir, au bruit du tambour qui s'éloigne, tout mon Paris défiler entre les pins...

Ah ! Paris... Paris !... Toujours Paris !

Comment lire l'œuvre

L'action

La question de l'unité se pose pour tout recueil de nouvelles. L'unité des *Lettres de mon moulin*, à la première lecture, apparaît assurée à la fois sur le plan formel et sur le plan thématique. La fiction du moulin et le choix de la forme épistolaire permettent au narrateur, témoin le plus souvent des histoires qu'il rapporte, d'établir un rapport de complicité avec son lecteur, en même temps qu'ils constituent une sorte de fil d'Ariane, grâce auquel le lecteur se sent introduit par un guide familier dans un univers qu'il a commencé à explorer. L'unité thématique est elle aussi préservée, même si le conteur entraîne son lecteur au-delà des frontières de la Provence, dans la mesure où toutes les nouvelles ont pour sujet commun les mœurs et les traditions méditerranéennes. Il est cependant possible d'affiner cette approche et de classer les lettres en deux grandes familles, dans lesquelles on peut à nouveau distinguer deux sous-ensembles : il suffit pour cela de distinguer les deux types de structure narrative à l'œuvre dans les *Lettres de mon moulin*, qui déterminent elles-mêmes la distribution des rôles, c'est-à-dire le type de personnages mis en scène dans l'un et l'autre groupe de lettres.

La tradition des contes et des fabliaux

Un premier ensemble de lettres est constitué par celles d'entre elles qui, implicitement ou explicitement, par l'indication du genre, en dessous du titre ou dans le préambule, se rattachent à la tradition des contes et des fabliaux. À une série de lettres qui reprennent la tradition de la fable, dont le but est de mettre en valeur une leçon, s'oppose une autre série, centrée sur le monde des ecclésiastiques, dans lesquelles Alphonse Daudet s'inscrit davantage dans la tradition de la satire.
Le choix de faire référence à tel genre particulier, comme la ballade, ou d'emprunter aux techniques mises à l'honneur

dans le roman historique à l'époque romantique, comme celle de la couleur locale dans « La Mule du pape », dont l'histoire se déroule au temps où les papes vivaient en Avignon, donne leur allure propre à chacune de ces lettres.

Les lettres porteuses d'un enseignement

Si l'on résume aussi brièvement que possible l'action des lettres appartenant à la première série, les ressemblances sont cependant évidentes. « La Chèvre de monsieur Seguin » évoque le désir de liberté d'une chèvre qui, dévorée par le loup, payera son indépendance par sa mort. « La Mule du pape » nous raconte une même histoire, envisagée de deux points de vue différents : l'histoire de Tistet Védène, qui flatte le pape en simulant une grande tendresse pour sa mule, afin d'obtenir une place enviable à la cour pontificale, est doublée par celle de la mule. Celle-ci rêve, pour sa part, de se venger des humiliations que lui a fait subir Tistet Védène et rumine sa vengeance durant de longues années avant de pouvoir la réaliser. « La Légende de l'homme à la cervelle d'or » nous conte l'histoire d'un homme né avec une cervelle d'or, dans laquelle il n'hésite pas à puiser pour satisfaire ses désirs matériels et ceux de son entourage, jusqu'à comprendre qu'il court à sa perte. « Ballades en prose », enfin, peint deux tableaux en diptyque : l'histoire du petit Dauphin, amené à comprendre que, s'il doit mourir, son rang ne le sauvera pas plus que s'il était un manant, est suivie par celle du sous-préfet qui, au moment de composer un discours important à ses yeux, se laisse séduire par le décor champêtre qui l'entoure. Le récit de chacune de ces lettres se fait en deux mouvements et obéit au principe du retournement de situation. Le premier mouvement correspond à une ascension ou à la célébration du pouvoir détenu par le personnage (liberté conquise par la chèvre, situation enviable acquise par Tistet Védène, richesse offerte à l'homme à la cervelle d'or, sentiment de puissance et de pouvoir commun au Dauphin et au sous-préfet). Le second mouvement correspond à une chute ou à une démystification (agonie de la chèvre et de l'homme à la cervelle d'or, punition de Tistet Védène, effacement du pouvoir des hommes devant la toute-puissance de la nature). « La Mule du pape » présente néanmoins la singularité de raconter, en parallèle, une deuxième histoire, fondée sur un schéma symétriquement inverse du précédent : le premier mouvement, marqué par l'ascension de Tistet, correspond aussi à la déchéance de la mule, alors que le coup de pied donné par la mule à Tistet renverse la situation initiale. Ainsi construite sur le principe général d'un retournement de situation qui, de manière significative, conduit du bonheur au malheur, chacune de ces lettres propose une leçon, implicite dans la plupart des cas, explicitée par le conteur à la fin de « L'Homme à la cervelle d'or ».

• Quels sont les proverbes qui pourraient résumer la leçon dégagée par l'histoire de Tistet Védène et de la mule ? Vous justifierez votre réponse en une phrase.

• Quelle vérité générale semble illustrer chacune des autres lettres étudiées ci-dessus ? Vous essayerez de parvenir à une formulation générale et concise, comparable à celle d'un proverbe ou d'un adage.

Les contes satiriques sur les ecclésiastiques

Le second sous-ensemble est constitué par des lettres dont les personnages principaux sont des moines ou des curés. Il diffère du précédent par le fait que ces lettres ne cherchent pas directement à illustrer une leçon, mais mettent en évidence les travers ridicules, ou simplement plaisants, des personnages mis en scène. Ainsi, par-delà la thématique et les personnages, c'est aussi le caractère satirique du récit qui réunit « Le Curé de Cucugnan », « L'Élixir du Révérend Père Gaucher » et « Les Trois Messes basses ».

« Le Curé de Cucugnan » conte l'histoire d'un brave curé qui, soucieux de sauver l'âme de ses paroissiens, imagine de les effrayer. Il raconte ainsi dans son sermon que, dans un rêve, il a trouvé tous les défunts Cucugnanais en enfer, alors qu'il avait visité d'abord le paradis et le purgatoire.

« L'Élixir du Révérend Père Gaucher » est l'histoire d'un moine autant que celle d'une abbaye. Le père Gaucher, moine fruste, a l'idée ingénieuse de fabriquer un élixir et de le vendre pour sauver son abbaye de la misère où elle est plongée. Le projet réussit, mais le pauvre père Gaucher, maintenant estimé par tous les autres moines, risque son salut en fabriquant son élixir, car il s'enivre en goûtant lui-même son breuvage et profère alors des blasphèmes épouvantables. La communauté monastique décide alors de réciter des prières pour racheter les péchés commis par le père Gaucher sous le coup de cette ivresse, plutôt que de renoncer à faire fabriquer cette boisson qui leur a donné la prospérité.

« Les Trois Messes basses », enfin, racontent le péché commis par dom Balaguère qui, pressé de se rendre au repas de réveillon qui l'attend au château, hâte le déroulement de ses messes de Noël, jusqu'à l'absurde. Mort d'apoplexie au cours de ce repas trop riche, il est condamné à redire éternellement ces messes de Noël qu'il avait bâclées dans sa hâte d'aller déguster le somptueux souper offert au château.

L'intrigue de ces trois lettres s'articule autour des thèmes religieux du péché et du salut de l'âme. Le principe est à nouveau celui d'un renversement de situation, comme il apparaît très clairement dans « Le Curé de Cucugnan » et « Les Trois Messes basses ». Le premier mouvement correspond au péché et à la damnation (les damnés de Cucugnan en enfer, le péché commis par dom Balaguère). Le second mouvement correspond, au contraire, à la rédemption (confession et changement d'attitude des Cucugnanais, messes dites par le fantôme de dom Balaguère). Quant à la lettre de « L'Élixir du Révérend Père Gaucher », un peu plus complexe et plus longue, elle présente une double structure, relativement comparable à celle de « La Mule du pape ». Il est préférable de distinguer trois mouvements pour en bien comprendre le fonctionnement. Le premier mouvement campe la situation initiale, caractérisée par la déchéance de l'abbaye et du père Gaucher, alors pauvre frère mésestimé par les autres moines. Le second mouvement montre Gaucher réhabilité, en même temps que l'abbaye restaurée dans sa grandeur matérielle, grâce à son invention. Le troisième mouvement montre que la sauvegarde purement matérielle de la communauté est acquise au prix de la damnation possible du père Gaucher. La différence entre les contes et fables de la première série et ces lettres sur les ecclésiastiques réside dans le fait que dans ces dernières, le procédé du retournement de situation ne sert pas vraiment un projet édifiant, en dépit des thèmes traités. Il s'agit moins d'instruire que de faire sourire, le thème du salut étant traité sur un mode délibérément fantaisiste, même s'il ne l'est jamais non plus dans une perspective franchement sceptique ou irrespectueuse.

Le schéma narratif des chroniques
Souvenirs de Corse et d'Algérie

Dans les lettres traitant de la Corse et de l'Algérie, dont ce recueil offre trois exemples représentatifs, « Les Douaniers », « À Milianah » et « Les Sauterelles », l'organisation narrative est typique du genre de la chronique. Les éléments narratifs sont soumis au projet propre à ce genre de textes : rendre compte des mœurs d'une contrée et brosser un tableau pittoresque.

Le meilleur exemple est sans doute offert par la longue lettre intitulée « À Milianah ». La première phrase résume parfaitement le projet : le conteur affirme vouloir emmener son lecteur « passer la journée dans une jolie petite ville d'Algérie ». Le déroulement du récit est dès lors calqué sur celui de la journée passée par le narrateur. L'ennui et la tristesse de sa chambre poussent le narrateur à sortir pour assister d'abord, sur la grand place, à un concert donné par une fanfare militaire. Il se rend ensuite chez un notable indigène, Sid'Omar, qui dans cette petite ville remplit notamment les fonctions de juge. La visite à Sid'Omar est le prétexte d'un portrait haut en couleur et permet d'évoquer le différend qui oppose un juif à un caïd. Après qu'un rendez-vous a été pris pour le dîner, les suites de ce différend conduisent le narrateur dans le quartier où habitent les juifs de Milianah, émus par la manière brutale dont a été traité leur coreligionnaire chez Sid'Omar. Pour occuper le temps qui lui reste à passer jusqu'à ce dîner, le narrateur rend visite à l'interprète du bureau arabe, aux prises avec un indigène venu exposer le cas d'un chapelet volé. Une fois dehors, il se trouve pris sous un orage. Sonne alors l'heure du repas chez Sid'Omar. Une soirée au théâtre achèvera cette journée.

À proprement parler, cette lettre se compose d'une suite de tableaux. Les descriptions sont nombreuses, tant de lieux que de personnages : la grand place, Sid'Omar et sa boutique, Iscariote et le quartier juif, l'interprète et le bureau arabe, le repas à la mode orientale, le théâtre de Milianah. Les éléments proprement narratifs ont pour fonction essentielle d'animer ces tableaux, de leur donner vie. L'histoire de l'indigène dans le bureau arabe n'a pas d'autre fonction : de manière significative, le narrateur se déclare ennuyé par l'histoire interminable de l'indigène qui, en soi, n'est pas très intéressante. Ces éléments naratifs ont aussi pour fonction d'assurer le déplacement du narrateur dans l'espace et partant, de déterminer la succession des tableaux : ainsi, l'histoire du juif présent chez Sid'Omar pousse le narrateur à faire une visite au quartier juif. Le déroulement narratif de cette lettre est donc exemplaire du genre de la chronique, où il ne s'agit pas tant de raconter que de décrire et d'expliquer, en introduisant la dimension narrative nécessaire pour servir ce projet.

Dans d'autres chroniques, comme « Les Douaniers » et « Les Sauterelles », la narration peut aussi s'articuler autour d'un événement central. Dans la seconde de ces deux lettres, le narrateur évoque son séjour dans une ferme du Sahel, dévastée, le lendemain même de son arrivée, par un nuage de sauterelles. Le but poursuivi par l'auteur est le même que dans « À Milianah ». Il s'agit à nouveau de faire découvrir l'Algérie, en évoquant ici les difficultés que doivent affronter les fermiers français dans cette terre fraîchement colonisée. C'est en apparence un texte essentiellement narratif, mais la catastrophe qui sert de fil rouge à la narration permet simplement de décrire la vie d'une exploitation agricole à un moment doublement intéressant, à la fois parce qu'il est dramatique, susceptible par là de toucher le lecteur, et parce qu'il est emblématique d'une situation généralement difficile. Le pro-

cédé est le même que dans « À Milianah » : le narrateur
assiste par hasard à un événement qui, comparable en cela au
différend entre un juif et un caïd dans la boutique de
Sid'Omar, lui permet de brosser un tableau vivant.

• La lettre intitulée « Les Douaniers » est construite sur le
même principe que « Les Sauterelles » : quel est l'événement
cristallisateur ? Quel est l'objet du tableau peint par le narrateur ? Que veut-il montrer en peignant ce tableau et en
choisissant cet événement cristallisateur ?

Les chroniques provençales

Différentes lettres, consacrées aux figures et aux mœurs du
pays provençal, se rattachent à ce genre de la chronique :
telles sont, dans ce volume, « L'Arlésienne », « La Diligence
de Beaucaire », « Le Poète Mistral » et « Le Secret de maître
Cornille ». Si elle mérite d'être regroupée avec les précédentes
en raison de son sujet – le désarroi d'un meunier traditionnel,
privé d'ouvrage par le développement des minoteries indus-
trielles –, d'autant qu'elle peint une figure haute en couleur
du Provençal attaché à ses traditions, encore cette dernière
lettre présente-t-elle une structure proche de celle d'un conte.
La structure d'une lettre comme « Le Poète Mistral » est parfaitement comparable à celle d'une chronique comme « À
Milianah », par exemple. Le conteur se met en scène dans un
préambule où il évoque son ennui, comme au début de la
lettre sur la petite ville algérienne. Pour tromper cet ennui, il
rend visite à Frédéric Mistral. Cette visite donne lieu à une
description de la maison provençale occupée par Mistral et
du poète lui-même, ainsi qu'à l'évocation de son accueil et de
la fanfare venue célébrer Mistral. Le conteur rend ensuite
compte du contenu de *Calendal*, l'œuvre à laquelle travaille
le poète provençal. Il est temps alors de passer à table, pour
déguster un repas apprécié pour sa savoureuse authenticité.
La promenade dans Maillane en fête, après le repas, puis le
souper et une nouvelle célébration du talent de Mistral achèvent la journée du conteur en même temps qu'elles mettent
un terme à cette lettre. Le cours du récit se calque sur le cours

de la journée passée par le conteur, dont le lecteur est invité à suivre les déplacements. Comme « À Milianah », cette lettre ne raconte pas une histoire à proprement parler, mais peint le grand poète du Félibrige au milieu de son petit monde provençal, en proposant une série de tableaux animés de micro-récits (la fanfare, les aventures de Calendal, les festivités).

« L'Arlésienne » et « La Diligence de Beaucaire » sont construites, elles, sur un modèle comparable à celui des « Sauterelles ». Dans la première de ces deux lettres, le conteur évoque d'abord un mas dont les habitants sont plongés dans la douleur, pour nous raconter l'événement qui est à l'origine de ce malheur. Jan, le fils de la maison, est tombé éperdument amoureux d'une jeune fille d'Arles, à laquelle il doit bientôt se marier. Lors d'un repas qui est presque un repas de noces, un homme se présente au mas, pour informer le père de Jan que l'Arlésienne a été sa maîtresse durant deux années. Le mariage n'étant plus possible, Jan cache sa douleur en travaillant d'arrache-pied, à tel point que le père s'imagine que son fils a réussi à surmonter son chagrin. Seule la mère garde des soupçons, bientôt justifiés par le suicide de Jan qui, peu de temps après, choisit de se pendre. Dans « La Diligence de Beaucaire », le conteur commence par décrire le décor, la diligence elle-même, et les voyageurs. Après que deux hommes se sont querellés à propos des madones de leurs paroisses respectives, un boulanger ne tarde pas à raconter, sur un ton égrillard, les déboires conjugaux d'un rémouleur de Beaucaire, également présent dans la diligence. Tous les voyageurs étant descendus de la diligence, à l'exception du conteur et du rémouleur, ces deux derniers restent seuls, dans un silence rendu pesant par les propos du boulanger. Au moment de descendre à son tour, le rémouleur fait éclater son amertume et sa douleur, qui, selon ses propres termes, pourraient bien le conduire à tuer un jour sa belle infidèle.

Ces deux lettres sont construites suivant le même principe. Elles se décomposent toutes deux en quatre mouvements

structurels :
– la mise en situation (description de la ferme et de ses habitants, description de la diligence et des voyageurs) ;
– le nœud du drame : l'opposition des deux protagonistes (infidélité ou inconstance de la rémouleuse ou de l'Arlésienne / passion apparemment sans limites du rémouleur et de Jan) ;
– la résolution apparente du conflit (Jan se réfugie dans le travail / le rémouleur accepte de reprendre son épouse après chacune de ses escapades) ;
– le dénouement : la résolution dramatique du conflit (Jan se suicide/le rémouleur complaisant se révèle prêt à tuer sa femme).

Un cas à part : « Le Secret de maître Cornille »

Parce qu'elle peint un type provençal en même temps qu'elle fait ressortir le contraste entre la Provence d'hier et celle de la modernité, la lettre du « Secret de maître Cornille » mérite pleinement d'être rangée dans la série des chroniques provençales. Par sa structure, cette lettre mériterait pourtant aussi bien d'être rattachée à la série des contes et des fabliaux. Elle est, comme eux, construite sur le principe du retournement de situation. La situation initiale insiste sur le refus de maître Cornille d'abandonner son moulin au moment où les minotiers industriels font leur apparition. La première étape dans le déroulement du récit correspond à une résolution apparente : le moulin de maître Cornille continue à tourner et à produire de la farine. La deuxième étape correspond à la révélation du secret : maître Cornille, privé d'ouvrage, fait tourner son moulin à vide et remplit ses sacs de plâtre. La troisième étape correspond à une résolution véritable du problème initial : les villageois confient à nouveau du grain à maître Cornille, pour que son moulin continue vraiment à produire du grain.
Ce dernier exemple montre bien les limites d'une tentative de classement des lettres. Si le classement proposé dans ce volume a pour but de faire ressortir des similitudes entre certaines d'entre elles, dans la structure narrative, dans le maté-

riau thématique et dans les personnages, il ne faut pas oublier que Daudet ne se soucie pas de s'enfermer dans tel type d'écriture prédéfini et reste bien sûr susceptible d'user à tout moment de toutes les ressources de son art littéraire.

Les personnages

Quelques personnages représentatifs

Le curé de Cucugnan
ou l'ecclésiastique débonnaire

Le curé de Cucugnan est caractérisé de manière très brève, comme il convient pour le personnage principal d'un récit court. Les deux notations qui interviennent au début de la lettre, lors de la présentation du personnage, suffisent presque à le définir. « Bon comme le pain » et « franc comme l'or », le curé de Cucugnan est un homme plein de bonté, soucieux du salut de son prochain, comme il convient à un prêtre. C'est un « saint homme », comme le désigne saint Pierre, ce qui n'est pas tout à fait la même chose qu'être un saint. Le curé de Cucugnan reste un homme, et son humanité transparaît dans la chair de poule qu'il avoue avoir contractée en se rendant au purgatoire. Son nom même renforce l'idée d'un personnage débonnaire, quelque peu candide.

L'intérêt de ce personnage, qui fonde en partie l'intérêt du récit tout entier, réside pourtant dans son ambivalence. Si sa bonté semble inclure une certaine candeur, il doit aussi être considéré comme rusé. Le choix de raconter un voyage aux enfers à ses paroissiens, plutôt que de les exhorter au repentir dans un long sermon édifiant, atteste ce trait du personnage. Il sait d'instinct adopter la manière la plus efficace de faire rentrer ses paroissiens dans le droit chemin. Sympathique aux yeux du lecteur, il offre un mélange plaisant de bonhomie et d'habileté, de naïveté et de ruse.

Le personnage du père Gaucher, dans le recueil, est celui qui ressemble le plus au curé de Cucugnan. Naïf et de manières grossières, il n'a pas l'esprit fin mais il a suffisamment d'astuce pour imaginer de concurrencer les moines chartreux et leur fameuse liqueur. Il s'inscrit donc dans une même lignée de personnages d'ecclésiastiques qui suscitent le sourire en même temps qu'ils forcent l'admiration et, dans le cas du père Gaucher, la pitié. Ce dernier est en effet conçu de telle manière qu'il ne peut guère laisser son lecteur indifférent : rustre, il fait rire et émeut déjà par son statut de pauvre diable ; inventif, il surprend ; conduit à risquer son salut pour préserver la prospérité retrouvée de la communauté, il devient véritablement émouvant.

Jan, le Provençal amoureux

Il suffit à Daudet d'une phrase, ou presque, pour camper le personnage de Jan, « admirable paysan de vingt ans, sage comme une fille, solide et le visage ouvert », mais aussi « très beau ». La force, la beauté, la franchise et la droiture sont les qualités possédées par le personnage. Ces qualités le valorisent aux yeux du lecteur, d'autant plus disposé à prendre le parti de Jan qu'il ne verra jamais l'Arlésienne. Le narrateur note à dessein qu'il est « sage comme une fille » : par cette expression il souligne le fait que Jan a gardé son cœur et son corps intacts pour un amour unique, comme étaient censées le faire les jeunes filles… et comme précisément ne l'a pas fait l'Arlésienne, qui a déjà eu un jeune homme pour amant, avant de connaître Jan.

La suite de la nouvelle met en évidence d'autres qualités du personnage qui contribuent à le rendre attachant. Il est essentiellement fidèle, car si le sentiment de l'honneur le conduit à refuser de prendre l'inconstante Arlésienne pour épouse, nulle autre fille ne saurait la remplacer dans son cœur et il ne demeure préoccupé que d'elle. C'est un jeune homme sensible, qui souffre d'amour jusqu'à se donner la mort. Cette sensibilité met d'autant mieux en évidence son stoïcisme, c'est-à-dire sa capacité à faire front courageusement au malheur, au moins durant un moment.

Le rémouleur, dans « La Diligence de Beaucaire », est comparable à Jan. Sans doute ne représente-t-il pas, comme Jan, le type du héros à la fois admirable et pitoyable. Essentiellement pathétique, il peut seulement émouvoir : c'est un personnage plus dérisoire, ce qui se justifie par le fait que la lettre traite de l'infidélité d'une épouse et non de l'inconstance d'une fiancée. Les deux traits de caractère qu'il partage avec Jan sont pourtant essentiels dans le déroulement du récit. Fidèle et constant, au contraire de son épouse volage, le rémouleur fait preuve, comme Jan, d'un certain stoïcisme. Le premier trait est destiné à le rendre sympathique aux yeux du lecteur ; le second permet de nourrir un suspens. Dans l'une et l'autre lettre, la question est de savoir jusqu'où peut aller le stoïcisme du personnage principal, et le dénouement de la lettre coïncide avec le moment où ce stoïcisme est ébranlé.

Maître Cornille, le Provençal attaché à ses traditions

Maître Cornille incarne exemplairement dans le recueil la résistance d'une Provence traditionnelle, menacée de disparaître en raison de l'évolution des techniques et des mœurs. En le dépeignant comme « enragé pour son état », le narrateur offre une image presque complète de maître Cornille. C'est un être passionné, dont l'amour pour son moulin est aussi profond que la passion de Jan pour l'Arlésienne. Cette passion prend le pas sur tout autre sentiment, jusqu'à le conduire à se couper du reste des habitants de son village. Elle semble même l'emporter sur l'amour que ce vieil homme voue à sa petite-fille, Vivette, mais c'est là seulement une apparence. Au contraire, Daudet a créé ce personnage de la jeune fille à la fois parce qu'elle lui permet de dénouer son récit – c'est le mariage de Vivette qui permet à la communauté villageoise de découvrir le secret de maître Cornille et de rompre l'isolement où s'était enfermé le vieillard intransigeant – et parce qu'elle permet de mettre en évidence l'humanité de maître Cornille.

Intransigeant, passionné et cependant humain, maître Cornille est caractérisé par son sens de l'honneur. Le narrateur insiste sur le fait qu'il s'agit d'un homme respecté dans le village, écouté. Lui-même a une réaction significative, après que les villageois sont entrés dans son moulin et en ont découvert le secret : il estime son « moulin déshonoré ». Ces quelques qualités font de maître Cornille plus qu'un personnage de conte : un authentique héros tragique. Sa caractéristique principale est la constance : comme le héros tragique, il refuse de s'incliner et choisit d'affronter la fortune plutôt que de s'y soumettre, lorsqu'elle ne lui est plus favorable. Il lutte en sachant qu'il n'a guère de chance de vaincre, car, pauvre être humain, il est dépassé par son adversaire, l'évolution de l'histoire, comme le héros de la tragédie antique est dominé par les dieux. Humain, il acquiert en plus une dimension pathétique et cette dimension l'inscrit à nouveau dans un horizon culturel qui est celui de la tragédie antique. La réussite de Daudet, en créant maître Cornille, c'est d'avoir su imaginer un personnage qui réussit à la fois à être un symbole et un personnage vivant, une figure familière et un héros tragique.

Dans une certaine mesure, le poète Mistral, mis en scène dans une des lettres, est à rapprocher de maître Cornille. Alors que le vieux meunier incarne une résistance instinctive de la vieille Provence contre une modernité destructrice, Mistral représente simplement une résistance consciente, raisonnée. Par son humanité, son respect des traditions, sa droiture, mais aussi sa passion pour son métier et ses idées, Mistral, peint par Daudet, est doté des qualités qu'il prête à ses personnages provençaux, à commencer par maître Cornille.

Palombo, le douanier courageux

Avec l'économie caractéristique de la nouvelle, Daudet, une fois encore, a tôt fait de camper Palombo, le douanier corse qui meurt d'une pleurésie, personnage principal de la lettre « Les Douaniers ». Après une présentation générale de la vie misérable menée par les douaniers corses et par leurs familles, il attire l'attention du lecteur sur « le plus gai, [...] le plus satisfait d'entre tous, un petit Bonifacien hâlé et trapu, qu'on appelait Palombo ». Ce personnage ne cesse de chanter, même au milieu des pires tempêtes. Il est donc défini par sa gaieté, son courage, voire son insouciance et représente le type de l'homme qui, forcé de mener une existence pénible et dangereuse, n'en accepte pas moins son sort avec bonne humeur. Le projet de l'auteur, en créant un personnage comme Palombo, n'est pas de concevoir un caractère riche de potentialités romanesques, mais simplement de brosser le portrait réaliste et émouvant d'un homme emblématique de toute une profession. Les qualités de Palombo, si elles composent un portrait à la fois attachant et vivant, ne lui appartiennent pourtant pas en propre. Tel qu'il est décrit, Palombo est capable de représenter tous ses camarades, dont il possède les principales qualités, poussées simplement chez lui à un point rare. Au moment d'agoniser, Palombo use ses dernières forces à remercier le narrateur de veiller un peu sur lui et de tenter d'atténuer ses souffrances : il s'affirme dans la mort, plus que jamais, comme l'homme qui sait accepter son sort et qui sait apprécier le peu que la vie consent à lui offrir. Le malheur de Palombo renvoie aux autres douaniers « le sentiment de leur propre infortune » et arrache seulement de grands soupirs « à ces ouvriers de la mer, patients et doux » : le petit Bonifacien les représente tous et symbolise alors la dureté de l'existence menée par ces douaniers maritimes.

Le merveilleux et le fantastique

Le fantastique

Est-il pertinent de parler de fantastique à propos des *Lettres de mon moulin* ? Une seule lettre appelle l'usage de ce terme, « La Légende de l'homme à la cervelle d'or ». Encore ce récit n'appartient-il, pas à proprement parler, au genre du fantastique. En effet, le fantastique suppose l'intrusion d'éléments surnaturels qui restent cependant passibles d'une interprétation naturelle. Le fantastique repose donc sur une incertitude, sur une hésitation. Lorsque le fait surnaturel est donné comme tel, par exemple lorsqu'une fée transforme une citrouille en carrosse d'un coup de baguette magique, il faut parler de merveilleux.

S'il est évident que le merveilleux est largement représenté dans les *Lettres de mon moulin*, pourquoi fait-on cependant si souvent référence au fantastique pour définir « La Légende de l'homme à la cervelle d'or », dans laquelle le surnaturel – le fait d'avoir une cervelle en or – est présenté exactement de la même manière que s'il était naturel ? L'emploi de cette notion à propos de cette lettre découle d'un usage galvaudé du mot, dans lequel il finit par devenir simplement synonyme d'étrange et d'inquiétant. C'est cette dimension inquiétante et étrange qui distingue « La Légende de l'homme à la cervelle d'or » d'autres lettres où le merveilleux a sa place, comme « Les Trois Messes basses », avec la réapparition, à chaque Noël, du fantôme de dom Balaguère, condamné à redire les messes qu'il avait célébrées avec trop de hâte. Les images d'un homme qui se gratte la cervelle et d'un crâne bientôt sanguinolent nous renvoient en fait à un genre proche du fantastique, le roman noir, dans lequel certains éléments sont de nature à effrayer le lecteur. Singulière dans le recueil, cette lettre illustre par cette dimension même l'extraordinaire capacité de Daudet à pratiquer en alternance différents types d'écriture, en s'inscrivant au croisement de différentes traditions littéraires.

Du réalisme à la poésie

Le merveilleux joue un rôle essentiel dans le passage du réalisme à la poésie, qui sont les deux éléments dont les *Lettres de mon moulin* présentent un mélange parfaitement réussi. Ce rôle n'est nulle part plus évident que dans les lettres où l'auteur en use avec une relative parcimonie. Tel est le cas, par exemple, de « La Mule du pape ». L'événement qui constitue la chute de cette histoire, un coup de sabot phénoménal, capable d'envoyer un homme à une quarantaine de kilomètres, n'est en rien réaliste. À ce point de l'histoire, il ne suprend guère le lecteur, pourtant, dans la mesure où le caractère fantaisiste de ce récit a été souligné dès le préambule. Dans ce conte dicté par les cigales, prenant pour personnages principaux un pape imaginaire et sa mule qui l'est tout autant, un événement littéralement extraordinaire, comme ce coup de sabot, participe d'une démarche par laquelle l'écriture se détache de la réalité et gagne en poésie ce qu'elle perd en réalisme ! Ce passage du réalisme à la poésie s'effectue de manière tellement naturelle qu'il devient difficile en vérité de distinguer ce qui est merveilleux de ce qui correspond simplement à une transfiguration de la réalité. Ainsi, dans « La Chèvre de monsieur Seguin », l'accueil de la nature, le mouvement des arbres pour saluer Blanquette, toute la magie de cette nature peuplée d'animaux qui parlent expriment le ravissement de la jeune chèvre. La nature n'est plus décrite comme elle est, elle devient littéralement extraordinaire, conforme non à la réalité, mais aux rêves de ceux qui évoluent dans ce décor : on ne saurait mieux définir la poésie de cette description.

Le merveilleux chrétien

Le merveilleux chrétien est logiquement présent dans deux des contes sur les ecclésiastiques, « Le Curé de Cucugnan » et « Les Trois Messes basses ». Dans la première de ces deux lettres, Daudet évoque, par l'intermédiaire du sermon prononcé par le bon curé Martin, le paradis, l'enfer et le purgatoire. Dans la seconde, il montre la messe dite du côté de Trinquelage, dans la montagne, par le gourmand dom Balaguère, condamné à redire chaque année la messe de Noël à ses paroissiens en costumes d'époque, des siècles après leur mort ! Dans les deux cas, le merveilleux est traité avec une forme d'humour qui n'exclut pas la poésie. L'évocation de saint Pierre, de l'ange ou du démon cornu, est plus étrange que véritablement effrayante, d'autant que le récit de cette descente aux enfers imaginaire est traité par le curé sur un ton familier qui lui permet de toucher plus sûrement ses paroissiens. De même, le fait que ce soit un vigneron nommé Garrigue, probablement le descendant de Garrigou, qui voit la scène amuse le lecteur et pique sa curiosité plus qu'il ne le fait frémir. N'apprend-on pas que le vigneron aurait trop goûté à son vin, comme le père Gaucher ? Si la vision surnaturelle constitue peut-être le résultat de l'ivresse, ne devrait-on pas parler alors de fantastique ? Cette question, à vrai dire, importe peu dans ce cas précis : ce qui compte, c'est davantage l'effet obtenu par le narrateur, qui, à la fin de ce conte de Noël, propose un petit tableau animé aussi familier et aussi coloré qu'une crèche de santons.

Correspondances

–1

Roman de Balzac qui a directement inspiré « La Légende de l'homme à la cervelle d'or », *La Peau de chagrin* raconte l'histoire de Raphaël, entré en possession d'une peau de chagrin censée exaucer tous ses désirs en diminuant d'autant à chaque fois, en proportion du temps qu'il lui reste à vivre. L'annonce d'un héritage imprévu glace de terreur le jeune homme, car elle lui permet de vérifier le pouvoir de la peau :

« En ce moment, Raphaël se leva soudain en laissant échapper le mouvement brusque d'un homme qui reçoit une blessure. Il se fit comme une acclamation silencieuse, le premier sentiment fut dicté par une sourde envie, tous les yeux se tournèrent vers lui comme autant de flammes. Puis un murmure, semblable à celui d'un parterre qui se courrouce, une rumeur d'émeute commença, grossit, et chacun dit un mot pour saluer cette fortune immense apportée par le notaire. Rendu à toute sa raison par la brusque obéissance du sort, Raphaël étendit promptement sur la table la serviette avec laquelle il avait mesuré naguère la Peau de chagrin. Sans rien écouter, il y superposa le talisman, et frissonna violemment en voyant une petite distance entre le contour tracé sur le linge et celui de la Peau.

– Hé bien ! qu'a-t-il donc ? s'écria Taillefer, il a sa fortune à bon compte.

– Soutiens-le, Châtillon, dit Bixiou à Émile, la joie va le tuer.

Une horrible pâleur dessina tous les muscles de la figure flétrie de cet héritier, ses traits se contractèrent, les saillies de son visage blanchirent, les creux devinrent sombres, le masque fut livide, et les yeux se fixèrent. Il voyait la MORT. Ce banquier splendide entouré de courtisanes fanées, de visages rassasiés, cette agonie de la joie, était une vivante image de sa vie. Raphaël regarda trois fois le talisman qui jouait à l'aise dans les impitoyables lignes imprimées sur la serviette, il essayait de douter ; mais un clair pressentiment anéantissait son incrédulité. Le monde lui appartenait, il pouvait tout et ne voulait plus rien. »

Honoré de Balzac, *La Peau de chagrin*, 1831.

2

Le héros, qui vient d'acheter chez un antiquaire un pied de momie destiné à servir de presse-papiers, le voit s'animer :

« Au lieu d'être immobile comme il convient à un pied embaumé depuis quatre mille ans, il s'agitait, se contractait et sautillait sur les papiers comme une grenouille effarée : on l'aurait cru en contact avec une pile voltaïque ; j'entendais fort distinctement le bruit sec que produisait son petit talon, dur comme un sabot de gazelle.

J'étais assez mécontent de mon acquisition, aimant les serre-papiers sédentaires et trouvant peu naturel de voir les pieds se promener sans jambes, et je commençais à éprouver quelque chose qui ressemblait fort à de la frayeur.

Tout à coup je vis remuer le pli d'un de mes rideaux, et j'entendis un piétinement comme d'une personne qui sauterait à cloche-pied. Je dois avouer que j'eus chaud et froid alternativement ; que je sentis un vent inconnu me souffler dans le dos, et que mes cheveux firent sauter, en se redressant, ma coiffure de nuit à deux ou trois pas.

Les rideaux s'entr'ouvrirent, et je vis s'avancer la figure la plus étrange qu'on puisse imaginer.

C'était une jeune fille, café au lait très foncé, comme la bayadère Amani, d'une beauté parfaite et rappelant le type égyptien le plus pur ; elle avait des yeux taillés en amande avec des coins relevés et des sourcils tellement noirs qu'ils paraissaient bleus, son nez était d'une coupe délicate, presque grecque pour la finesse, et l'on aurait pu la prendre pour une statue de bronze de Corinthe, si la proéminence des pommettes et l'épanouissement un peu africain de la bouche n'eussent fait reconnaître, à n'en pas douter, la race hiéroglyphique des bords du Nil.

Ses bras minces et tournés en fuseau, comme ceux des très jeunes filles, étaient cerclés d'espèces d'emprises de métal et de tours de verroterie ; ses cheveux étaient nattés en cordelettes, et sur sa poitrine pendait une idole en pâte verte que son fouet à sept branches faisait reconnaître pour l'Isis, conductrice des âmes ; une plaque d'or scintillait à son front, et quelques traces de fard perçaient sous les teintes de cuivre de ses joues.

Quant à son costume, il était très étrange.

Figurez-vous un pagne de bandelettes chamarrées d'hiéroglyphes noirs et rouges, empesées de bitume et qui semblaient appartenir à une momie fraîchement démaillottée. »

Théophile Gautier, *Le Pied de momie*, 1840.

—3

Le personnage principal de ce conte se découvre un étrange pouvoir :

« Il y avait à Montmartre, au troisième étage du 75 *bis* de la rue d'Orchampt, un excellent homme nommé Dutilleul qui possédait le don singulier de passer à travers les murs sans en être incommodé. Il portait un binocle, une petite barbiche noire, et il était employé de troisième classe au ministère de l'Enregistrement. En hiver, il se rendait à son bureau par l'autobus, et, à la belle saison, il faisait le trajet à pied, sous son chapeau melon.

Dutilleul venait d'entrer dans sa quarante-troisième année lorsqu'il eut la révélation de son pouvoir. Un soir, une courte panne d'électricité l'ayant surpris dans le vestibule de son petit appartement de célibataire, il tâtonna un moment dans les ténèbres et, le courant revenu, se trouva sur le palier du troisième étage. Comme sa porte d'entrée était fermée à clé de l'intérieur, l'incident lui donna à réfléchir et, malgré les remontrances de sa raison, il se décida à rentrer chez lui comme il en était sorti, en passant à travers la muraille. Cette étrange faculté, qui semblait ne répondre à aucune de ses aspirations, ne laissa pas de le contrarier un peu et, le lendemain matin, profitant de la semaine anglaise, il alla trouver un médecin du quartier pour lui exposer son cas. Le docteur put se convaincre qu'il disait vrai et, après examen, découvrit la cause du mal dans un durcissement hélicoïdal de la paroi strangulaire du corps tyroïde. Il prescrivit le surmenage intensif et, à raison de deux cachets par an, l'absorption de poudre de pirette tétravalente, mélange de farine de riz et d'hormone de centaure.

Ayant absorbé un premier cachet, Dutilleul rangea le médicament dans un tiroir et n'y pensa plus. Quant au surmenage intensif, son activité de fonctionnaire était réglée par des usages ne s'accommodant d'aucun excès, et ses heures de loisir, consacrées à la lecture du journal et à sa collection de timbres, ne l'obligeaient pas non plus à une dépense déraisonnable d'énergie. Au bout d'un an, il avait donc gardé intacte la faculté de passer à travers les murs, mais il ne l'utilisait jamais, sinon par inadvertance, étant peu curieux d'aventures et rétif aux entraînements de l'imagination. »

Marcel Aymé, *Le Passe-Muraille*, Gallimard, 1943.

La couleur locale
et la recherche du pittoresque

Qu'il nous transporte dans le passé ou nous fasse simplement découvrir la Provence de toujours, riche de ses traditions et de ses fêtes, Alphonse Daudet propose à tout moment des tableaux colorés et évocateurs. Il recherche le pittoresque, et il atteint son but, en donnant à ces tableaux ce qu'à la suite des romantiques, et en particulier de Hugo, on a appelé la « couleur locale », terme qui désigne un ensemble de détails caractéristiques d'un lieu ou d'une époque et propres à les évoquer.

L'évocation historique

• Un exercice virtuose de réécriture

Alphonse Daudet réussit particulièrement bien à retranscrire cette couleur locale dans les lettres où il nous parle d'un passé, recréé par l'imagination plutôt que fidèle à la réalité historique. Les procédés littéraires qu'il utilise, à commencer par l'emploi d'un vocabulaire spécifique, sont ceux-là mêmes qu'un Victor Hugo pouvait mettre en œuvre pour évoquer le monde chamarré de la cour des miracles et de Paris au Moyen Âge, dans son roman historique, *Notre-Dame de Paris*. La touche originale que Daudet apporte à sa peinture réside précisément dans la fantaisie, liée au fait qu'au moment où il écrit il a conscience de remettre au goût du jour un type d'écriture illustré par des maîtres prestigieux. C'est à un exercice littéraire que se livre Daudet, comme en témoigne la référence au romantisme allemand et au genre de la ballade dans le titre et le début de « Ballades en prose », un exercice ludique de réécriture qui pourtant ne paraît à aucun moment vain ou artificiel.

• L'utilisation des ressources du vocabulaire

La couleur locale est apportée par l'utilisation de champs lexicaux définis, assez simples à repérer puisque c'est précisément la fréquence des mots se rapportant à un domaine qui compose une vision d'ensemble pittoresque. Il y a là une forme d'impressionnisme littéraire, dans la mesure où chacun des mots, pris séparément, n'a guère de pouvoir évocateur. Dans « La Mort du Dauphin », l'auteur réussit à faire revivre le passé sous nos yeux en insistant notamment sur les personnages et leur fonction dans le monde de l'époque, des « suisses à bedaines dorées » aux lansquenets et aux « vieux soudards », en passant par les chambellans, « les courtisans en habit de soie », « les dames d'honneur éplorées », les « médecins en robe », les marmitons, gouverneurs et autres palefreniers.

Dans « La Mule du pape », nombre d'expressions renvoient au travail des artisans du Moyen Âge, dans la description initiale d'Avignon, comme « le tic-tac des métiers à dentelle », « le va-et-vient des navettes tissant l'or des chasubles », « les tables d'harmonie qu'on ajustait chez les luthiers ». Dans cette même description qui donne sa tonalité à l'ensemble de la nouvelle, un vocabulaire spécifique évoque par ailleurs le monde ecclésiastique, les acteurs de ce monde, cardinaux, frères quêteurs ou soldats du pape, ou encore les rites festifs et les instruments du culte.

• *Le rythme des phrases et le rythme des récits*

Daudet atteint au pittoresque en jouant sur le rythme de ses phrases et de son texte, grâce auquel le conte évoque les ballades et les chansons et nous installe dans un passé plus ou moins légendaire. À la musicalité des phrases choisies pour décrire Avignon répondent ainsi les allusions à la chanson du pont d'Avignon. Les questions se multiplient dans « La Mort du Dauphin », et l'accumulation de ces questions et des paragraphes qui évoquent chacun un groupe différent de personnages traduit le désarroi général de la cour. Autre récit du temps passé, le conte des « Trois Messes basses » présente également ces deux caractéristiques : mise en avant d'un champ lexical privilégié (le vocabulaire liturgique) et effets d'accélération sensibles dans la conduite même du récit et dans l'écriture.

Le pittoresque de la culture provençale

La couleur des textes qui évoquent la Provence d'hier et d'aujourd'hui n'a rien à envier à celle des histoires situées au Moyen Âge. Alphonse Daudet excelle à mettre en évidence les images, les détails d'un paysage ou les attitudes les plus caractéristiques d'un personnage. Avec une relative économie de moyens, il exploite admirablement l'exotisme que garde la Provence de cette époque pour des lecteurs parisiens, en attirant l'attention sur certains points, dont les principaux reviennent dans plusieurs textes.

• *L'habillement*

À différentes reprises, le narrateur mentionne la manière dont tel ou tel personnage est habillé. De telles notations sont relativement brèves, comme la description de l'Arlésienne, « toute en velours et en dentelles ». Il suffit au narrateur d'attirer l'attention sur le détail le plus caractéristique, par exemple sur les couvre-chefs à bords carrés, les barrettes, évoquées à différentes reprises. Il s'agit pour lui de renseigner, bien sûr, mais plus encore de faire rêver, en laissant au lecteur le soin de compléter par l'imagination la silhouette d'un personnage dont l'écrivain n'a décrit que le chapeau ou la veste. Évoquer un vêtement, c'est ressusciter littérairement un mode de vie suranné ou faire revivre un charme qui appartient déjà au passé, comme les « jaquettes à grandes fleurs », mises sur le même plan que « les coches sur le Rhône » et les « parlements », à la fin du « Secret de maître Cornille ».

• *Les repas et le vin*

La nourriture est souvent évoquée dans les *Lettres de mon moulin*. Un « morceau de chevreau rôti ; du fromage de montagne, de la confiture de moût, des figues, des raisins muscats », tels sont les mets dégustés par le narrateur chez son ami le poète Mistral. « La Mule du pape » repose sur l'énumération des plats qui composent un dîner de Noël en Provence. La Corse des « Douaniers » permet d'évoquer un fromage inconnu sur le continent. Les vins ne sont pas oubliés, à commencer par le fameux Châteauneuf-du-pape, consommé chez Mistral encore, et, naturellement, évoqué dans « La Mule du pape ». Dans plusieurs nouvelles, il est fait référence au vin de muscat offert à l'apéritif, ou simplement en signe d'accueil et d'hospitalité. Il est aisé de concevoir ce qui pousse Daudet à faire mention des aliments ou des vins proposés au narrateur ou au personnage : typiques d'une civilisation méditerranéenne, ils portent en eux-mêmes l'idée de saveur et doivent être raccordés au vocabulaire des sensations, très présent dans les *Lettres de mon moulin*, où le narrateur s'attache à faire sentir les odeurs provençales comme à faire voir les couleurs du paysage.

• *L'usage des mots provençaux*

Le vocabulaire provençal n'est pas très fréquent dans les *Lettres de mon moulin*, mais il n'est guère de lettres – à l'exception des chroniques sur la Corse ou l'Algérie, évidemment – qui n'en contiennent un ou deux mots. Certains, mis en italique, servent à désigner une réalité typiquement provençale : tel est le cas du mas ou encore du ménager, dans les premières lignes de « L'Arlésienne ». Une expression provençale comme pécaïre, qui survit aujourd'hui sous la forme peuchère, popularisée par les films de Marcel Pagnol, revient à différentes reprises : elle apporte une forme d'authenticité au discours des personnages, voire du narrateur. L'emploi de ces mots crée une familiarité et fait sourire parfois, par exemple lorsque le curé de Cucugnan fait dire « adessias » à saint Pierre, au paradis !

Plus nombreux encore sont les mots qui, s'ils n'appartiennent pas à la langue provençale, renvoient à une réalité spécifiquement régionale. Appeler « maître » un personnage comme Cornille, en reprenant le titre de respect donné en Provence aux laboureurs et aux artisans d'un certain âge, mais aussi évoquer les farandoles ou la tramontane, c'est nommer des réalités presque exotiques pour un lecteur parisien. En les utilisant, Daudet, ici encore, fait coup double, il instruit son lecteur tout en le faisant rêver.

Correspondances

–1

En voyage en Espagne avec un guide, le narrateur a rencontré un homme en qui il reconnaît le fameux bandit José-Maria ; ce dernier l'accompagne jusqu'au logis où il doit se rendre :

« Nous arrivâmes à la venta. Elle était telle qu'il me l'avait dépeinte, c'est-à-dire une des plus misérables que j'eusse encore rencontrées. Une grande pièce servait de cuisine, de salle à manger et de chambre à coucher. Sur une pierre plate, le feu se faisait au milieu de la chambre, et la fumée sortait par un trou pratiqué dans le toit, ou plutôt s'arrêtait, formant un nuage à quelques pieds au-dessus du sol. Le long du mur, on voyait étendues par terre cinq ou six vieilles couvertures de mulets ; c'étaient les lits des voyageurs. À vingt pas de la maison, ou plutôt de l'unique pièce que je viens de décrire, s'élevait une espèce de hangar servant d'écurie. Dans ce charmant séjour, il n'y avait d'autres êtres humains, du moins pour le moment, qu'une vieille femme et une petite fille de dix à douze ans, toutes les deux de couleur de suie et vêtues d'horribles haillons. — Voilà tout ce qui reste, me dis-je, de la population de l'antique Munda Boetica ! Ô César ! Ô Sextus Pompée ! que vous seriez surpris si vous reveniez au monde !

En apercevant mon compagnon, la vieille laissa échapper une exclamation de surprise. — Ah ! seigneur don José ! s'écria-t-elle.

Don José fronça le sourcil, et leva une main d'un geste d'autorité qui arrêta la vieille aussitôt. Je me tournai vers mon guide, et, d'un signe imperceptible, je lui fis comprendre qu'il n'avait rien à m'apprendre sur le compte de l'homme avec qui j'allais passer la nuit. Le souper fut meilleur que je ne m'y attendais. On nous servit, sur une petite table haute d'un pied, un vieux coq fricassé avec du riz et force piments, puis des piments à l'huile, enfin du *gaspacho*, espèce de salade de piments. Trois plats ainsi épicés nous obligèrent de recourir souvent à une outre de vin de Montilla qui se trouva délicieux. Après avoir mangé, avisant une mandoline accrochée contre la muraille, il y a partout des mandolines en Espagne, je demandai à la petite fille qui nous servait si elle savait en jouer. »

Prosper Mérimée, *Carmen*, 1845.

−2

Maupassant évoque dans ce passage les rites musulmans :

« J'ai pu assister, dans la grande mosquée d'Alger, à la cérémonie religieuse qui ouvre le Ramadan.

L'édifice est tout simple, avec ses murs blanchis à la chaux et son sol couvert de tapis épais. Les Arabes entrent vivement, nu-pieds, avec leurs chaussures à la main. Ils vont se placer par grandes files régulières, largement éloignées l'une de l'autre et plus droites que des rangs de soldats à l'exercice. Ils posent leurs souliers devant eux, par terre, avec les menus objets qu'ils pouvaient avoir aux mains ; et ils

Illustration d'Alexandre Lunois (1836-1916),
pour une édition de Carmen. *Bibliothèque nationale, Paris.*

restent immobiles comme des statues, le visage tourné vers une petite chapelle qui indique la direction de La Mecque.

Dans cette chapelle, le mufti officie. Sa voix vieille, douce, bêlante et très monotone, vagit une espèce de chant triste qu'on n'oublie jamais quand une fois seulement on a pu l'entendre. L'intonation souvent change, et alors tous les assistants, d'un seul mouvement rythmique, silencieux et précipité, tombent le front par terre, restent prosternés quelques secondes et se relèvent sans qu'aucun bruit soit entendu, sans que rien ait voilé une seconde le petit chant tremblotant du mufti. Et sans cesse toute l'assistance ainsi s'abat et se redresse avec une promptitude, un silence et une régularité fantastiques. On n'entend point là-dedans le fracas des chaises, les toux et les chuchotements des églises catholiques. On sent qu'une foi sauvage plane, emplit ces gens, les courbe et les relève comme des pantins ; c'est une foi muette et tyrannique envahissant les corps, immobilisant les faces, tordant les cœurs. Un indéfinissable sentiment de respect, mêlé de pitié, vous prend devant ses fanatiques maigres, qui n'ont point de ventre pour gêner leurs souples prosternations, et qui font de la religion avec le mécanisme et la rectitude des soldats prussiens faisant la manœuvre.

Les murs sont blancs, les tapis, par terre, sont rouges ; les hommes sont blancs, ou rouges ou bleus avec d'autres couleurs encore, suivant la fantaisie de leurs vêtements d'apparat, mais tous sont largement drapés, d'allure fière ; et ils reçoivent sur la tête et les épaules la lumière douce tombant des lustres.

Une famille de marabouts occupe une estrade et chante les répons avec la même intonation de tête donnée par le mufti. Et cela continue indéfiniment. »

Maupassant, « Province d'Alger », Au Soleil, 1884.

—3—

À Etchézar doit se dérouler une partie de pelote basque qui va permettre au héros, Ramuntcho, de mettre en valeur son habileté et sa force :

« Le moindre hameau, en pays basque, a sa place pour le jeu de paume, grande, soigneusement tenue, en général près de l'église, sous des chênes.

Mais ici, c'est un peu le centre, et comme le conservatoire des joueurs français, de ceux qui deviennent célèbres, tant aux Pyrénées qu'aux Amériques, et que, dans les grandes parties internationales, on oppose aux champions d'Espagne. Aussi la place est-elle particulièrement belle et pompeuse, surprenante en un village si perdu. Elle est dallée de larges pierres, entre lesquelles des herbes poussent, accusant sa vétusté et lui donnant un air d'abandon. Des deux côtés s'étendent, pour les spectateurs, de longs gradins — qui sont en granit rougeâtre de la montagne voisine et, en ce moment, tout fleuris de scabieuses d'automne. — Et au fond, le vieux mur monumental se dresse, contre lequel les pelotes viendront frapper ; il a un fronton arrondi, qui a une silhouette de dôme, et porte cette inscription à demi effacée par le temps : « Blaidka haritzea debakatua. » (Il est défendu de jouer au *blaid*.)

C'est au *blaid* cependant que va se faire la partie du jour ; mais l'inscription vénérable remonte au temps de la splendeur du jeu national, dégénéré à présent comme dégénèrent toutes choses ; elle avait été mise là pour conserver la tradition du rebot, un jeu plus difficile, exigeant plus d'agilité et de force, et qui ne s'est guère perpétué que dans la province espagnole de Guipuzcoa.

Tandis que les gradins s'emplissent toujours, elle reste vide, la place dallée que verdissent les herbes, et qui a vu, depuis les vieux temps, sauter et courir les lestes et les vigoureux de la contrée. Le beau soleil d'automne, à son déclin, l'échauffe et l'éclaire. Çà et là quelques grands chênes s'effeuillent au-dessus des spectateurs assis. On voit là-bas la haute église et les cyprès, tout le recoin sacré, d'où les saints et les morts semblent de loin regarder, protéger les joueurs, s'intéresser à ce jeu qui passionne encore toute une race et la caractérise...

Enfin ils entrent dans l'arène, les *pelotaris*, les six champions parmi lesquels il en est un en soutane, le vicaire de la paroisse. Avec eux, quelques autres personnages : le crieur qui, dans un instant, va chanter les coups ; les cinq juges, choisis parmi des connaisseurs de villages différents, pour intervenir dans les cas de litige et quelques autres portant des espadrilles et des pelotes de rechange. À leur poignet droit, les joueurs attachent avec des lanières une étrange chose d'osier qui semble un grand ongle courbe leur allongeant de moitié l'avant-bras : c'est avec ce gant (fabriqué en France par un vannier unique du village d'Ascain) qu'il va falloir saisir, lancer et relancer la pelote, — une petite balle de corde serrée et recouverte en peau de mouton, qui est dure comme une boule de bois. »

Pierre Loti, Ramuntcho, 1987.

Le rire

Le souvenir que beaucoup de lecteurs gardent des *Lettres de mon moulin* est celui d'une œuvre primesautière, qui fait souvent sourire. Sans doute cette impression ne rend-elle pas justice à la complexité et à la diversité de cette œuvre, peut-être parce qu'elle repose sur le souvenir d'une ou deux lettres seulement. Il n'en reste pas moins vrai que le parti-pris de rire et la volonté de faire sourire se manifestent jusque dans certaines lettres dont la tonalité d'ensemble est plutôt pathétique, comme « Le Secret de maître Cornille », voire « La Diligence de Beaucaire ».

Fantaisie et virtuosité narrative

• *Les jeux avec le langage*
Le sourire qui naît à la lecture des *Lettres de mon moulin,* ou, tout au moins, l'impression souriante laissée par bon nombre d'entre elles tient, notamment, à la manière dont le narrateur peut jouer avec le langage en virtuose. Le meilleur exemple en en est incontestablement donné par « Les Trois Messes basses ». Au moment où nous assistons aux efforts de dom Balaguère, mal inspiré par le démon et son assistant Garrigou, pour raccourcir au maximum la durée de l'office, les prières en latin dont le rappel ponctue la lettre entière tendent à se contracter, jusqu'à devenir des propos inaudibles et même absurdes, fomules vidées de leur sens dont Daudet tire un effet comique certain. Lorsqu'au « Dom… scum ! » de dom Balaguère répond le « …Stutuo ! » de Garrigou, on n'est pas loin des jeux de langage qu'illustreront, un siècle plus tard, le théâtre d'Eugène Ionesco ou celui de Jean Tardieu.

• *La virtuosité narrative*

Ce qui fait pourtant sourire dans « Les Trois Messes basses »
c'est, plus généralement, la virtuosité avec laquelle Daudet
joue avec le rythme même de la narration. À mesure que
dom Balaguère accélère le déroulement de l'office, la narration elle-même s'accélère. Les paragraphes se succèdent et le
style lui-même tend à devenir plus haché.

Or, cette virtuosité narrative qui, sans faire rire directement,
contribue à fonder la fantaisie d'un texte, se retrouve dans
d'autres lettres. Dans « Le Sous-préfet aux champs », par
exemple, le narrateur joue avec le rythme du récit suivant des
modalités comparables. Régulièrement revient, comme un
écho de plus en plus lointain à la préoccupation première du
sous-préfet, telle phrase qui renvoie au discours qu'il doit
prononcer. Comme dans « Les Trois Messes basses », le
rythme du récit et sa variation même épousent les pensées et
les sentiments du personnage. À l'accélération du rythme,
dans « Les Trois Messes basses », répond, au contraire, son
ralentissement progressif, dans « Le Sous-préfet aux
champs ». Dans le premier cas, le procédé vise à rendre
compte de la précipitation de dom Balaguère, poussé par la
gourmandise et le démon, dans le second, il s'agit de montrer
le sous-préfet échapper peu à peu à l'univers des honneurs
officiels et de la vie urbaine, progressivement séduit par le
charme apaisant de la nature : le procédé est comparable et
l'effet recherché est identique dans les deux lettres.

De l'humour à la satire

• *Un personnage traditionnellement comique :*
le moine gourmand

Le conte des « Trois Messes basses » reprend un thème traditionnel, le conflit entre le devoir religieux et l'appétit resté
intact pour les plaisirs terrestres, suffisant pour caractériser
un personnage comme celui de frère Gorenflot, par
exemple, dans *La Dame de Monsoreau*, roman historique
d'Alexandre Dumas. Le personnage de dom Balaguère, le
prêtre gourmand, s'apparente à un type de personnage tra-

ditionnellement comique, le moine amateur de bon vin et de bonne chère, bon vivant jouissant des plaisirs terrestres qu'il devrait logiquement mépriser. Daudet lui-même, après bon nombre d'écrivains, joue avec cette figure traditionnelle de la littérature. Parce que l'image du moine gourmand est déjà dans la tête du lecteur, il peut se contenter de donner à celui-ci quelques indices qui lui permettent d'identifier le type de personnage auquel il a affaire. La première expression utilisée par le frère Gaucher, par exemple, « ce sont les tonneaux vides qui chantent le mieux », préfigure et son projet de fabriquer un élixir pour sauver le monastère, et ce qui lui arrive à la fin, où on le voit entonner des chansons impies sous l'effet de l'alcool, au risque de compromettre son salut. De même, lorsque le personnage évoque le souvenir de sa vieille tante Bégon en s'exclamant « Dieu ait son âme, la vieille coquine ! elle chantait de bien vilaines chansons après boire », ses propos annoncent la suite du récit, tout en confortant le lecteur dans l'idée que le frère Gaucher est un bon vivant plus qu'un bon religieux. Avec ce caractère, le frère Gaucher nous est immédiatement familier : il suscite un sourire peut-être ironique, mais qui n'exclut pas la sympathie, bien au contraire !

• La satire

Naïf et ingénieux, tel nous apparaît le père Gaucher, dont on se demande aussitôt si ce n'est pas par habileté qu'il prend soin de cultiver l'image d'un homme aux manières rustiques et dépourvu d'intelligence. En évoquant « sa pauvre tête si creuse », comparée précisément à « un tonneau vide », le frère Gaucher insiste lui-même sur son manque d'esprit, ce qui prouve au lecteur qu'il n'est pas si bête qu'il en a l'air. Cette image de personnage naïf lui permet d'imposer un projet dont il retirera le premier le bénéfice sous forme de promenades dans la montagne et de dégustations d'élixir, car elle le rend sympathique aux yeux de la communauté. Son habileté et même sa ruse transparaissent encore dans la manière dont il affirme pouvoir retrouver la composition de l'élixir « avec l'aide de saint Augustin et la permission de notre père Abbé ». Tout laisse supposer qu'il n'a guère oublié la recette d'un breuvage aussi délicieux, mais il prend soin de ne pas paraître poussé par sa gourmandise et de se déclarer inspiré par l'Église, en la personne d'un de ses saints fameux. Preuve qu'il s'agit bien d'une stratégie pour persuader les pères auxquels il s'adresse, le frère Gaucher insiste et déclare ne pouvoir retrouver la composition de l'élixir qu'« en cherchant bien » !

Lorsqu'il dévoile son projet, fabriquer un élixir pour le commercialiser et faire concurrence aux moines chartreux, son ingéniosité se révèle au grand jour. Sa stratégie pour faire adopter son projet, se mettre à couvert en cultivant une humilité toute chrétienne et une soumission parfaite à ses supérieurs avant de dévoiler ses préoccupations purement matérielles, relève d'une attitude souvent prêtée au moine, le jésuitisme, forme d'hypocrisie dont les frères jésuites seraient les spécialistes. À nouveau, le caractère du personnage, tel qu'il est présenté, nous renvoie à tout un imaginaire collectif, nourri par des lectures antérieures, où le moine est la cible d'une satire plus amusée que vraiment féroce. À la fin du récit, ce sont cependant les autres moines qui font preuve de duplicité, en prétendant se soucier du salut spirituel du père Gaucher alors que leur attitude est dictée par des considérations purement matérielles. La satire vise alors deux traits du comportement illustrés précédemment dans l'évocation du père Gaucher, l'importance accordée aux jouissances matérielles et une certaine forme d'hypocrisie.

Le sourire et l'émotion

• Le sens de l'équilibre

Dans les *Lettres de mon moulin*, l'humour et la fantaisie sont d'abord là pour faire équilibre au pathétique et au tragique. Daudet peut ainsi proposer une vision de l'homme lucide, parfois cruelle, mais jamais amère. Les deux ballades en prose illustrent parfaitement ce sens de l'équilibre et montrent bien que ce dernier est effectivement recherché par l'écrivain. À la première ballade, « La Mort du Dauphin », essentiellement grave, voire pathétique, répond la légèreté de la seconde, « Le Sous-préfet aux champs ». La première rappelle cette vérité universelle que tout homme est mortel et que chacun doit se préparer à la mort, en nous conviant dans la chambre d'un enfant à l'agonie. La seconde nous transporte au contraire à l'extérieur, nous fait sourire en nous montrant un sous-préfet ridiculement attaché à ses prérogatives et cependant sensible à la beauté d'un paysage et au chant des oiseaux, nous fait rire enfin par sa chute et par l'image du sous-préfet débraillé, à plat-ventre, occupé à faire des vers. Si la vanité des honneurs terrestres et la soumission de l'homme devant la toute-puissance de la nature constituent les thèmes communs de ces deux ballades, la seconde s'attache à effacer par le sourire qu'elle fait naître l'impression de tristesse qui se dégage de la première.

Ce principe d'équilibre est également souvent respecté à l'intérieur d'un même récit, comme le montre exemplairement « L'Élixir du Révérend Père Gaucher ». Dans cette lettre qui montre un moine prendre le risque d'être damné et toute une communauté religieuse prête à sacrifier le salut d'un des leurs à l'intérêt purement matériel du monastère, la roublardise du père Gaucher, son mélange de naïveté et d'ingéniosité, son goût effréné pour son élixir prêtent à sourire et sauvent la légèreté du conte, en dépit de la gravité des enjeux de ce récit, le salut et la damnation.

• *Le sourire au service de l'émotion*

Alphonse Daudet combine en réalité la fantaisie ou l'humour et la gravité ou le pathétique de manière plus subtile et plus ingénieuse. Par-delà cette question d'un équilibre entre gravité et légèreté, propre à refléter une certaine philosophie de la vie, faire sourire est ainsi pour lui le moyen d'émouvoir plus sûrement. Dans un récit construit comme un conte, sur le principe de la mise en place et du dévoilement d'un secret, la rage de maître Cornille, son entêtement, voire son agressivité face aux autres villageois composent une figure de vieux bougon, irascible et pourtant sympathique, qui peut d'abord faire sourire.

Lorsque le secret de maître Cornille est dévoilé, quelques éléments ont suffi à faire disparaître ce sourire, notamment le traitement assez dur infligé à la petite Vivette, sa petite fille qu'il aimait tant. La sympathie et le sourire suscités par cette figure de vieil original nous préparent à être émus, lorsque nous découvrirons le subterfuge imaginé par maître Cornille pour sauver l'honneur de son moulin et de sa région. De même, dans « La Diligence de Beaucaire », le ton adopté par la conversation est celui d'une ironie cruelle par rapport au rémouleur, dont on se moque. Le rémouleur nous est présenté d'abord à travers le regard des gens de Beaucaire, pour qui il représente le type du cocu complaisant et par là même doublement ridicule. Le boulanger se moque du rémouleur, présenté alors comme un personnage risible. Ce sont les observations du narrateur qui nous conduisent peu à peu à voir le bonhomme différemment, non plus comme un homme ridicule parce que faible envers sa femme, mais comme un être humain qui souffre jusqu'à envisager de tuer celle qu'il aime assez pour lui pardonner ses infidélités répétées. Une fois encore, le sourire, cruel en l'occurrence, prépare l'émotion de la fin.

Correspondances

• Alexandre Dumas, *La Dame de Monsoreau*, chapitre XVIII, le « jeûne » du frère Gorenflot.
• Maupassant, *Toine*, chapitre I, présentation de Toine-ma-Fine.
• Albert Cohen, *Les Valeureux,* chapitre VI, Mangeclous et sa moussaka.

La réflexion sur le statut de l'écrivain dans *Les Lettres de mon moulin*

Comme beaucoup d'écrivains, Alphonse Daudet propose dans son œuvre une réflexion sur le statut et sur le rôle de l'écrivain. À travers quelques interventions du narrateur, mais aussi à travers le portrait de certains personnages, notamment le poète Mistral et l'homme à la cervelle d'or, il esquisse une sorte de portrait idéal de l'homme de lettres, pour mettre en évidence la difficulté d'écrire aussi bien que pour justifier une certaine manière de concevoir la littérature.

Le poète comme bohème et comme rêveur

• *Le parti-pris de l'imaginaire et de la fantaisie*

À la fin de la deuxième ballade, « Le Sous-préfet aux champs », ce personnage est décrit occupé à faire des vers, « couché sur le ventre, dans l'herbe, débraillé comme un poète ». Cette image permet à Daudet de tourner en dérision l'image que la société tend généralement à se faire du poète, rêveur incapable d'agir, dont l'activité semble exclure tout véritable effort. Ce court portrait n'est pourtant pas seulement ironique. C'est aussi une manière pour l'écrivain de se croquer lui-même et de souligner à l'usage de son lecteur qu'il a délibérément adopté le parti-pris de l'imaginaire et de la fantaisie dans ses *Lettres de mon moulin*. L'image du sous-préfet rêveur, allongé dans l'herbe parmi les fleurs, correspond assez exactement à celle du conteur de « La Mule du pape », qui aurait trouvé la source de son histoire en faisant la sieste au beau milieu de la nature provençale, en se laissant dicter son conte par le chant des cigales et la caresse du soleil. L'auteur vise ainsi à souligner que, dans ce conte, même s'il nous ramène au temps des papes, il ne vise pas à nous offrir une image fidèle de la réalité historique, mais plutôt un tableau évocateur, propre à nous faire sourire et à nous faire rêver. En ce sens, l'image du poète bohème, rêveur, illustre bien l'inspiration de Daudet dans toute une partie des lettres, celles qui se rattachent à la tradition littéraire des contes et des fabliaux.

• *Un poète en marge de la société ?*

L'image du poète proposée à la fin du « Sous-préfet aux champs » est aussi celle d'un être qui, dans une certaine mesure, a rompu ses attaches avec les convenances sociales et qui se soucie peu des honneurs officiels. À travers cette image, Daudet revendique sans doute une forme de liberté dont il montre par ailleurs, dans d'autres contes, qu'elle est toujours menacée. En revanche, il ne serait guère pertinent de voir là l'image d'un écrivain révolté contre une société dont il se coupe volontairement pour pouvoir écrire. La distance prise par rapport à la société correspond simplement à la volonté assumée de rendre compte d'une société traditionnelle, littéralement merveilleuse, en choisissant d'oublier, le temps d'un ouvrage de fiction, la réalité du progrès matériel en marche.

La grandeur de la tâche poétique

• *Un homme en accord avec le monde naturel et traditionnel*
En choisissant d'évoquer le poète Mistral dans l'une de ses lettres, Alphonse Daudet ne dresse pas seulement le portrait d'un ami. La manière dont il peint ce poète qu'il admire lui fournit aussi l'occasion de proposer une image du poète qui vaut également pour l'auteur des *Lettres de mon moulin*.

Cette image confirme que si le poète est en rupture avec le monde qui l'entoure, c'est seulement avec une certaine société moderniste, coupée de la nature, où le progrès combat les traditions. Mistral, au contraire, symbolise la capacité du poète à vivre en harmonie avec la nature qui l'entoure, au centre d'un petit monde villageois qui, lui-même, vit en accord avec la nature provençale. Par sa manière de manger, par son sens de l'hospitalité, par son souci de mener son ami voir les fêtes de Maillane, Mistral, bien loin d'être une sorte de marginal, témoigne de son attachement au monde où il vit et il est, de manière significative, célébré par l'aubade municipale. Ce n'est pourtant pas un hasard si le narrateur évoque l'image de Mistral à Paris, dépaysé, déraciné, pour souligner que Paris n'a pas vu l'authentique poète Mistral. Autant ce dernier est en accord avec son monde provençal, autant il est à l'écart, marginal de fait, dans un monde parisien qui symbolise précisément le progrès et la facticité des modes de vie urbains, face à l'authenticité du mode de vie rustique. Ce poète qui vit en symbiose avec la nature provençale, ne ressemble-t-il pas comme un frère au poète qui, pour écrire une de ses lettres, attend que les cigales lui fournissent le sujet et la matière d'un de ses contes ?

• *Le poète défenseur d'une culture menacée*

« Le Poète Mistral » se termine par une célébration du rôle rempli par Mistral, capable de restaurer le palais formé par la langue et la culture provençale. Sans doute l'ambition de Daudet est-elle plus modeste, lui qui, ami des félibres, n'a jamais fait partie de ce cercle poétique et n'a pratiquement jamais écrit en provençal. La grandeur de la tâche de Mistral rejaillit pourtant sur l'ensemble de la confrérie poétique et, pour commencer, sur l'auteur des *Lettres*, qui se présente à différentes reprises comme un poète. Le rêveur dans l'herbe n'en remplit pas moins une tâche importante et noble, même s'il court le risque d'être mésestimé par la société et son public. Ce risque, Alphonse Daudet le court d'autant plus, et il en a bien conscience, qu'il s'inscrit dans la tradition d'une littérature fantaisiste et légère, appréciée par les lecteurs mais aussi souvent dépréciée par les critiques, voire par les autres écrivains !

De l'écrivain aliéné au poète maudit

• *Le poète bourreau de soi-même*

Dans sa réflexion sur la vocation littéraire et sur le statut de l'écrivain, Daudet insiste également sur la souffrance, peut-être inévitable, de tout créateur authentique. « La Légende de l'homme à la cervelle d'or » est une manière d'évoquer l'artiste, forcé d'exploiter son talent, jusqu'à mettre sa santé en péril. Cette image est d'abord celle de l'*heautontimorou-menos*, ce terme grec par lequel Baudelaire, notamment, désigne le poète comme un bourreau de soi-même. Il doit en effet puiser son inspiration dans son propre vécu, comme nous disons aujourd'hui, transformer en matériau littéraire ses histoires d'amour et ses propres souffrances, bref, il doit souffrir pour pouvoir écrire !

• *Le poète exploité par la société*

Bourreau de soi-même, parce que sa cervelle mais aussi son cœur doivent lui fournir la matière de son art, l'écrivain, tel qu'il nous apparaît toujours à travers « La Légende de l'homme à la cervelle d'or », souffre aussi en raison de contraintes matérielles. Il suffit de penser à Balzac, l'auteur du roman *La Peau de chagrin*, dont Daudet a pu s'inspirer précisément pour écrire sa lettre : c'est au prix d'un labeur acharné, par lequel il a fini par ruiner sa santé, qu'il a pu mener à bien l'entreprise colossale de *La Comédie humaine*. Poussé par la société à rechercher les honneurs ou simplement obligé de gagner son pain quotidien, l'écrivain ne peut pas être complètement détaché des considérations matérielles, comme il le souhaiterait parfois.

Daudet illustre bien cet aspect de la condition du poète, dans « La Chèvre de monsieur Seguin ». Le conte permet à l'auteur de conseiller le poète Gringoire d'accepter une tâche de chroniqueur plutôt que de vouloir garder son indépendance à toutes forces, comme la chèvre du conte. La situation du poète, telle qu'elle doit nous apparaître à la lecture de ce conte, est pour le moins délicate. Soit il accepte de garder son indépendance, et il court le risque de mourir de faim. Soit il accepte d'être chroniqueur, de se livrer peut-être à ses tâches que l'homme de lettres nomme « alimentaires », parce qu'elles sont de moindre valeur artistique et lui permettent simplement de gagner sa vie, et il court le risque de ne pas pouvoir écrire les choses importantes qu'il porte en lui. Nous sommes donc bien loin en fait de l'image d'Épinal accommodée à la mode provençale d'un poète rêveur et débraillé, dans un champ de lavandes où chantent les cigales ! La lucidité d'Alphonse Daudet, ici, n'est pas très loin du pessimisme.

Correspondances

— 1 —————————————————————————

Arthur Rimbaud évoque ainsi son existence de jeune poète :

« Je m'en allais, les poings dans mes poches crevées ;
Mon paletot aussi devenait idéal ;

J'allais sous le ciel, Muse ! et j'étais ton féal ;
Oh ! là, là ! que d'amours splendides j'ai rêvées !

Mon unique culotte avait un large trou.
Petit Poucet rêveur, j'égrenais dans ma course
Des rimes. Mon auberge était à la Grande-Ourse.
Mes étoiles au ciel avaient un doux frou-frou

Et je les écoutais, assis au bord des routes,
Ces bons soirs de septembre où je sentais des gouttes
De rosée à mon front, comme un vin de vigueur ;

Où, rimant au milieu des ombres fantastiques,
Comme des lyres, je tirais les élastiques
De mes souliers blessés, un pied près de mon cœur ! »

Arthur Rimbaud, « Ma Bohême », *Poésies* (1870-1871).

2

Le chanteur-compositeur Léo Ferré a donné dans une de ses
chansons une vision des poètes qui se souvient de la poésie
du XIXe siècle :

« Ce sont de drôles de types qui vivent de leurs plumes
Ou qui ne vivent pas c'est selon la saison
Ce sont de drôles de types qui traversent la brume
Avec des pas d'oiseaux sous l'aile des chansons

Leur âme est en carafe sous les ponts de la Seine
Leurs sous dans les bouquins qu'ils n'ont jamais vendus
Leur femme est quelque part au bout d'une rengaine
Qui nous parle d'amour et de fruit défendu

Ils mettent des couleurs sur le gris des pavés
Quand ils marchent dessus ils se croient sur la mer
Ils mettent des rubans autour de l'alphabet
Et sortent dans la rue leurs mots pour prendre l'air

Ils ont des chiens parfois compagnons de misère
Et qui lèchent leurs mains de plume et d'amitié
Avec dans le museau la fidèle lumière
Qui les conduit vers les pays d'absurdité »

Léo Ferré, « Les Poètes » (extrait), 1960.

De la parution en feuilleton
à la parution en recueil :
un succès à retardement

Si les *Lettres de mon moulin* constituent assurément le livre le plus connu de Daudet, si elles comptent vraisemblablement parmi la douzaine d'œuvres dont presque tout le monde, lecteurs occasionnels compris, connaît l'auteur, elles n'en ont pas pour autant connu un succès immédiat. La raison en est simple : au moment où il fait paraître les premières lettres, en feuilleton, Alphonse Daudet n'est pas encore l'auteur célèbre qu'il deviendra ensuite. Les *Lettres* ont ainsi bénéficié indirectement du succès rencontré par des romans plus tardifs qu'elles ont fini par éclipser, par un singulier retour des choses. Dans son *Histoire de mes livres*, Alphonse Daudet lui-même fournit indirectement des explications à cette situation, en soulignant l'originalité de cette œuvre à l'époque où il la conçoit, son caractère apparemment mineur de petites chroniques régionales, écrites au demeurant à deux mains, à l'origine :

« Les premières *Lettres de mon moulin* ont paru vers 1866 dans un journal parisien où ces chroniques provençales, signées d'abord d'un double pseudonyme emprunté à Balzac, "Marie Gaston", détonnaient avec un goût d'étrangeté. Gaston, c'était mon camarade Paul Arène qui, tout jeune, venait de débuter à l'Odéon par un petit acte étincelant d'esprit, de coloris, et vivait tout près de moi, à l'orée du bois de Meudon. Mais quoique ce parfait écrivain n'eût pas encore à son acquit *Jean des Figues*, ni *Paris ingénu*, ni tant de pages délicates et fermes, il avait déjà trop de vrai talent, une personnalité trop réelle pour se contenter longtemps de cet emploi d'aide-meunier. Je restai donc seul à moudre mes petites histoires, au caprice du vent, de l'heure, dans une existence terriblement agitée. Il y eut des intermittences, des cassures ; puis, je me mariai et j'emmenai ma femme en Provence pour lui montrer mon moulin. Rien n'avait changé là-bas, ni le paysage ni l'accueil. [...] Et c'est au retour de ce voyage que, repris par ma Provence, je commençai au *Figaro* une nouvelle série de *Lettres de mon moulin*, "Les Vieux", "La Mule du pape", "L'Élixir du père Gaucher", etc., écrits à Champrosay, dans cet atelier d'Eugène Delacroix dont j'ai déjà parlé pour l'histoire de *Jack* et de *Robert Heulmont*. Le volume parut chez Hetzel en 1869, se vendit péniblement à deux mille exemplaires, attendant, comme les autres œuvres de mon début, que la vogue des romans leur fît un regain de vente et de publicité. »

Alphonse Daudet, *Histoire de mes livres*, 1888.

Une œuvre devenue un classique de la littérature scolaire

Le destin d'une œuvre comme les *Lettres de mon moulin* est pour le moins singulier. Le succès remporté à la fin du siècle dernier n'a cessé ensuite de s'amplifier et les *Lettres de mon moulin* sont devenues au vingtième siècle un classique de la littérature de jeunesse et une œuvre clef de la littérature scolaire. Dans une certaine mesure, un tel succès apparaît cependant reposer, sinon sur un malentendu, du moins sur une vision quelque peu réductrice de l'œuvre.

Alphonse Daudet, au moment où il écrivait, ne destinait pas plus les *Lettres de mon moulin* à la jeunesse que *Tartarin de Tarascon*. Certes, il s'inscrivait dans la tradition d'une littérature ironique et fantaisiste qui s'adressait à un public peut-être plus large et moins exigeant que celui des grands romans comme *Sapho* ou *Numa Roumestan*, études de mœurs magistrales et parfois amères. Le plaisir et l'intérêt que l'on peut tirer d'une œuvre parodique comme *Tartarin de Tarascon* n'en présupposent pas moins de connaître les modèles parodiés, le roman d'aventure et le roman exotique. Couramment admise, transmise de génération en génération, l'idée suivant laquelle il n'est guère besoin d'avoir une vraie culture littéraire pour apprécier la verve des *Lettres de mon moulin* pourrait de même être discutée. Le constant bonheur de l'écriture, l'efficacité de la narration, le sens du trait qui fait mouche et, surtout, la capacité de Daudet à instaurer une forme de complicité avec son lecteur permettent assurément aux enfants de lire avec plaisir ces récits souvent amusants. À côté de la veine des contes et des fabliaux, illustrée notamment par la fameuse « Chèvre de monsieur Seguin », l'inspiration de nombre de chroniques, dont certaines sont très connues – il suffit de penser à « L'Arlésienne » ou à « La Diligence de Beaucaire » – est cependant plus sombre. La mort, l'adultère, l'enfermement dans une passion qui peut conduire au crime ou au suicide sont au centre d'un certain nombre de lettres. Certaines se déroulent suivant une construction plus lâche, qui est celle de la chronique, où le déroulement du récit finit par épouser plus ou moins étroitement les déplacements du narrateur. Par l'écriture comme par le contenu, nombre de ces lettres ne coïncident donc pas forcément avec l'idée que l'on peut se faire de livres destinés à la jeunesse.

Il reste que l'auteur lui-même a contribué à instaurer ce malentendu qui s'est instauré par rapport à une partie de son œuvre. N'a-t-il pas lui-même autorisé Hetzel à faire publier son roman *Le Petit Chose* dans une version expurgée destinée à la jeunesse ? L'école républicaine, enfin, s'est chargée de consacrer une partie de l'œuvre de Daudet, les *Lettres de mon moulin* en tête, dans son propre panthéon littéraire, pour des raisons qui tiennent aussi bien au contenu idéologique de certaines pièces – le patriotisme de « La Dernière Classe », publié dans *Les Contes du lundi*, y fut pour beaucoup, à l'origine –, qu'à leur richesse littéraire ou à la valeur pittoresque de certaines pièces propres à fournir des dictées de choix.

Sans bouder le plaisir que l'on prend encore aujourd'hui à lire les *Lettres de mon moulin*, on peut regretter que leur succès ait contribué à galvauder l'image d'Alphonse Daudet. Tout se passe comme s'il payait sa présence dans les manuels scolaires des collèges par un effacement des anthologies réservées aux lycéens ou aux étudiants, alors qu'Alphonse Daudet romancier trouverait naturellement sa place, une des premières, à côté de son ami Edmond de Goncourt, non loin de Maupassant ou de Zola. De même, il faut craindre que cette réputation d'une œuvre plaisante, facile, sinon puérile, se retourne contre l'œuvre elle-même. Ces textes méritent plus qu'un sourire, parce qu'ils ont davantage à offrir à celui qui fait l'effort de comprendre une langue parfois ardue et un art littéraire relativement complexe, même si la technique, chez Daudet, comme chez les plus grands conteurs, sait se faire oublier.

Jugements critiques

Jules Barbey d'Aurevilly, l'auteur du recueil de nouvelles *Les Diaboliques* (1874), fait partie des écrivains qui ont presque aussitôt su distinguer la valeur d'une œuvre qui, pour s'inscrire dans la veine d'une littérature de fantaisie, n'est pas de moindre valeur pour autant :

« La main qui a écrit cela, toute petite qu'elle est, peut mieux que caresser voluptueusement les surfaces de la vie, et peser sur le cœur d'un sujet comme la main d'un homme, et le pénétrer – en y pesant. C'est la profondeur, en effet – non pas dans les détails, entendons-nous bien!, mais dans l'accent – c'est la profondeur d'impression qui me frappe surtout dans ces lettres écrites d'un moulin. »

Barbey d'Aurevilly, cité par J.-H. Bornecque, préface des *Lettres de mon moulin*, Presses de la Cité, coll. Presses Pocket, 1977.

Critique de la fin du XIXᵉ siècle, Jules Lemaître attirait déjà l'attention à ce moment sur la diversité des *Lettres* et la richesse de l'art littéraire mis en œuvre par Daudet :

« On trouve chez lui des nerfs, de la modernité, du stylisme, de la vérité vraie, du pessimisme, de la férocité ; mais on y trouve aussi et au même degré la gaieté, le comique, la tendresse, le goût de pleurer. Ce qui distingue son talent, ce n'est donc pas la prédominance démesurée d'une qualité, d'un sentiment, d'un point de vue, d'une habitude : c'est plus un accord de qualités diverses ou opposées, et, si je puis dire, un dosage secret dont il n'est pas trop commode de fixer la formule. "Si l'on examine les divers écrivains, dit Montesquieu, on verra peut-être que les meilleurs et *ceux qui ont plu davantage* sont ceux qui ont excité dans l'âme plus de sensations en même temps." Cette remarque peut s'appliquer sûrement à M. Alphonse Daudet ; mais il faut ajouter qu'une autre marque et plus particulière de son talent, c'est sans doute cette aisance avec laquelle il passe d'une impression à l'autre et ébranle à la fois toutes les cordes de la lyre intérieure. Et c'est, je pense, de cette absence d'effort, de cette rapidité à sentir, de cette légèreté ailée que résulte la grâce, ou le charme. »

Jules Lemaître, Études et portraits littéraires, 1890.

Colette Becker a très bien mis en évidence les qualités de conteur présentées par Daudet, qui s'inscrit avec bonheur dans la tradition littéraire des contes :

« Comme dans la tradition primitive du conte, l'auteur s'adresse directement au lecteur, le prend souvent à témoin ; il lui arrive aussi de céder la parole à un conteur, un berger ou Francet Mamaï le vieux joueur de fifre […] qui connaît son légendaire provençal sur le bout du doigt. Les *Lettres de mon moulin* doivent être lues à haute voix et mimées. Ce n'est qu'à haute voix, en effet, que chantent les sonorités ronflantes des noms hauts en couleur des Sires de Trinquelage, de Dom Balaguère, de Pascal Doigt-de-Poix… ; les exclamations si nombreuses, les cris des bergers ou des aides-meuniers, les *zou, Diahue, frrrt…* ; les jurons ou les mots patois, *pécaïre, viédase, miarro, vaïle…* ; les transcriptions de l'accent du pays (le gindre du boulanger), ou encore les phrases entières de provençal que Daudet sème ici ou là…, en un mot, toute une joie du verbe, une verve, qui donne aux *Lettres* leur saveur du terroir, mais toujours avec modération.
Du style parlé des conteurs populaires, les *Lettres* gardent aussi les expressions naïves (c'est qu'elle n'avait peur de rien la Blanquette…), les dictons ou les comparaisons populaires (Pas plus de Cucugnanais que d'arêtes dans une dinde…), et surtout un rythme de phrase qui suit celui du récit. Les points d'exclamation, les points de suspension se multiplient parce que les intonations, les silences, les mimiques font toute la saveur du discours ; les accumulations, les répétitions traduisent la joie, l'exaltation d'un conteur qui se rappelle l'heureux temps. »

Colette Becker, préface des Lettres de mon moulin,
Flammarion, coll. « G.F » n° 260, 1972.

Daniel Bergez a remis à sa juste place la fantaisie de Daudet, si souvent célébrée, mais dans une perspective réductrice :

« On ne saurait réduire pourtant l'intérêt des *Lettres de mon moulin* à la seule virtuosité du conteur : sous la verve méridionale perce la sensibilité d'un écrivain véritable, chez qui le jeu de mots est aussi une façon de dire, et de vivre, un rapport au monde. Rien ne définit mieux cette relation que le terme de *fantaisie*, dont on sait quelle fortune il eut au XIXe siècle, mais dont l'œuvre de Daudet est, en littérature, un des rares exemples accomplis. La fantaisie tient ici tout entière à un subtil balancement, à une oscillation imperceptible entre le réel et l'imaginaire. Ce n'est pas seulement que, même dans les récits les plus livrés à l'imagination du conteur, la réalité commune sert de cadre de référence. C'est surtout qu'en retour, l'imagination est toujours présente ; elle colore, nuance ou élargit le réel, mais le dramatise rarement. Elle tend plutôt à le désamorcer : une simple image, ou une note d'humour, suffit parfois pour piéger le réalisme, et créer une surprise qui soudain projette le lecteur à la lisière du monde identifiable. »

Daniel Bergez, préface des *Lettres de mon moulin*,
Gallimard, coll. « Folio » n° 1533, 1984.

Dans la présentation d'un volume de *Romans* de Daudet, Anne-Simone Dufief, spécialiste de son œuvre, a mis en évidence l'importance des romans un temps oubliés, mais n'en a pas moins souligné la réussite des *Lettres de mon moulin* :

« Les *Lettres de mon moulin* se donnent pour des lettres écrites par un Parisien pour d'autres Parisiens : le Midi n'existe donc que dans le miroir de Paris. Ainsi que le remarquait Zola, ces lettres ne sont pas des chroniques ordinaires, mais des légendes provençales, des fantaisies, des tableaux du Paris moderne, de véritables petits poèmes traités avec un art exquis. Daudet est le créateur d'un espace poétique où se mêlent des peintures d'un Midi pastoral, mistralien, celui de *Calendal*, les évocations d'une Provence légendaire, celle d'Avignon au temps des papes et de fines observations sur la vie paysanne traditionnelle menacée par le progrès. Le charme des *Lettres de mon moulin* tient à ce mélange d'éléments contradictoires : la ville et la campagne, Paris et la Provence, le réel et l'imaginaire, la tradition et la nouveauté. Si subtile est l'alchimie que Mistral félicitait Daudet de résoudre avec un merveilleux talent ce problème difficile : écrire le français en provençal. »

Anne-Simone Dufief,
présentation des *Romans, contes, récits*, Omnibus, 1997.

Repères : la Méditerranée des *Lettres de*

La Provence de Daudet

mon moulin

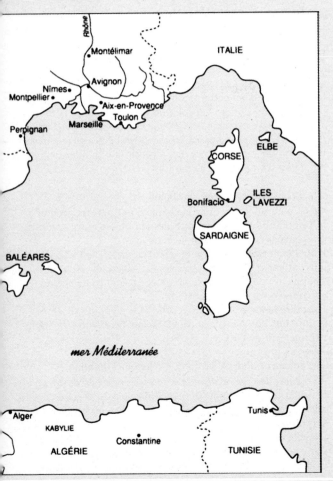

Quelques éléments pour mieux comprendre les contes satiriques sur les ecclésiastiques

Le salut et la damnation

Dans la religion catholique, le fidèle cherche à assurer le salut de son âme, menacé par les péchés qu'il commet tout au long de sa vie. La confession est le moyen par lequel l'âme est déchargée d'un certain nombre de péchés, pour lesquels un prêtre peut donner l'absolution. Au moment de la mort, l'âme est jugée et, selon les cas, elle est envoyée pour l'éternité au paradis ou en enfer, à moins qu'elle ne doive passer une période intermédiaire de repentir au purgatoire, en attendant d'être admise au paradis.

Curés, sacristains et enfants de chœur

Un curé est un prêtre qui a la charge d'une paroisse dont il a la responsabilité, au contraire des abbés, les autres prêtres qui peuvent éventuellement le seconder.

Pour l'entretien de l'église et de la sacristie, c'est-à-dire du local attenant où sont conservés les objets du culte et où s'habillent pour la messe le prêtre et les enfants de chœur, le curé est assisté par un sacristain.

Pour dire la messe, le prêtre reçoit l'aide d'enfants de chœur, à qui sont confiées de menues tâches nécessaires au bon déroulement de l'office.

Le déroulement d'un office dans la religion catholique

À l'époque des *Lettres de mon moulin*, les prières sont dites en latin ; la liturgie catholique (le déroulement habituel de l'office) se décompose en un certain nombre de temps et de rites :
• après une prière de préparation, suit le confiteor, prière par laquelle on confesse ses péchés. Viennent ensuite l'introït, le kyrie (« kyrie eleison » : Seigneur, ayez pitié...), le gloria (à la gloire de Dieu), les actes de foi échangés par le prêtre avec

l'assistance, enfin l'oraison, prière choisie en fonction du jour et de l'occasion.

• la seconde étape correspond à la liturgie évangélique : elle commence par la lecture de l'épître (les écrits des prophètes et des apôtres), suivie par la lecture de l'Évangile, puis par l'homélie, dans laquelle le prêtre développe son sermon en expliquant l'Évangile, enfin par le credo (« je crois... »), prière par laquelle le fidèle réaffirme sa foi.

• la troisième étape correspond à la liturgie eucharistique : après le chant d'offertoire, le prêtre bénit les hosties et le vin, qui, par le sacrement de l'eucharistie, deviennent le corps et le sang du Christ. Ce moment est celui de la consécration : le prêtre dit la prière de la préface, puis, avec l'assemblée, il dit le sanctus, louange à la gloire de Dieu. Il peut alors montrer l'offrande, prononcer les paroles du Christ à la Cène (son ultime repas avec les apôtres), rappeler les principaux mystères de la vie du Christ devant les fidèles qui, agenouillés, adorent l'hostie. Après que le prêtre a effectué une série de gestes rituels et symboliques, l'assemblée est invitée à communier. La lecture d'un texte, une bénédiction finale et la lecture d'un dernier évangile marquent la fin de l'office.

Le vocabulaire de l'étude littéraire

Auteur
Personne qui crée une œuvre et la signe, sous son nom ou sous un pseudonyme.

Chronique
Récit d'événement dont la progression respecte la chronologie. Les chroniques désignent aussi des articles à publication régulière, dans un journal : voir la proposition faite au poète Gringoire, au début de « La Chèvre de monsieur Seguin ».

Cliché
Un cliché est une image qui a été employée par un grand nombre d'écrivains ; le terme peut aussi désigner une idée rebattue.

Conte
Récit, relativement bref, de faits inventés et parfois merveilleux (voir : *merveilleux)*, destiné à distraire.

Dédicace
Mention faite de la personne à laquelle on veut dédier un livre pour lui rendre hommage.

Destinataire
Personne à laquelle est adressée une lettre et, par extension, une œuvre (par exemple « la dame qui demande des histoires gaies », dans « La Légende de l'homme à la cervelle d'or »).

Édifiant
Peut se dire d'une œuvre, par exemple ; édifier signifie instruire, faire la leçon, en proposant une morale.

Épopée
Récit en vers de faits héroïques, à l'origine.

Fable
Récit bref, en vers ou en prose, qui illustre implicitement ou explicitement une leçon.

Fabliau
Petit récit en vers, qui peint des personnages dans le but de faire rire et, souvent, d'édifier (voir : *édifiant)*.

Fantastique
Genre littéraire dans lequel certains faits apparaissent comme surnaturels, tout en restant susceptibles d'une interprétation rationnelle. Plus généralement, genre littéraire qui met en scène des personnes ou des événements inquiétants et étranges.

Farce
Au Moyen Âge, pièce de théâtre, généralement courte, destinée à faire rire des personnages, à l'aide de procédés grossiers.

Impressionniste
Cet adjectif désigne un mouve-

ment de peintres de la fin du XIXe siècle, dont les tableaux cherchent à rendre compte des impressions laissées par les objets et par le jeu de la lumière. En littérature, il désigne une écriture qui vise à rendre compte des sensations et des sentiments dans leurs nuances les plus fines.

Ironie
Figure de style qui consiste à dire le contraire de ce que l'on pense. Plus généralement, procédé par lequel celui qui parle (l'énonciateur) ou celui qui raconte (le narrateur) manifeste une distance critique par rapport à ce qu'il dit.

Légende
Récit imaginaire, dans lequel il entre souvent une part de merveilleux.

Merveilleux
Ce qui est d'ordre surnaturel ; dans une œuvre littéraire (par exemple, un conte de fées), tous les événéments qui ne sont pas explicables de façon naturelle.

Narrateur
Le narrateur est celui qui se charge de raconter l'histoire ; il peut rester extérieur au texte ou être lui-même un des personnages du récit.

Réalisme
Esthétique littéraire ou picturale qui vise à la reproduction la plus fidèle et la plus objective possible de la réalité.

Satire
À l'origine, ouvrage généralement en vers, destiné à tourner en dérision les travers sociaux ou humains. Le terme désigne, depuis, l'action elle-même de tourner en ridicule des attitudes ou des personnes.

Tragique
Qui évoque une situation telle que la tragédie en représente, où l'homme est en lutte contre une fatalité ou contre son destin. Plus généralement, qualifie une action ou une situation funeste et effrayante.

BIBLIOGRAPHIE
FILMOGRAPHIE
DISCOGRAPHIE

Éditions

Le fait que l'œuvre de Daudet ait été quelque peu délaissée par la recherche universitaire doit conduire à accorder une attention particulière à quelques éditions dont les présentations sont particulièrement intéressantes :

• *Romans, récits et contes*, présentation d'Anne-Simone Dufief, Les Presses de la Cité, collection « Omnibus », 1997.

• *Œuvres*, édition de Roger Ripoll, Gallimard, collection « Bibliothèque de la Pléiade », 3 vol., 1986-1994.

• *Lettres de mon moulin*, préface de Daniel Bergez, Gallimard, collection « Folio » n° 1533, 1984.

• *Lettres de mon moulin*, présentées par Colette Becker, Flammarion, collection « G.F », 1972.

Sur Daudet

• Jacques-Henri Bornecque, *Les Années d'apprentissage d'Alphonse Daudet*, Nizet, 1951.

• Jacques-Henri Bornecque, *Daudet, Mistral. Histoire d'une amitié*, Julliard, 1959.

• Anne-Simone Dufief, *Alphonse Daudet romancier*, Honoré Champion, collection « Romantisme et modernité » n° 5, 1997.

• Marie-Thérèse Jouveau, *Alphonse Daudet, Frédéric Mistral, la Provence et le félibrige*, Nîmes : Imprimeries Béné, 1980.

• Louis Michel, *Le Langage méridional dans l'œuvre d'Alphonse Daudet*, D'Artrey, 1961.

• Jacques Roure, *Alphonse Daudet*, Julliard, 1982.

Autour de Daudet

- Alain Gérard, *Le Midi de Daudet*, Édisud, collection « Les Chemins de l'œuvre », 1988.
- Jean Poueigh, *Le Folklore des pays d'oc, la haute Occitanie*, Payot, 1976.
- Émile Ripert, *Le Félibrige*, Armand Colin, 1924.
- Charles Rostaing, *Frédéric Mistral, l'homme révélé par ses œuvres*, Jeanne Lafitte, 1984.

Filmographie

Adaptations des *Lettres de mon moulin*

- *L'Arlésienne* a été adaptée plusieurs fois à l'écran, par Albert Capellani (1909, film muet), André Antoine (1922, film muet), Jacques de Baroncelli (1930, avec Charles Vanel), Marc Allégret (1942, avec Raimu et Gaby Morlay).
- *Le Curé de Cucugnan* a été adapté par Marcel Pagnol (1967, avec Fernand Sardou).
- Trois des *Lettres de mon moulin* ont été également adaptées par Marcel Pagnol, dans un film à sketches de 1954 portant le titre général du recueil. Il s'agit des « Trois Messes basses » (avec Henri Vilbert), de « L'Élixir du Révérend Père Gaucher » (avec Rellys) et du « Secret de maître Cornille » (avec Édouard Delmont).

Autres adaptations des œuvres de Daudet

- *Tartarin de Tarascon* a été adapté une première fois par Raymond Bernard (en 1934, avec Raimu), puis par Francis Blanche (en 1962, avec Francis Blanche, Jacqueline Maillan, Michel Galabru).

Discographie

- *Les Lettres de mon moulin*, lues par Serge Papagelli, Gallimard, collection « Folio junior/Livres cassettes », 1987.

- *Lettres de mon moulin*, Hachette, collection « Encyclopédie sonore », 1980.

- *Les Lettres de mon moulin*, lues par Fernandel, 6 disques, Decca (115.017 à 115.022).

- *L'Arlésienne*, opéra de Bizet (1872), nombreuses versions disponibles.

CRÉDIT PHOTO : p. 7 Ph.© ND-Viollet • p. 11 Ph.© Coll.Viollet/T • p. 15 Ph.© Coll.Viollet • p. 29 Ph.© Coll.Viollet • p. 36 et reprise Page 8 : Ph.© Coll.Viollet • p. 38 Ph.© J.L.Charmet/T • p. 57 Ph.© Coll.Viollet/T • p. 113 Ph.© Coll.Viollet/T • p. 126 Ph.© J.L.Charmet/T • p. 134 Ph.© J.L.Charmet/T • p. 141 Ph.© Harlingue-Viollet/T • p. 155 Ph.© J.L.Charmet/T • p. 185 Ph.© Coll.Viollet/T • p. 273 Coll.Archives Larbor/T

Direction de la collection : Pascale MAGNI.
Direction artistique : Emmanuelle BRAINE-BONNAIRE.
Responsable de fabrication : Jean-Philippe DORE.

Compogravure : P.P.C. – Impression : MAME. N° 99042003. Dépôt légal : avril 1999.
N° de projet : 10065568 (I) 15